U0142200

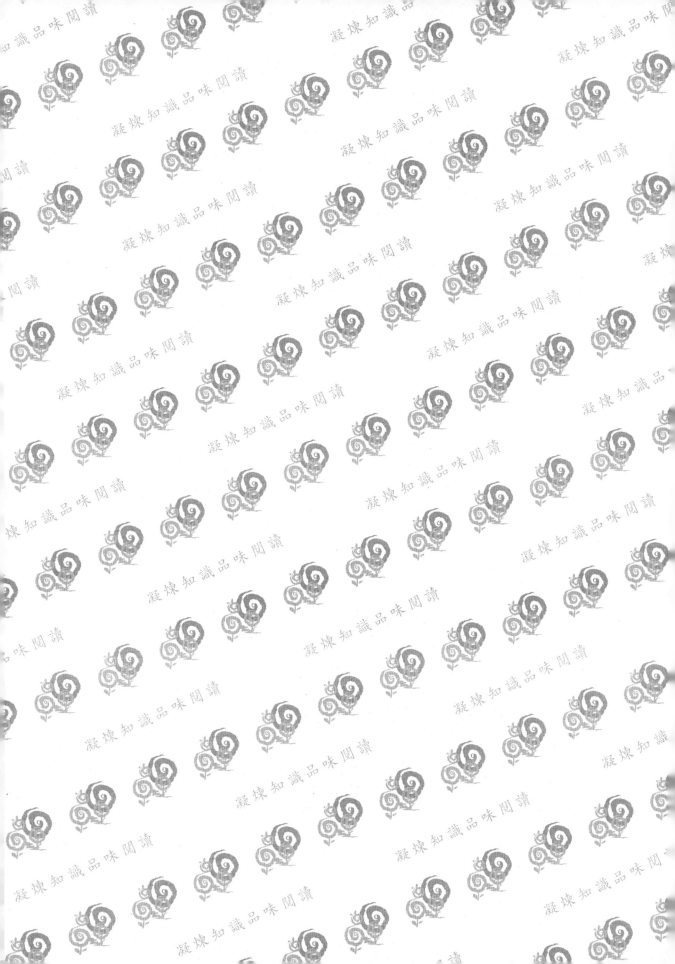

壘　球
邁向卓越

Diane L. Potter, Lynn V. Johnson　著

國家運動訓練中心　策劃
邱炳坤　主編
范姜昕辰　譯

五南圖書出版公司 印行

Softball

STEPS TO SUCCESS

（Third Edition）

Diane L. Potter, Lynn V. Johnson

目 次

總序

　　2015 年 1 月 1 日，國家運動訓練中心改制爲行政法人，正式取得法制上的地位。然而，光是法制上的地位並不足以彰顯改制爲行政法人的意義；中心未來是否能夠走出一番新的氣象，爲國家運動員帶來更完善的服務，才是國家運動訓練中心最重要的任務。

　　中心出版這一系列運動教學叢書之目的，首先是期待展現中心在運動專業領域的投入與付出；其次，也希望透過叢書的發表，讓基層運動教練、甚至是一般民眾，在學習各種專項運動時都能有專業的知識輔助，進而達到事半功倍的效果，以普及國內的運動風氣。

　　率先出版的第一批叢書，係來自美國 Human Kinetics 出版商的原文書籍；該叢書多年來，獲得國際的好評。中心有幸邀請到沈易利、李佳倫、吳聰義、廖健男、林嘉齡、鍾莉娟、許明彰、楊啓文、范姜昕辰等國內大專校院的教師，代爲操刀翻譯，在此要先表達謝意。

　　除了對九位老師的謝意，中心也要向合作夥伴五南圖書出版公司表達衷心的敬意和感謝。這次出版一系列的翻譯書籍，有勞五南圖書出版公司的專業團隊，協助編輯、校對等等各項細節，使得書籍的出版進度相當順利。

　　緊接著，中心正由運動科學團隊，積極整理近年來，中心在運動科學領域的實務經驗並加以發表，期盼爲運動科學的實務留下紀錄。國訓中心希望運動科學的普及化，能透過這些實務分享，落實到每一個運動訓練的角落，爲國內運動科學訓練打下良好的基礎。

國家運動訓練中心董事長

邁向壘球成功的步驟

壘球是一個所有年齡層次的人都可以參加的運動。本書透過漸進式的練習來提高技能發展和比賽概念，你會在練習模組中從練習個人技能開始，逐漸結合兩個、三個，到四個技能，並能在模擬練習中應用這些技能；最後，你將會有機會在正式比賽中施展你的技能和學識。

這個新版本重點講解同時適用於慢速壘球和快速壘球的技能拓展。然而，由於快速壘球愈來愈普及，新的教案材料加進來，從而增加快速壘球的範圍，這樣可以提供更廣面的關於短打應用在快速壘球的內容。由於快速壘球更著重於投球，所以在投球這一部分新加了一些步驟和內容，新的步驟增加了進攻和防守戰術的覆蓋面，尤其是那些在快速壘球中常用到的戰術。

新手球員一般都是初級水平並且沒有很多實戰經驗，一個經驗豐富的球員會有更多機會可以提高技能從而達到高階水平。本書是為缺乏經驗的新手和有經驗的球員而設計，通過多種多樣的挑戰模式從每個單元上來更進一步的提高技能。

每一單元與單元之間都是一個簡單平穩的漸進性過渡。最開始的單元，也是基本技能和概念，為之後的單元打下了穩固的基礎。在你不斷學習和練習的過程中，你會慢慢把所學過的技巧融會貫通，結合運用在實戰中。當你在完善技能的過程中，你會自然而然的在練習模組和模擬練習中巧妙地運用組合技能。不管是在練習中還是比賽裡，保有對各種情況的預測，時刻準備好對應的戰術，和能對場上情況做出快而準的反應，這三點可以讓你發揮更出色。你會在擊球、跑壘守備和投球中學會判斷和預測，從而在不同的情況下做出適當的進攻或防守選擇。當你學習到最後階段，你會發現你不僅僅掌握了技能，更重要的是建立了自信心，有了這兩者，你會在之後的練習和比賽中體會到壘球運動的真正快樂所在。

在學習每一單元時，遵循以下幾點：

1. 理解每一單元的內容、其重要性，以及如何執行和運用此單元要領。
2. 根據插圖所描繪來完成每個技能動作。
3. 當學習練習一項技巧時需要遵循兩點：閱讀步驟指導及說明，並且回顧檢討每一組練習中的成功點。練習模組是一項有重點的重複訓練方式，通過不斷練習一個動作技巧，而後熟練應用在比賽中。所以，可以根據自身狀況來進行特定的重複式練習，同時記錄自己的得分與結果。

4. 根據自己的分數結果紀錄來判斷自己是否需要在下個練習中「增加難度」或「降低難度」。練習模組是一個可以根據自己能力來調節難易程度的訓練，進而穩定地持續增　技能。所以，在練習中要分析自己的　弱點，再選擇相對的練習模式，避免超出或低估自己能力範圍的練習。

5. 需要一位稱職的觀察者——可以是你的老師、教練，或者練習搭檔——來評估你每次練習後的情況。觀察者可以用技能考核表格完成對各項的評估。

6. 使用每個單元後所給的表格來計算你的成績得分。當你達到了建議水準之後，方可進行下一單元的練習。

　祝你在一步步的提升之旅中能夠提高壘球技能，建立信心，享受成功的喜悅和壘球帶給你的快樂。

致謝

很多人都為此書的準備工作提供了很多幫助，很可惜沒有辦法一次性將他們的名字全部寫出來。在壘球教學的生涯裡，我們所教過的春田大學和福蒙特大學的學生和球員一直不斷的更新我們對壘球的認知和精進我們在壘球教育上的教學方法。在布里姆菲爾德青少年壘球訓練營教 7 到 10 歲孩童壘球的黛安‧伯特（Diane Potter）認為，基本技能的發展和瞭解比賽原理是極為重要的，尤其是對於想要繼續在學校球隊或是體育聯盟裡打壘球的年輕球員來說更為重要。我們在教學的同時，也從我們的學生和球員身上不斷學習與探索，而後總結出教學方法寫在書中供大家參考。感謝所有幫助我們完成著書的老師、教練、學員，以及所有關注此書的朋友們。

還要向 5 位春田大學學生致謝，他們負責了第一版的所有圖片內容：感謝大衛‧布里滋德（David Blizard）擔任攝影工作；感謝朱迪‧道博斯基（Jody Dobkowski）、薩莉‧葵克（Shelly Quirk）和克里斯福‧梅賀（Christopher Mayhew）擔任書中圖片的模特兒；感謝塔米‧歐森威（Tammy Oswell）製作影片和圖片影印。很多插圖在第三版還在繼續沿用。我們還要感謝來自福蒙特大學的艾文‧博尼（Erin Barney）、惠特尼‧博萊諾克（Whitney Borisenok）、莎拉‧波克（Sara Burke）、安吉‧希爾（Angie Hill）和艾密‧肯（Amy Kern）擔任多個快壘技巧插圖的模特兒。特別感謝兩位年輕的球員，卡爾（Kyle）和安娜‧杜芬（Anna Dunphey），他們志願擔任第三版新插圖的模特兒。還有要特別感謝同事黛安娜‧舒馬特（Diane Schumacher），她是壘球名人堂的名人兼春田大學壘球學長，提供了很多關於投球技巧的建議與資訊（在單元三中）。

黛安‧伯特，一個在這項運動學到很多的運動員，特別感謝拉爾夫‧銳門德（Ralph Raymond）的影響。他是 1996 到 2000 年美國奧林匹克壘球隊的金牌教練，也是黛安‧伯特著書的啟蒙。黛安對於壘球比賽的熱忱、對基本知識的強調和打出有品質的比賽的堅持，都來自於拉爾夫教練對她之前在 Cochituate Corvettes 球隊中教學的結果（黛安曾是拉爾夫教練帶的球隊中的學員）。林‧強森（Lynn Johnson）要感謝黛安‧伯特對壘球的熱忱不斷激發她的信心，同時也想感謝所有的前隊友和球員，他們的參與讓比賽更有意義。我們希望所有年齡層的球員、老師和教練在讀到這本書之後，最終都可以獲得和我們一樣多的壘球經驗。

黛安‧伯特感謝西堤‧斯圖爾特（Sydney Stewart）——林‧強森感謝潘木‧查爾斯（Pam Childs）——感謝他們費心的編輯初稿一直到定稿完成上傳人體動力學出版社（Human Kinetics）。林‧強森還要感謝潘木‧查爾斯在著書中分享她的壘球經驗。

我們由衷感謝格雷琴‧布魯克梅爾博士（Dr. Gretchen Brockmeyer）對此書的貢獻，她是第一版和第二版的合著者。布魯克梅爾博士是一位大師級的教師，在書中的教學發展重點上非常有方式，她的教學理念也會繼續在第三版中使用。

最後我們要感謝人體動力學出版社的所有員工——尤其感謝策畫編輯傑娜‧漢特（Jana Hunter），感謝第三版的發展編輯辛西亞‧麥克泰爾（Cynthia McEntire）的鼓勵和回應我們的想法，和準備過程中的支持。

壘球運動

我們目前所知的壘球運動起源於美國芝加哥法拉格船俱樂部，由喬治·漢考克（George Hancock）發明。漢考克發明壘球（又叫*軟式棒球*）的初衷是為了提供船上俱樂部中的富人在室內娛樂。後來，這項運動被路易斯·羅波特（Lewis Rober）改良發展成為室外娛樂項目，隨後羅波特又把壘球介紹給他的朋友，一個明尼阿波里斯市的消防員。現今，*壘球*（在 1926 年 YMCA 會議上，名字最終確定為壘球）成為全世界各行各業，數以百萬計民眾所喜愛的運動。

壘球運動有一些不同的版本，每個不同的版本都有自己的規則。像是女子壘球和男子壘球的快速壘球、慢速壘球和改良式投球；男女混合慢速壘球；男孩和女孩的快速壘球與慢速壘球，各個都有相關的官方規則，把不同的版本區分開來。但男子和女子壘球之間的規則差別不大；主要是由遊戲中投球的速度規則來區分不同類別的壘球版本。美國專項運動協會（USSSA）對於 16 英寸和超慢速壘球就有另外一番規則。

現今壘球已經成為一項沒有年齡和運動能力界限的運動，世界各地都有不計其數的壘球愛好者。而美國壘球協會（ASA）就是專門為業餘壘球愛好者開設的協會，在它的贊助下，每年有超過 25 萬支業餘團隊，人數超過 400 萬的壘球愛好者加入快速壘球和慢速壘球的運動中。此外，協會還開辦了青少年及兒童壘球團隊，稱為青少年奧林匹克運動會，其中有超過 8 萬支團隊和 130 萬年輕小球員。壘球可謂是一項全世界人都在關注與參與的體育活動，並且國際壘球賽事也一直是逐年遞增。國際壘球協會（International Softball Federation）確立的比賽國家就有 113 個，包括美國和加拿大。

但是也不是所有壘球項目一直都受關注，例如女子快速壘球賽事是近期才慢慢受到人們更多的關注。現在在電視上可以看到美國大學女子壘球錦標賽（NCAA），並且女子快速壘球項目也在 1996 年的亞特蘭大奧運會中成為正式的奧林匹克比賽項目。女子快速壘球項目從 1965 年國際壘球協會第一次在澳大利亞墨爾本舉行世界壘球錦標賽開始，一直到亞特蘭大奧運會取得世界關注，之間的經歷道路是很漫長與艱難的。澳大利亞戰勝了當時非常受歡迎的美國隊，奪得第一次世界壘球錦標賽的冠軍。第二次錦標賽是 1970 年在日本舉行，日本隊戰勝了美國隊成為了新的壘球界的世界冠軍。最後在 1974 年美國康涅狄格州斯特拉特福德市舉辦的世錦賽上，以賴貝斯托斯·布拉克提斯

（Raybestos Brakettes）爲代表的美國隊奪得了第三次世錦賽的冠軍。第一次舉行壘球正式比賽是在 1979 年的泛美運動會（Pan American Games），之後此運動會一直都在爲美國本土的女子壘球隊舉辦國際賽事，讓美國隊能更好應戰世界錦標賽和奧林匹克運動比賽。在 1996 年亞特蘭大奧運會上，美國女子快速壘球這一項奪得了奧運金牌，並且在 2000 年澳大利亞和 2004 年希臘奧運會上也都得到了金牌的好成績。在 20 世紀晚期和 21 世紀早期，奧林匹克比賽新秀投手／打者 Lisa Fernandez、游擊手 Dot Richardson，還有外野手 Laura Berg 都成爲了女子壘球隊和青少年壘球隊的榜樣。2004 年的奧林匹克比賽中，Lisa Fernandez 連續精彩奪冠，以 4-0 的投球比分和 0.545 打擊率，創下美國隊 9-0 不敗傳奇，包括 8 次連續的無失分比賽，贏得了金牌。三名新秀投手——Jennie Finch、Cat Osterman，和 Lori Harrigan——在 2004 年奧林匹克比賽中打出了 5 次勝賽的好成績。美國隊的游擊手 Natasha Watley 的五次盜壘，成爲了奧林匹克的新紀錄。至今爲止，有很多優秀的女子壘球球員都成爲了年輕球員的榜樣。

美國壘球隊的成功，在奧林匹克運動會上展現頭角的機會增多，到女子壘球隊和國家快速壘球隊的重新組建（爲優秀球員提供了更專業的訓練機會），

都爲發揚女子壘球運動形成了很好的向下扎根的影響，使得更多學校和當地運動會開展女子壘球項目，從而使更多女性和青少年運動員積極的參與快速壘球壘球運動。隨著全國運動節（美國奧林匹克運動節）的大力支持，將會有更多的奧林匹克世錦賽級的運動選手出現。

當然，對於一些沒有準備進軍奧林匹克世錦賽的人，當地會有很多娛樂性質的球隊，可以爲各類等級水平的人提供壘球運動平臺，讓更多人能夠參與到這項活動中，來體會其中的樂趣。可以說壘球真正是適合於每個人的運動：

1. 壘球是老少皆宜的運動，有 10 歲或 10 歲以下的球隊，更有 50 歲以上的球隊。
2. 壘球是個有特殊男女混合規則的運動。
3. 壘球運動既可以在沙地上進行，也可以在奧林匹克的露天體育場進行。
4. 壘球運動需要你手腦結合，不僅要求身體四肢的參與，也需要敏捷的思維來判斷場上情勢。
5. 壘球運動可以用來維繫增進朋友間的感情，還有機會從中認識更多的新朋友。

其實壘球所需的運動技巧不是很多，基本來 ，一個人可以接球、投球、擊球和跑壘，外加上適當的技巧，就能玩壘球了。現在就拿起壘球，上陣吧！

規則

圖 1 上所展示的是正規的壘球場地。*場內*（playing field）是指在規定的範圍以內的場地，在此範圍的一切活動皆有可能是有效的。邊界是由一個外野攔網和兩個邊網組成，從本壘後擋為起點，兩個邊網向外野攔網延伸，與界外線相距 7.6 到 9.1 公尺並與之平行。在邊界規定範圍以外的場地則稱之為*場外*，或者*死球區域*。場內分為界內和界外。*界內*是指從第一壘到第三壘，界外線之內和外野攔網之內的範圍，包含空中。*界外*是指兩條界外線和邊部攔網之間的區域。

場內更進一步分為*內野*（界內區域的一部分，通常由內野手來防守）和*外野*（界內區域的一部分，也就是在界內，且為跑壘線所形成的菱形以外的區域，或是通常不由內野手所防守的範圍）。大多數壘球的場地都會有一個土質的內野（見圖 1 陰影區）和一個草地的外野。

壘與壘之間的距離、投球距離，和本壘到外野之間的距離，會根據規則而變換。非正式比賽可以在任何場地上進行，只要場地是菱形或是正方形，且有最基本的本壘和一、二、三壘便可。

所有壘球運動都會有兩個對立的球隊交替對打，一隊是進攻，則另一隊是防守；進攻方主要是擊球和跑壘，而防守方是阻止對方跑壘得分。快速壘球和改良式投球的防守隊是由 9 名球員組成，慢速壘球則有 10 名防守，然而只有一些規則允許多出來的防守球員打擊。快速壘球中的守備位置按照從 1 到 9 的順序進行：投手（1），捕手（2），一壘手（3），二壘手（4），三壘手（5），游擊手（6），左外野手手（7），中外野手（8），右外野手（9）。在慢速壘球中會有 10 名防守人員，多出的那一名通常是作為外野手，大部分慢速壘球的球隊會將中外野手的位置，由一名左外野手和一名右外野手替代。具體的站位請參照圖 2。快速壘球的外野手、一壘手和三壘手的位置是用小寫字母標示，而在慢速壘球中，他們的位置有微妙變換，在圖中用大寫字母標示。不管是快速壘球還是慢速壘球，投手、捕手、二壘手和游擊手的起點位置是相同的（位置標記為單一號碼，且只標記

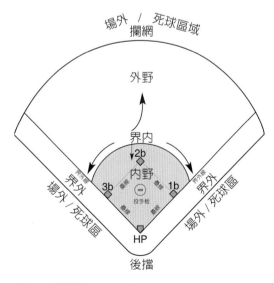

圖 1　壘球場

了一次）。左外野手、中外野手和右外野手——在慢速壘球中只有左外野手和右外野手——統稱為外野手。內野手為一壘手、二壘手、三壘手和游擊手。即使投手和捕手的位置在內野，所負的職責也與內野手近乎相同，但卻不叫內野手，而叫做投捕手。

一個常規壘球比賽最少需要七局來決定勝負。在每一局中，每一隊都需要擊球直到三個擊球者或者跑壘者出局。出局是指當進攻球員沒有安全上壘的情況。對抗賽中，先攻或後攻是由擲硬幣來決定，除非規則中另有規定。一般來說，在某一個球隊的場地比賽，那支球隊就被稱為主隊，客隊先攻，主隊後攻。

跑壘得分是指在防守隊在完成第三個出局數之前，跑壘者在沒有犯規的情況下安全上一壘（觸碰到壘板）、二壘、三壘和本壘，方可得分。跑壘得分最多的那一隊為贏家。

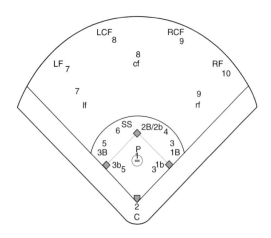

圖 2　起始位置由數字顯示

這本書會介紹一些基本規則之外的規則用法，這些額外的規則是針對於特定的技巧與打法的。書中所有參照都來自於官方比賽與調整式壘球比賽。官方規則是在高中、大學、夏季聯賽和奧林匹克比賽這類正規比賽中使用的。

高中聯賽一般遵循 NFHS 或者 ASA 快速壘球比賽的規則，大學女子壘球比賽則遵循 NCAA 和 ASA 的快速壘球比賽規則，快速壘球和慢速壘球業餘球隊使用 ASA 和 NSA 制定的比賽規則。美國專項運動協會（USSSA）管理一些慢速壘球聯盟，ISF 則是掌管一系列國際性壘球比賽。大多數高中、大學、業餘聯盟的官方快速壘球規則都是一樣的，因為他們都是由 ISF 來制定比賽規則。但是儘管如此，不同的機構也是會在特定的比賽中制定一些特殊的規則，且這些規則只針對當地適用在特定比賽中。然而這本書中所教授的打法和技巧規則都是遵循 ASA 制定的官方規則。

改良式規則是教練或者教師根據原本規則自創的規則，用於激勵學生專注訓練某一項或一組技能。例如：球員輪流規則在調整式壘球比賽中稱為排名壘球比賽（單元十），這項規則是為了確保讓每一個球員都能體驗防守賽中每一項環節，從而更能深入瞭解及運用壘球技巧。這些規則並不是正規／官方比賽規則，在正規賽場上都不會被使用，只適用於練習和教學。

器材選擇和安全事項

可靠的球具器材和安全的練習場地是保證壘球運動安全的關鍵。以下是關於選擇球具器材的一些建議，以及運動前安全檢查的事項。

手套

守備者／外野手的手套一定要全皮質的，包括手套上的繫帶和鑲邊都要求是皮質的。需要小心謹慎選擇，避開使用塑料或人造材料來製作繫帶和鑲邊的手套。手套背部需要帶有方便調節的帶子（推薦魔術貼式帶）。手套的大小選擇取決於你在壘球中的角色，以下幾點可以幫你選出適合的手套：

首先手套要配戴適合。許多廠家都有為不同年齡階層的青少年製作不同規格的手套。

- 二壘、三壘和游擊手的手套，手指位置的長度較短為好。
- 慢速壘球的外野手、一壘手和捕手的手套，手指位置的長度要夠長（當內野手的手套給一壘手和捕手用的時候）。
- 快速壘球的捕手應該購買捕手專用手套。

球棒

球棒科技在過去的幾年中大幅增進，因此也增加了球棒選擇的難度，同時球棒的價格也隨之增加。選擇球棒，首先要考慮自身壘球技術程度和對壘球的興趣，價格區間由 25 到 400 美元不等。

球棒的長度和重量要適合自己，主要是能夠讓打者輕鬆的將球棒揮入擊球區域，所以球棒選擇會根據你的揮棒速度、力量，以及來球速度來決定。球棒的重量是用盎司來計算，有些球棒上還會有正（+）負（−）數標注——例如：一個球棒是 34 吋長，重量標識是 −8，所以它的實際重量則為 34−8，為 22 盎司；如果重量標識為 +8，則實際重量為 34+8，為 42 盎司。慢速壘球中使用的球棒會比在快速壘球中使用的球棒要重。在 ASA（快速壘球和慢速壘球）和 NCAA 制定的比賽中使用的球棒要求都要有 ASA 通過的標誌。

球棒雙手緊握的位置需要舒適，手握位置的構造要能夠確保持棒人的雙手可以穩穩地抓住球棒。一個可靠的握把是每一個球棒的基本要求，握把的材料可以是橡膠、皮質，或者人造材料。

球棒材質在這些年裡有非常顯著的變化。實木球棒已經幾乎絕版了，現今的球棒都用鋁、鋼、複合材料、金屬合金和鈦這些材料製作而成。製造商不斷發展科技來提高球棒的手感，希望以此加強比賽中的進攻能力。目前球棒中最便宜的是由鋁合金製作而成。球員選擇球棒通常以價錢為考量而非以材料決定，儘管兩者之間有不可分的關係。若是休閒性質的壘球運動，鋁質球棒會是

比較好的選擇，因爲它很耐用，比其他材質的球棒使用時間更長久；但是鋁質球棒手感較差，也沒有重量可以選擇。現在用來做球棒的新材料，有個最大的缺點，就是不耐用。很多價格在 200 美元以上的球棒甚至堅持不到打完一個季度的比賽，也經常無法退換貨。所以，當你選擇球棒時，你需要考慮你的預算、你壘球的水平，還有你對壘球的熱愛程度。

打者手套

打者手套最初是只戴在拿球棒最底端的那隻手上，用於早期的實木球棒，爲確保更好的抓住球棒。規定下，木質壘球棒必須要有一個特殊構造的手握區域，但是木質棒球棒則是規定手握的地方不能有任何其他物質添加，必須是從上到下一整塊木頭來製作完成。因此，球員的手汗會導致掉棒或者出現打擊時球棒飛出去的情況。

現在使用的壘球棒通常都會有一個可更換的手握區域，使擊球者能更穩的拿住球棒。雖然在壘球運動中對打者手套的安全要求不像棒球中那麼嚴格，但在球員中還是比較流行模仿棒球大聯盟球員那樣同時穿戴兩副手套。對於防守球員來講，尤其是捕手和一壘手，在防守手套裡再加戴打者套，這樣接球時增強對手的保護性。市面上也有一些帶有附加護墊的打者套，是專門爲戴在手套或者連指手套裡而設計的。

球鞋

青少年或者業餘壘球活動會選擇帶有軟或者硬橡膠釘的球鞋。在有些高級水平的比賽中會允許穿金屬鞋底或帶有後跟貼片的鞋，但是鞋釘的長度要限制在 1.9 公分以內。帶有圓形和尖尖的鞋釘的球鞋在場地上是禁止使用的。在選擇適合的球鞋時，要事先瞭解你所參加的壘球比賽的要求及注意事項。

所有在比賽中用到的球具和器材都要符合當前比賽活動的規定。比如，在 ASA 制定的比賽中，球棒必須通過 ASA 的審核。如果一個球棒標有「少年棒球協會」的標誌，儘管其長度、重量、最大棒圍等都符合 ASA 的規定，但是卻不能在 ASA 制定的比賽中使用。

爲了安全起見，在每一次開始練習或者比賽之前，請檢查自己的球具和運動場地。

- 檢查手套的繫帶是否斷裂，尤其是在網狀區域。
- 檢查球棒是否有凹陷、小坑、鬆動、握柄破裂，或者放錯位置的球棒蓋子。
- 確保球鞋穿著適合，對腳心有良好的支撐，鞋底有良好的抓地力，尤其是在濕滑的地上也能保持良好的抓地力。鞋面上不要有破洞。
- 確保球衣不要過緊，以方便身體伸展，不會局限肢體運動，尤其是在

擲球的時候，不被拘束。長褲和短褲也同樣不能過緊，方便跑動。

- 如果在賽場上需要配戴太陽眼鏡，要確保鏡片是安全鏡片。

檢查場地是否有玻璃碎片或者其他尖銳物件、不明顯的洞，和任何會在運動中引起事故的危險事項，例如美式橄欖球的擋板、長曲棍球或陸上曲棍球的球門等等。移走場上散落的器械，像是球類或者球棍。

當與搭檔練習擲球、防守和其他技巧時，最好排成一線，避免任何一人的眼睛直看陽光。當在室內練習，或者在室外靠近樓房練習的時候，要注意窗戶、路燈，以及過往的行人，以免造成傷害。當窗戶在球的飛行路線上時，請不要練習。對不同能力的搭檔有同理心。不要亂扔球棒，也不要用球棒打擊石頭。

熱身運動和放鬆運動

在開始練習或比賽之前，你需要一個 10 到 15 分鐘左右的賽前熱身運動來提高你的心跳率和身體的靈活性。每當練習或比賽結束之後，也需要一個 5 分鐘從劇烈運動過渡到平穩的緩和運動環節。熱身運動和緩和運動不僅可以幫助你預熱身體肌肉，和提前做好賽前的心理準備，也能有效的預防劇烈運動對身體的突發性傷害。

在預熱／熱身運動中，第一目的是要增加血液的流動性。從本壘為起點，沿著場地界限慢跑一圈回到本壘；血液的流動性提高後，做一組動態伸展運動來預熱你的肌肉群。動態伸展是一種在移動間完成的一種伸展，這種伸展於肌肉施予較小的張力，可以提高肌肉靈活性，得到更好的控制。在伸展肌肉過程中，切勿過快或者急躁的做拉伸運動，每一組拉伸運動應該持續 8 到 12 個循環。以下是一組動態拉伸運動的例子：

1. 腿在一個大圓圈上，慢慢地前後擺動。
2. 手臂在一個大圈上，慢慢地上下擺動。
3. 單腳邁向前一大步，彎曲前膝蓋，身體慢慢地蹲下去，讓胸口慢慢接近你的前膝蓋。兩條腿交替此動作。
4. 單腿向前一大步，以前腳為重心，雙手接觸地面，慢慢地控制後腿抬起。兩條腿交替此動作。
5. 從半蹲踞狀態開始，單腿向一側邁開，接著將另一條腿收回，回到半蹲踞狀態。兩條腿交替此動作。
6. 高膝跳步，當練習跳步的同時，盡可能的將膝部提高。

完成一系列的動態拉伸運動之後，你需要進一步讓雙腿和投球的手臂進入狀態。在做手臂準備運動時，站在離你和投擲對象中等位置，誇大你的投擲動作，動作更像是要投擲外野球而不是內

野球。當你手臂預熱過後，可以提高你的投球速度或者拉開你與投擲對象的距離。

伸展預熱腿部是爲了在練習和比賽中的衝刺做好準備。有一種可能同時預熱雙腿和練習跑壘的方式，就是在跑壘的路徑上，練習各種安打所需的跑壘方式。由兩個全壘打開始，用中速完成跑壘。接下來兩個一壘安打，兩個二壘安打，兩個三壘安打，最後，一個全速的全壘打。完成之後，不僅雙腿預熱好了，也順便練習了跑壘。

在每一次練習或比賽的最後結束階段，你應該拿出幾分鐘做放鬆運動，來伸展放鬆一下肌肉，同時讓心跳慢慢恢復平常的速度。這個環節是由一組動態拉伸運動（前面所提到的熱身運動）配合靜態被動拉伸。首先，你需要適當做一些動態拉伸運動直到你的心跳速率平穩下來。隨後做一組靜態被動拉伸運動，來放鬆賽後緊繃的肌肉，並減少肌肉的酸痛感。肩膀、手臂、腰部、背部，還有腿部的肌肉群在壘球運動中都是經常用到的。在做放鬆運動時，身心要同時放鬆，身體要慢慢伸展開來，隨後在伸展最大化時停滯 8 到 10 秒鐘。在伸展肌肉時，不要反覆的來回拉伸，應該是平穩緩慢放鬆的狀態。10 秒過後，可以試著加大肌肉伸展力度。確保身體的每一部分肌肉都得到放鬆，一些關於伸展的書籍會教你更具體的練習方法。

美國國內和國際壘球協會

以下這些機構，可以幫助你在所在的區域裡，得到更多有關壘球規則和壘球活動的訊息。（壘球規則可以在各個帶有星號為標記的機構網站下載）

美國壘球協會

Amateur Softball Association of America （ASA）

地址：2801 N.E. 50th Street
　　　Oklahoma City, OK 73111-7203
電話：405-424-5266
網站：www.softball.org

國際壘球聯盟 *

International Softball Federation （ISF）

地址：1900 S. Park Road
　　　Plant City, FL 33563
電話：813-864-0100
網站：www.internationalsoftball.com

全國大學運動協會 *

National Collegiate Athletic Association （NCAA）

地址：P.O. Box 6222
　　　Indianapolis, IN 46206-6222
電話：317-917-6222
網站：www.ncaa.org

全國壘球協會 *

National Softball Association （NSA）

地址：P.O. Box 7
　　　Nicholasville, KY 40340
網站：www.playnsa.com

美國專項運動協會 *

United States Specialty Sports Association （USSSA）

地址：611 Line Drive
　　　Kissimmee, FL 34744
電話：321-697-3636
網站：www.usssa.com

圖標注解

1, P	投手（快壘、慢壘）
2, C	捕手（快壘、慢壘）
3, 1b	一壘手（快壘）
3, 1B	一壘手（慢壘）
4, 2b	二壘手（快壘）
4, 2B	二壘手（慢壘）
5, 3b	三壘手（快壘）
5, 3B	三壘手（慢壘）
6, SS	游擊手（快壘、慢壘）
7, lf	左外野手（快壘）
7, LF	左外野手（慢壘）
8, cf	中外野手（快壘）
8, LCF	中左外野手（慢壘）
9, rf	右外野手（快壘）
9, RCF	中右外野手（慢壘）
10, RF	右外野手（慢壘）
B,	跑壘者
BR	打擊後的跑者
H	打者
T	擲球者
F	防守者
	球路線（滾地）
	球路線（打擊）
	球路線（投擲）
	球員動線
	角錐
	球籃

單元一　接球與擲球

想像你自己是游擊手。一個快速直達球打向你，你一個流暢的動作，接住球並投擲給一壘手，將打者刺殺在一壘前，接著再將離壘過早的一壘跑者雙殺。或是想像你是左外野手，你衝向你的右邊接到一個飛球，停止，然後往你要傳的方向跨步，將球擲向二壘，防止一壘向二壘跑的跑者往前推進。

壘球就是一個接球與投球的運動。這些防守技能對你獲得壘球成功起到至關重要的作用。每一個壘球球員，不管他是在哪個位置，都必須熟練掌握接球與投球的技術。關於防守相關的技能（接地球和飛球）和本壘後接球的技能會在單元二和七中重點描述。在本單元中，你會學到如何接球，如何調整球和身體到投擲姿勢，到最後擲球，這一系列動作需要完整流暢，一氣呵成。

壘球中的投球方式大體上可分為三類——上手投球、側投、下手投球。上手投球是最常用的，用上手投球的方式投出的球距離遠且精準。在初學壘球時，上手投球是新球員的第一課，也是有經驗球員經常鞏固練習的投球手法。所以可以說，上手投球將會是你成為一個成功防守球員的金鑰匙，許多球員都很看重這一步。

快速壘球投手是唯一大部分時間都是使用完整的下手投球動作的球員（見單元三）。然而，也有一些不同樣式的下手投球，包括慢速壘球的投球以及短傳球至二壘，用來起動雙殺的小拋投，從技術上來講都可以稱為下手投球。側傳（見單元八）是用在相對近的投球距離，並且要求球速快，球的軌跡與地面平行。水平高的內野手通常在接完落地球，短時間內要投出球時使用側投。側投相較於其他兩種投球方式來講，精準度是最差的，所以就連高水平球員都很保守地使用側投。

你能想像一個人在向你投擲球時，你卻不知道如何去保護自己？想像自己是個中外野手，接了一個飛球，卻無法把球傳到二壘，更別提傳到本壘。對於內野手來講，快速的完成接球和投球可以防止跑壘手推進壘包。外野手必須要

用上手投球方式傳球，因為球要飛行的距離很遠。投球和接球在壘球中被視為最基本的防守技能。接下來我們先學習如何接球。

接球

首先，要接住一個正在向你飛過來的空中球需要追蹤此球的運動軌跡——用雙眼看來球的方向，判斷球飛行的路線——然後順著球的軌跡來調整自己身體和手套和慣用手的位置完成接球動作。作為一個防守球員，你無法控制球的飛行軌跡和動態，所以要想接到球，就必須用眼睛識別球的動態，並且移動你的身體與來球的飛行方向在一條直線上。當你與球在一個運動軌跡上時，你應該站穩，面向來球的方向，帶手套那一側的腳稍稍往前。把手伸出去接球，然後自然地把重心轉移到前腳上。

接球也需要你自己的判斷力。如果來球的高度在你腰部之上，豎起雙手，手指方向向上，且雙手手心向外，如圖1.1a。如果來球的高度在你腰部之下，手指方向向下（圖1.1b）。如果來球的高度正好與你腰部的高度相同時是最難接的；這種情況下，帶手套的那隻手的手心向下，手指與地面平行，大拇指在下方，另一隻手的位置在手套手的下方（手心向上），如圖1.1c。修正雙手的

圖 1.1 來球高度與接球方式

在腰部上方
1. 手指方向朝上
2. 視線集中在球上
3. 讓身體方位與球的飛行軌跡在一條線上

在腰部下方
1. 手指方向朝下
2. 視線集中在球上
3. 讓身體方位與球的飛行軌跡在一條線上

與腰部同高
1. 手指與地面平行
2. 視線集中在球上
3. 讓身體方位與球的飛行軌跡在一條線上

壘球

邁向卓越

位置對有效率的接球是很重要的。

當做好預測及追蹤來球之後，才算真正地準備好接球。當球到達你的手套時，用手套那隻手的大拇指和無名指「擠壓」手套，同時另一隻手保護球，順勢地（也被稱為*溫柔的雙手*）將衝擊減緩並移至慣用手的肩膀方向。

當移動球和手套至擲球準備動作時，使用兩指握球方式，食指和中指放在一條縫線上，而大拇指放在球上的另一條縫線上，而無名指也自然地放在球的邊上（圖1.2a）。如果你的手比較小，你可以用三指握球方式，食指、中指和無名指並列同時放在一條縫線上，而小拇指則自然地放在球的最邊上，大拇指放在球的另一條縫線上（圖1.2b）。握球的同時，轉移重心到後方的腳上，轉身，你有手套的那一邊朝向目標方向。

當重心還在後腳上時，擲球手將球帶到準備擲球的位置，此時手套那隻手的手肘需要朝向投擲目標。

接球的完成姿勢和上手投球的起始姿勢是一樣的。如此完成接球，可以讓你在轉換接擲動作間變得更加流暢。圖1.3，a到c展示了從接球到投球的連貫動作（來球位置高於腰部）。

用兩隻手一起接球不僅可以確保更穩的接住球，也能更快的轉移球到投球位置，因為接球時，雙手都觸碰到了球，投球的手可以馬上握住球準備投擲。如果用一隻手接球，則球要經過從手套移動到投球手中的轉換步驟，從而延長了投球時間。一隻手接球只適用於在兩隻手無法一起接到球的情況下。一隻手接球方法會在後面的步驟中詳細解說。

a
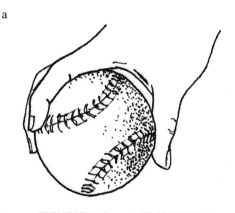

b
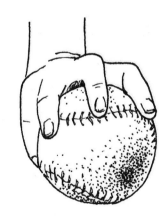

圖1.2　(a) 兩指握球方式；(b) 三指握球方式

圖 1.3　接球

a

b

c

準備接球	接住球	準備投球
1. 兩隻腳前後大步分開，帶手套的一邊腳在前方	1. 用兩隻手；「擠壓」球	1. 繼續將重心轉移到後方
2. 視線集中在球上	2. 重心轉移到後面；開始轉身	2. 帶手套的一邊朝向目標方向
3. 手指向上（來球位置高於腰部）	3. 順勢地用手套帶著球移動	3. 手套指向目標方向
4. 重心向前	4. 利用兩指或三指握球法握住手套中的球	4. 重心在後方的腳上
5. 雙手前向伸出接球		5. 張開雙臂，移動球到投擲位置
		6. 伸展投球的手腕

　錯誤

你沒有接住球，或者球從你的手套中掉出來。

修正

看準來球的軌跡。用雙手接球，當球到達手套裡，要用另一隻手再包住手套中的球，以防掉落。

　錯誤

接球時，球的衝擊力讓你的手感到刺痛。

修正

雙手向前伸出接球，手套與球接觸後順勢做緩衝動作。接住球後，雙手往投球一邊的肩部帶動。

接球訓練 1.　自拋球

自拋球適用於剛剛接觸壘球的或沒　　有多少經驗的新球員，這項訓練幫助調

整接球的技術基礎。

　　自拋球不需要帶手套，輕輕地把球拋到到身前的空中，使其向上飛過頭頂即可，雙手向上伸出去接球，接到球後，將球帶到擲球肩部，隨後放下雙手，再次投球重複拋球的動作。除了簡單的向上徑直拋球外，你也可以增加些難度，向前高拋球，接球時需要往前跑。拋球和接球的動作做 10 次。

　　完成之後，把球拋到一個比較高的傾斜面，如鐵皮屋的屋頂，球就會滾下來讓你接。記住，不要戴手套。專注在練習「伸手接與送」。你可以把難度提高，就是當你在把球拋到屋頂之前先

往後退，所以你在接球的時候要先往前進。這樣的練習做 10 次。

　　做這項練習中，需要一個教練或是一個有經驗的球員觀察你的接球動作，然後依照書中的評分標準來打分。在每一次拋接球的動作中，每達到一個標準得 1 分，總共有三個標準。

得分

自己拋球	增加難度
25 到 30 分 = 5 分	• 增加往前拋球的距離，來讓自己跑更遠去接球。
20 到 24 分 = 5 分	• 增加你和屋頂之間距離，來讓自己跑過去接球。
低於 19 分 = 1 分	• 增加拋球的高度，來練習追蹤球軌跡技巧。
你的分數＿＿＿	降低難度
屋頂拋球	• 用海綿球或威妥球。
25 到 30 分 = 5 分	• 拋球高度減小。
20 到 24 分 = 5 分	
低於 19 分 = 1 分	
你的分數＿＿＿	

接球訓練 2. 互拋球

　　站在離搭檔 3 公尺之外，兩個人都需要帶上手套，面對面站著。使用下手拋球，兩個人來回傳球接球。為了能讓對方更好地練習接球技巧，投手必須

輕柔的拋出精準的球。在此練習中的第一階段，向你的搭檔輕柔的拋出球。當對方向你拋球，你準備接球的時候，確保自己是雙腿大步張開，一前一後的姿

勢，並且是帶手套一邊的腳在前。作為接球的一方，要注意接到球後，把球帶領到擲球位置的這個過程。這個練習主要專注三點「接球、順勢和預備投球」。

如果想增加難度，可以讓搭檔投出三種不同高度的球：在腰部上方、在腰部位置在腰部下方。接球的時候要簡單乾脆，依照來球的高度和方向來調整自己手的位置。完成三種高度拋球接球的

動作，每組做 10 次。

得分

連續接到球的次數（最多 10 球）：
（球在不用移動就能接到的範圍）

7 到 10 = 5 分

4 到 6 = 3 分

1 到 3 = 1 分

你的分數＿＿＿＿

連續接到球的次數（最多 10 球）：
（球在高於腰部的位置）

7 到 10 = 5 分

4 到 6 = 3 分

1 到 3 = 1 分

你的分數＿＿＿＿

連續接到球的次數（最多 10 球）：
（球在腰部的位置）

7 到 10 = 5 分

4 到 6 = 3 分

1 到 3 = 1 分

你的分數＿＿＿＿

連續接到球的次數（最多 10 球）：
（球在低於腰部的位置）

7 到 10 = 5 分

4 到 6 = 3 分

1 到 3 = 1 分

你的分數＿＿＿＿

增加難度

- 讓搭檔拋球的時候隨機選擇拋球的高度和距離，拋向你身體的任一邊。

降低難度

- 用軟球。
- 讓搭檔拋球力度減小。
- 用比較大的球。

過肩投球

頭上投球需要從上節提到的「準備投球」階段作為起始點（圖 1.3c，頁 4）。當你用投擲球的手從手套裡拿出球時，需要注意握球姿勢，確保前食

指、中指和大拇指放在另條球線上。如果你的手比較小，可使用三指握球法，無名指與前兩個手指一併放在球上，小拇指自然地放在球的邊上（圖 1.2，頁 3）。

　　心中默念「轉向，邁步，然後投擲」。這三點可以提醒你在開始擲球時首先要把手套*轉向*投擲目標，同時擲球的手臂轉向後方（圖 1.4a）；然後有手套那一邊的腳向著擲球方向往前*邁一步*，髖骨與投球目標成直角（圖 1.4b）；接下來握球的手臂過肩向前*投擲*，手肘力量帶動手腕來投球（圖 1.4c）。抬高你的手肘，大手臂與地面平行。轉動前臂到垂直位置，球經過你的頭時一定要

夠高。如果你的前臂沒有與地面垂直，而是往下傾斜，投出的球曲線就會彎曲，不夠精準。在短距離投球時 —— 例如：從第三壘到第一壘的距離 —— 球要走直線距離到達重點。從外野位置開始投球要儘量投直線球。

　　當球離手時，你的重心應該是向前的，你前腿的膝蓋應該是呈彎曲狀態，擲球側的肩膀在前。此時，你的擲球手會低於手套側膝蓋的外側。你擲球邊的腳會向前移動來保持身體平衡。圖 1.4，a 到 c 展示了過肩投球的三個階段，是一個完整的從接球到擲球的組合技能。更完整的組合技能會在下一個技術段落做解釋。

圖 1.4　過肩投球

a　　　　　　　　b　　　　　　　　c

準備擲球
1. 重心在後腳
2. 戴捕手套的一邊朝向投擲目標
3. 手臂伸展開來；捕手套指向投擲目標
4. 手腕向後彎曲固定；球在身體後方投擲

投球
1. 擲球邊的腳向目標往前邁一步
2. 後腳推離地面
3. 手肘在前帶動，手掌在後被動跟進
4. 重心在前腳
5. 髖骨成直角
6. 前臂旋轉時經過與地面垂直的位置
7. 球要舉高
8. 戴手套的手要在低處
9. 手腕急扣

完成投球
1. 手腕完成急扣動作
2. 重心向前
3. 雙膝彎曲
4. 擲球的手放低
5. 擲球邊的肩膀在前
6. 保持身體平衡

單元一　接球與擲球

錯誤

球沒有飛很遠。

修正

你的動作可能是在「推」球。要向後完全伸展開你的手臂,然後當你將球向前帶的同時,由手肘在前帶動。

 錯誤

球的飛行軌跡太高。

修正

在送出球的那一刻,急扣手腕,或後一點送出球。

投球訓練 1. 柵欄擲球訓練

準備好一筐 10 個球,站在與無阻礙柵欄(像是本壘後方的擋球網)的 6.1 公尺之外(如果柵欄較矮,需要減少之間距離),直接向柵欄投擲每個球。重複「轉向,邁步,投擲」這一系列動作。記住是邁出戴手套一邊的腳。確保你的手臂流暢地做出完整個動作。

練習投擲動作 10 次之後,需要一個教練或者有經驗的球員來觀察你的投球動作,然後依照書中的評分標準來打

分。每做到一點得 1 分。

檢查
• 轉身,讓戴手套一邊的手臂指向柵欄。同時,向後伸展投擲的手臂。
• 戴手套一邊的腳向柵欄方向往前邁步。
• 當球經過你的頭時,保持手和手肘的高度。
• 手套側的膝蓋跟進動作。

得分	
35 到 40 = 5 分	降低難度
25 到 34 = 3 分	• 站姿由戴手套邊朝向柵欄開始。手套側的腳向柵欄方向邁出,向著柵欄擲球。
24 或更低的分數 = 1 分	
你的分數＿＿＿	
增加難度	• 站姿由背面朝向柵欄開始。「轉身,邁步,擲球」,擲得愈遠愈好,接著向球追去。連續做擲球、追球的動作,集中注意力在每一次的「轉身,邁步,擲球」動作。
• 在柵欄上放置一個目標物,試著去擊中它。	
• 增加你與柵欄之間的投擲距離。	

壘球

邁向卓越

投球訓練 2. 準確度訓練

在投球過程中，你需要能夠控制球的方向，可以投擲到你想要投擲的地方。如果你無法讓球到達你所想投擲的地方，你就無法幫助你的隊友順利製造跑壘者出局。

在柵欄上設置一個和胸部齊高的目標物。目標最好是一個足夠大的正方形，確保你能在 6.1 公尺之內能擊中目標。如果你初次接觸壘球練習，那麼你的目標範圍至少要 2.4 公尺寬；如果你是比較有經驗的球員，你可以選擇較窄的目標範圍。

站在距離目標 6.1 公尺的位置，用過肩投球的方式投擲 10 個球。這個是練習，先不用計分。當投擲的時候，告訴你自己「轉向，邁步，投擲」的步驟。記住動作要儘量做大。儘管這次有設置

目標，但先不要太注重於自己有沒有投擲到目標點，主要集中在落實「轉向，邁步，投擲」的連貫動作上，並且檢查自己的動作是否達到得分標準，尤其需要注意是用手套邊的腳邁步。

朝著目標再扔 10 次球，這一次要求在動作的過程當中集中注意力在投中目標。過程當中，手套側腳向目標踏一步且球投中目標得 1 分。

檢查

- 手套指向目標。
- 戴手套一邊的腳向目標方向往前邁步。
- 強力的向前轉動小臂。
- 在跟進的過程中，重心從後轉移到前方。

得分表

8 到 10 = 5 分

5 到 7 = 3 分

4 或更低的分數 = 1 分

你的分數_____

增加難度

- 縮小目標範圍。

- 增加投擲距離。

降低難度

- 增大目標範圍。
- 減小投擲距離。

投球訓練 3. 增加距離

投擲球不光是可以投中目標，也需要你在任何距離的情況下投擲精準。在比賽中，你可能需要從外野投擲遠距離

球，或者在內野需要投擲近距離球。

在你上一個訓練裡準備好的目標前方的地上，分別標記 6、9、12、15 和

18 公尺。站在標記著 6 公尺的地方，過肩連續投擲 10 次球，記錄擊中目標的次數。然後站到下一個距離 9 公尺的標記點，你必須 10 次投球中 8 次擊中目標。每一次你達到這個標準，你就可以到下一個標記，重複同一個訓練模式。在沒有達到標準之前，不要到下一個標記。試著去達到 18 公尺的距離（此距離是從本壘到一壘的長度）。

在壘球比賽中，你要投中的目標點會比你在訓練中所用的目標點小很多。在比賽中的目標點是捕手的手套。為了更好的練習投球的精準性，你可以把目標再縮小。再站在最初的標記點上，投擲 10 次，記下每次投中的次數。如果每 10 次中可以投中 8 次，方可移動到下一個標記點。謹記，在沒有達到標準前，不能到下一個標記點。

檢查

- 對準目標。
- 由後腳蹬起，將重心轉移到前方。
- 球出手時，確保你的手指在球的正後方，手腕向前扣。
- 在跟進的過程中，帶動投球一側的肩部向前並壓低。
- 將投球一側的腳帶向前，並保持身體平衡。

得分

根據能夠在 2 次或者 2 次以下達到下一個標準來記分。

達到 18 公尺標記 = 5 分
達到 15 公尺標記 = 3 分
達到 12 公尺標記 = 2 分
達到 9 公尺標記 = 1 分
你的分數＿＿＿

增加難度
- 增加投擲距離。

- 每 10 次投擲中，增加需要投中次數。
- 減小目標物。

降低難度
- 減小投擲距離。
- 每 10 次投擲中，減少需要投中次數。
- 在動作開始時，將手套側朝向目標（適用於短距離投擲）。

比賽中的接球與投球

與搭檔練習接球會幫助你預習在比賽中接球投擲球的團隊合作。在真正比賽中，球往往不會很準的向你飛過來，所以很難用到你在固定位置下所習得的基本接球與投擲球技能。你必須去把所學的基本技能靈活運用到比賽中，去*適應*比賽的環境。

在接球的時候，總是試著將整個身體移動到球行進路線的前方。在身體的中心線以外接球，只能在不得已的情況

下執行。

對於大多數人來講，接飛向戴手套一邊的球，比接飛向投球一邊的球容易（不管用兩手接球還是單手接球），因為手套與球同一邊。單手手套側接球時，你的手臂不需要向球的方向做太多伸展動作，來確認手套在接觸到球的同時是打開的狀況（圖 1.5a）。

在投擲側接球包含了反手接球（圖 1.5b）。這代表你必須將手套移動到身體的另一邊，並且將手套反轉過來，大拇指朝向地面，其他手指與地面平行，手套的開口朝著球飛行的方向。因為手套必須伸向身體的另一邊接球，你沒有辦法如同在手套側接球一樣延展地這麼遠。如果有需要，你可以將背轉向球的來處，以及由手套側的腳，向球的方向跨一步。但是，一旦你為了接到球而這麼做，你便犧牲了轉換至投擲動作的順暢性。所以，只要你可以，你就要將身體移動到球行進路線的前方，這麼一來你才可以很快的變換至投擲動作。即使來球不在身體中線附近，也要盡可能的用兩隻手來接球。

圖 1.5　在身體中心線外接球

a　　　　　　　　　　　　　　　b

手套邊（正手）接球
1. 移動到球飛來的位置
2. 手伸出去接球
3. 手套開口面向球
4. 大拇指在上；小拇指在下
5. 注意力集中在球上

投球邊（反手）接球
1. 移動到球飛來的位置
2. 手套移動到身體的另一邊
3. 手套翻轉；大拇指朝向地面
4. 手套開口面向球
5. 注意力集中在球上

 錯誤
球擊中手套，卻沒接住。

單元一　接球與擲球

修正

確保手套的開口完全打開並面向球。當接到球時用大拇指和小拇指同時擠壓手套。

比賽投擲球訓練 1. 投擲球和接球

在賽場上，不是每個球都能精準的朝你飛去，讓你輕而易舉地在身體前方接到。在這個訓練中，你會有機會練習無預警接球，球的軌跡沒有特定，有可能會飛向你戴手套的一邊，也有可能會飛到你非戴手套的那一邊。你也會練習投球的精準性，但是這次需要你投向接球者身體中心線外的地方，不要直接向你的搭檔，瞄準搭檔的手套側或是投擲側。

你和你的搭檔之間距離要 20 英尺（6.1 公尺）。接球的搭檔需要向側邊伸出戴手套的手，高度與胸齊平。投手以手套為目標開始投球。接球人接到球後，要馬上變換到投球姿勢，投回去。重複做 10 次，然後換成非手套側的反手接球，再重複 10 次。要記住，當球飛向你非手套側，你必須用反手接球。當你準備接球時，反轉手套使你的大拇指朝向地面，手套開口面向來球方向。

10 次反手接球練習之後，與搭檔交換角色，再重複以上訓練。

接下來可以挑戰一下高難度，以手套為目標，在三個不同地方（與胸部齊平的高度）：接球者的手套側，非手套側，和身體正前方。每一個地方練習 10 次投球和接球，之後，互換角色重複練習。

檢查：投球

- 找對目標物，且朝目標物往前邁一步。
- 手臂要完成完整的投球動作。
- 當投出球時，甩手腕向前扣。

檢查：接球

- 將手套開口儘量加大，以擴大目標，並且注視著球到達手套中。
- 大拇指和四指同時擠壓球。
- 除了一些無法兩隻手接球的特殊情況，接住球後，用投球的手蓋住手套中的球。

得分

訓練的第一階段，根據自己每 20 次投擲，擊中目標的次數來記分。

15 到 20 次 = 5 分

10 到 14 次 = 3 分

9 次或少於 9 次 = 1 分

你的分數＿＿＿＿

訓練的第二階段，投擲擊中目標，並且接球人成功接到球，得 1 分（每一個位置的 10 次練習中，所投中的次數）。

8 到 10 次 = 5 分

4 到 7 次 = 3 分

壘球

邁向卓越

1 到 3 次 ＝ 1 分

你的分數_____（投擲）

你的分數_____（接球）

增加難度

- 連貫接球和投球動作，接球之後馬上投球，中間無停留。
- 目標（接球人手套）高度和位置隨機變換。
- 讓接球者在投擲動作開始前移動目標。

降低難度

- 減小投擲距離。
- 目標（接球人手套）在接球人身前，微微向旁邊偏移。
- 在接球人的胸前高度來回傳球，投球的力度要保證接球人可以成功接到球。

比賽投擲球訓練 2.　平飛球

平飛球是最難接到的球之一，因為這種球打得很急，飛向你的速度很快，力量也很大。想要及時接住一個飛向你的平飛球是很難的。你接球是需要加上「讓」的緩衝動作，來減低球的衝力，讓球不會從你的手套中彈出去。

和一個搭檔一起練習，兩人距離在 40 到 60 英尺（12.2 到 18.3 公尺）之間，面對面開始練習接球。當投出球的那一刻，要扣你的手腕，用你手腕的力量投球，這樣投出的球會以一個相當的速度飛行，效果類似打出的平飛球。當你準備接球的同時，為你的投球的搭檔設定一個目標，這個目標要在你的腰部附近，且在你的手套側以及你的投擲側。（當球飛向你的投擲側時，用反手接球。）接到球後，馬上轉換到投球姿勢，但是不要投球。完成兩種接球位置的 10 次投擲球和 10 次接球：在你的手套側以及在你的投擲側。每一次成功接球得 1 分，每一次成功投球擊中目標得 1 分。

檢查

- 在可能的情況下，移動到球的前面用雙手接球。
- 當平飛球飛向你的投擲側，翻轉手套，用反手接球。
- 投擲球時，用「扣」手腕的力量將球投出。

得分

30 到 40 次 ＝ 5 分

20 到 29 次 ＝ 3 分

19 次或少於 19 次 ＝ 1 分

你的分數_____

增加難度

- 增加球與接球搭檔側邊的距離。
- 增加投球的力度。

降低難度

• 減小投球的力度，增加投擲球間的

時間。

• 減小投擲距離。

接球與投擲球的連貫動作

在比賽中，接球和投球通常會成為一個連貫技能。連貫接球與投球動作，可以節省很多時間，增加你在比賽中處理球的成功率。為了讓接球與投球動作更為連貫，要注意將接球的跟進動作變成投擲球的準備動作。圖 1.6.a 到 c 展示了一個連續的接投球間的轉換動作。

圖 1.6 接球與投擲的連結

a

b

c

接球
1. 注意力集中在球上
2. 身體與球成一條直線
3. 兩隻手預備接球
4. 做出「讓」的緩衝動作

轉向
1. 重心在後方
2. 手套朝向目標
3. 用兩指法拿球
4. 發球位置在後方的肩膀

投擲
1. 腳邁向目標
2. 手肘帶動手臂
3. 球要高過頭頂
4. 用手腕扣球

錯誤

接球和投球速度慢。

修正

移動到球前方並且可以用投擲側接球的位置。雙手接球，隨後馬上用兩指握法把球從手套中拿出，準備投擲。

接投球訓練 1. 比賽時的精準度

對於比較有經驗的壘球員來說，現在是個可以在模擬比賽中展現本單元中所學的投球和接球技能的好時機。使用與「投擲球和接球」訓練（頁 12）一樣的基本練習設定，但是這一次，想像你自己在正式比賽中投球和接球，像是觸殺、強迫進壘及反手接球等狀況。（觸殺與強迫進壘狀況的細節會在單元七說明。）和你的搭檔輪流交換角色。當你是接球人的時候，拋球給投手，然後根據不同的狀況用自己的手套給投手設定一個目標點，例如：戴手套的手放在膝蓋以下來做觸殺，或者放在身邊當作是強迫進壘狀態。當你是投手時，要求從接球到投向目標是一整體的連貫動作。每個人在一情境嘗試 10 次接球和 10 次投球，然後改變實戰情境。練習以下幾項實戰情境：

• 傳球到膝蓋下方，當作觸殺狀態。
• 當作在強迫進壘狀態時，傳球到接球員的正前方胸部高度的位置（接球人需要伸展手臂去接球）。
• 當作在強迫進壘狀態時，傳球到接球員的手套側並在胸齊高度的位置（接球人需要伸展手臂去接球）。

• 傳球到接球員的投擲側並在膝蓋齊高的位置，讓接球員練習反手接球。每投中目標得 1 分，每成功接住一球得 1 分。完成每個情境中的 10 次投球和 10 接球。

當你在不同實戰情境下可以連續成功的接投球後，開始隨機變換目標點來進行練習。訓練的第一階段是幫助你練習從接球到投球的連貫動作，並且從中建立出一個可以應付各種實戰狀況的投球反應模式。在正式比賽中，每一次的處理球都只有一次機會。為了取得這個守備位置在各種狀況上的成功，你必須在第一次嘗試就做出精準的投擲與成功的接球，一直到你和搭檔都有 10 次投球和 10 次接球。每一次成功接球且投中目標得 3 分。

檢查

• 投球時，注意力集中在接球者的手套上。
• 投球動作要完整的做完，做滿。
• 手套側的腳邁向投擲目標的方向。
• 接球人要儘量張開手套，使目標清楚明顯，接球時要看著球進入手套。

得分

在訓練的第一階段，綜合你的得分，然後按照以下記分標準計算得分：
70 到 80 分 = 5 分
60 到 69 分 = 3 分
50 到 59 分 = 1 分

你的分數_____
在訓練的第二階段，綜合你的得分，然後按照以下記分標準計算得分：
50 到 60 分 = 5 分
40 到 49 分 = 3 分

30 到 39 分 = 1 分

你的分數 _____

增加難度

- 當你是投手時，要接住接球人發來的球，然後完成投擲，兩者是一套完整的連貫動作。
- 接球人發球給投手之後，接球人需要快速找好接球位置，設置手套為

目標點，準備接球姿勢。投手投球時，需要邁向接球人設定的位置。

降低難度

- 減小投擲距離。
- 減小目標數量。
- 在你投球之前，讓接球人先設定好目標位置。

接投球訓練 2. 跳躍式接平飛球

　　在此次訓練中，接球人所面臨的挑戰是在接球時需要雙腳離地。要在球剛好要經過你的頭頂的同時，掌握好離地時間。並且，這個技能訓練會讓投手投擲得更精準；但是，難度會比上一個訓練大，因為你的目標點是在你搭檔頭上的某個空間點。你的目標不再是一個實物，致使你無法精確瞄準它去投球。投手需要瞄準一個在接球人頭頂上方的空間點來投球，讓接球人可以跳起來接球。

　　對於比較有經驗的球員，可以在訓練中增加一些類似比賽的規則。例如：接球人需要和球一起著地並轉換到投球位置，然後馬上投回給投手。投手扮演內野手站在一個壘上，並且試著將在接球前離開壘包的跑者雙殺出局。

　　重複 10 次這種在能接到範圍的平飛球，然後和搭檔交換角色練習。接球

者要記錄每 10 球中能接到的次數。投球者要記錄每 10 球中投在目標區的次數。一直練習下去，直到你的搭檔接夠連續 10 次投出這種「讓搭檔好接的平飛球」。

檢查：投球
• 瞄準距離搭檔頭部上方 1 英尺（30.4 公分）的一個點。
• 投出一個讓搭檔好接的平飛球。
• 手套側的腳向你搭檔方向邁一步，轉移身體重心到前方來增加投球的力量。

檢查：接球
• 掌握好離地時間，接到在你頭上前方的球。
• 在雙腳落地的同時，把球轉移到投球位置。
• 向你的搭檔邁一步，並投球。

得分
對於投手，根據第一組 10 次投球中，投中目標區域次數來計算得分。

7 到 10 分 = 5 分

4 到 6 分 = 3 分

1 到 3 分 = 1 分

你的分數＿＿＿＿

　　對於接球人，根據 10 次讓搭檔好接的平飛球，成功接球的次數來計算得分。

7 到 10 分 = 5 分

4 到 6 分 = 3 分

1 到 3 分 = 1 分

你的分數＿＿＿＿

增加難度

- 投擲平飛球分別到你搭檔手套側及投球邊上方（超過頭頂高度）。
- 投平飛球投得高一點（搭檔頭部）。

降低難度

- 朝向搭檔的頭部上方，不要太高。

接投球訓練 3.　連續平飛球

　　你和你的搭檔站在離對方距離 60 英尺（18.3 公尺）。你向搭檔投平飛球，搭檔接到後要馬上投另一個平飛球給你；你接住球後，並且在一個動作裡，向你的搭檔投出平飛球。持續這樣的練習 5 分鐘。記下你們一起連貫接球的次數，如果期間任何一方掉球了，必須重新計數。在此次練習中，尤其是你手套邊要朝向投擲目標且腳要向前邁一步的步法很重要，需要加強練習！請熟記，訓練的得分是靠團隊合作完成的。

檢查

- 做出精準的投球。
- 接球的同時開始轉傳動作。
- 當轉傳動作完成時，球要到後方準備投擲的位置。

得分

　　根據你和你搭檔在 5 分鐘練習中共同連續接球的次數來計算團隊分數。

25 以上 = 5 分

15 到 24 = 3 分

14 以下 = 1 分

你的分數＿＿＿＿

增加難度

- 擴大範圍，隨機選擇方向，讓你的搭檔接球。
- 加強投球的力度。
- 減少每一投擲之間的間隔時間。

降低難度

- 向你的搭檔方向投球。
- 減小投球的力度。

快速出手是精準訓練、接投球訓練，還有平飛球訓練的綜合訓練，與之前訓練所不同的是，這次需要每一個人在訓練開始時手中都有一顆壘球。同時向對方投球，接到球後再馬上傳回給對方。試著保持兩顆球連續性，不要掉球或者偏離目標。記下兩個人合作接到球的次數。兩個人中任何一個人掉球，需要重新開始記分。確保在練習中使用正確的動作，尤其是投球時轉向及邁向前的步法。記錄 5 分鐘練習內所成功接球的次數。

檢查

- 雙手接球。
- 當你轉向和邁步的同時，球也要帶到投擲位置。
- 接球到迅速投出，成為一個連貫動作。

得分

根據 5 分鐘練習內你和你搭檔連續接球的次數來計算團隊得分。

35 次以上 = 5 分

15 到 34 次 = 3 分

14 次以下 = 1 分

你的分數＿＿＿＿

增加難度

- 增加與搭檔之間的距離，使接球人需要移動後接球。
- 加快接投球動作的節奏。
- 練習投平飛球。

降低難度

- 拉近與搭檔之間的距離。
- 減慢接投球動作的節奏。
- 使用軟球。
- 降低投球力度。

成功總結

一個防守最重要的基本技能是接球和投球。贏得壘球比賽的關鍵就在於嚴密防守。防止對方得分，自己得分，就能贏得比賽。一個能夠接球並且投出強而有力且精準的過肩投球的人將會是一個球隊的主力，也是決定比賽輸贏的關鍵人物，所以你應該加強發展這些技能。

需要謹記的是，將接球到投球變成一個順暢、連貫的動作。時刻注意球的動向，並且儘早跟隨球的動態，移動身體，與球的軌跡在一條線上。雙手伸出，在身前接球，隨後帶球到投球姿勢。記住「轉向，邁步，投擲」的要領。手套側的腳邁向投擲方向，兩指法握球，把球舉高，向前越過自己的頭，然後手腕「扣」將球送出。

下一單元，我們會在守備技巧上下

功夫。接球是重要的守備環節，投球通常會跟隨將球控制下來之後。在進行第二單元之前，來看一下你在之前訓練中的得分。在下面的得分表中填寫每一項訓練的分數，然後把分數加起來，得出你接、投球技能的成功指標。

接球訓練

  1. 自拋球   _____ 滿分 10 分

  2. 互拋球   _____ 滿分 20 分

投球訓練

  1. 柵欄擲球練習   _____ 滿分 5 分

  2. 準確度練習   _____ 滿分 5 分

  3. 增加距離   _____ 滿分 5 分

比賽投擲球訓練

  1. 投擲球和接球   _____ 滿分 35 分

  2. 平飛球   _____ 滿分 5 分

接投球訓練

  1. 比賽時的精準度   _____ 滿分 10 分

  2. 跳躍式接平飛球   _____ 滿分 10 分

  3. 連續平飛球   _____ 滿分 5 分

  4. 比賽中快速出手   _____ 滿分 5 分

總和   _____ **總分 115 分**

    根據自己的總得分可以得知自己的接投球技能是否達到可以進行下一步訓練的標準。如果你的得分在 86 分以上，表示你已經掌握接投球技能，可以準備進入下一單元。如果你的得分在 70 到 85 之間，你也具備進入下一單元的能力，但是再多加練習接投球技能對你更為有利。如果你的得分在 70 以下，你需要繼續接投球的訓練，加強你的接投球技能，提高分數，然後再進入下一單元。

單元二　守備

防守好才能贏得比賽，然而防守中最重要的部分是守備。當打者打到球，到達野手的球會是滾地球、平飛球，或者是飛球。不管情況是怎樣的，野守需要有能力接住不同形式的球。在上一單元第一步中提到的，用於接各式球的特殊技能叫做*守備*。在這一單元，你將會學到怎樣守備滾地球和飛球。

當打者打出滾地球或者飛球時，防守隊員必須在完成跑者出局前，先將球守下來。當來球是滾地球情況下，野手必須先將球守下來，再傳球給壘手或者攔截的野手。如果是飛球，野手需要截住球將打者接殺出局。內野手可以選擇適合的守備技巧是很重要的，因為防守滾地球是內野手非常見的情況。如果滾地球沒有被適當守備，球會滾到外野，使得打者有充足的時間跑到一壘。由於跑壘者需要安全到達壘板才能推進到得分位置，內野手須穩定地守住滾地球，並且及時投擲球到恰當的壘板。

外野手是防守的最後防線；所以，守備滾地球對於外野手來講也很重要。如果滾地球沒有被接到，跑壘者就有機會多推進壘包，到達得分位置（二壘以上），增加防守方的壓力。

在任何形式的壘球賽中，所有野手都需要知道如何正確的守備飛球。外野手接長飛球；內野手接高飛球（接近或在內野中的飛球）。

守備滾地球

只要情況允許，野手應該站在滾地球的正前方，然後再準備接球。如果一邊跑一邊接滾地球，會增加接球和擲球的難度。在一個靜止姿勢守備球，可以讓你容易彎下身來注視著球進入手套中，見圖 2.1。

當你接滾地球並且傳球到壘包讓跑壘者刺殺出局的時候，你應該試著將守備動作和投球動作結合成一個連貫的動作：看著球進入手套，用兩隻手，手套側轉向投擲目標，然後手套側的腳向目標方向往前邁一步，隨後投球。

圖 2.1　守備滾地球

a　　　　　　　　　b　　　　　　　　　c

預備守備	守備	預備投球
1. 交叉步	1. 雙手在低處；手套內側向球來的方向打開	1. 重心轉向後方
2. 膝蓋彎曲；重心在前腳掌	2. 在前方迎接球	2. 手套側朝向目標
3. 背部平直	3. 用雙手接球	3. 球在過肩投球的準備位置
4. 手套位置在低處	4. 注視著球進入到手套中	4. 手套側的手肘指向目標
	5. 集中注意力在球上	5. 投擲手在球上

錯誤

球從你手套底下走過。

修正

記住戴手套的手指要指向下面，彎曲膝蓋，手套位置在低處，並且手心（手套內側）朝向球。

錯誤

球從你手套中跳走。

修正

注視著球進入你的手套中，並且用另投球手蓋住在手套中的球。

　　守住球後，你需要儘快將球投出去，使得跑壘者沒有時間安全上壘。記住你的第一任務是守。你要先接到球後，才能投球給對方。

　　在比賽中，野手通常需要防守那些不是直向過來的滾地球。你必須要左右移動去守備球——通常在比賽時打者會想要朝野手的左右打。打者的任務就

是讓野手很難接到球。

當要往旁邊移動去接距離你身旁不遠的方向的來球時，你需要使用*側並步*（圖2.2）。從預備滾地球的姿勢開始（圖2.1a），靠近球的腳向旁邊側身邁開一步，然後另一隻腳也向同一方向邁步使雙腿合起來。重複這一動作直到你的身體到達來球的正前方（一般情況下不會多過2到3次側並步），保持你的雙手低位，手套向球打開，並且注視著球進入手套中。

如果一個球被擊出向左／向右偏離很遠，無法用側並步到達球的前方，這種情況下應該使用*轉身跨步*（圖2.3）。從預備姿勢開始（膝蓋彎曲，雙手在膝蓋高度），近球側的腳轉向球，與另外一隻腳交叉前行，開始的第一步朝著球以及外野跑去。在情況允許下，儘量跑到來球的正後方，並且雙手接球。如果一定要在跑步的情況下接球，用手套側或者投球側（反手）去停止球前行，如圖1.5（頁11）。

圖2.2　側並步

圖2.3　轉身跨步

錯誤
太晚做守備的準備。

修正

當球被擊出向你飛過去那一刻，就要開始移動到來球的位置去接球。用轉身跨步，成一個角度的方式往球的方向移動。

滾地球訓練 1. 滾地球守備（用手丟）

站在距離搭檔 30 英尺（9.1 公尺）的地方。手上拿球的人開始向野手投擲滾地球，確保球在地上至少走出三分之二的路程。野手將球守下來，隨後用過肩投球法將球投回，就像投擲給壘手一樣。練習 10 次，然後互換角色。當滾地球是直直地向著你來，而且較短的時候，你必須向前移動去守備，不論是偏向你的手套側，還是偏向你的投球側。

檢查
• 使用恰當的步法，能快速的移動到守備位置。
• 在身體前面守備。
• 守備動作和投擲動作是一連貫的完整動作。
• 找尋目標，然後向你的目標邁一步投球。

得分

在 10 次野手練習和 10 次投擲練習中，每符合一條標準得 1 分。

65 到 80 分 = 5 分

50 到 64 分 = 3 分

49 分以下 = 1 分

你的分數_____

增加難度

• 增加向地面丟的力量。

• 增加側邊距離。

• 變換滾地球的速度，從慢到快。

• 隨機變換滾地球的方向和速度。

降低難度

• 持續練習。

• 降低向地面丟的力量。

• 用軟一點的球。

• 增加搭檔間的距離。

• 減少滾地球側邊的距離。

滾地球訓練 2. 不規則彈跳的滾地球

壘球的場地不是完全平整的，這將會影響滾地球平穩前進。你需要時刻準備好不規則彈跳的滾地球，此類球通常是沒有規律的，也無法預知，是很難接的。在這個訓練中，你需要站在距離你搭檔 30 英尺（9.1 公尺）的位置。投球的一方向野手投出帶彈跳的滾地球。每一次投球要強有力的直向地面，至少

走出一半的路程，使得球可以彈跳到野手。

第一步，投手需要向接球人直線投出 10 次彈跳滾地球；之後投手向接球人手套側投出 10 次彈跳滾地球，再向其投球側投出 10 次彈跳滾地球；最後，投手向接球人投擲 10 次彈跳滾地球，方向隨機變換。當一方每一種練習（正前方、手套側、投球側，和隨機變換方向）都嘗試過 10 次之後，方可交換角色。

當守備彈跳滾地球時，你需要預測來球可能到達的地方和其彈跳的高度，提早移動到接球位置，並且用雙手接球。接到球後再以過肩投球方式將球投回給對方。

得分

每一次試煉中可以完全做到檢查的五項標準，得 1 分。每一個人每種方向訓練有 10 次試煉機會（直向前方，手套側，投球側，隨機變換方向）。

30 到 40 分 = 5 分

20 到 29 分 = 3 分

19 分以下 = 1 分

你的分數_____

增加難度

- 與搭檔之間的投擲距離，從遠距離開始慢慢移動拉近距離。
- 變換側邊距離、方向，或者投擲彈跳滾地球的力度。
- 一開始野手背對著投手，當投手投出球的一瞬間，下「轉向」口令，野手方可轉身，確定球的方位、來球方向，然後移動到接球位置，接球，最後將球用過肩的方式投回給投手。

降低難度

- 繼續這一訓練。
- 重複上一節的滾地球訓練。
- 減少彈地的次數。
- 用軟一點的球。
- 減小側邊距離。
- 在隨機變換方向練習中，變為有順序的變換（例如：依照正前方，手套側，最後投球側，然後循環）。

滾地球訓練 3. 持續滾地球守備

設定你和你的搭檔之間的距離為 30 英尺（9.1 公尺）。在此次訓練中，

雙方持續的丟滾地球給對方守備。你向搭檔投擲滾地球。你的搭檔需要完成守備，並且向你投擲滾地球，守備和投擲是一整體動作。

投擲時加入不同的方向、速度，和多種形式的滾地球（滾或彈跳）。主旨是讓雙方都努力練習，繼而成爲技術扎實穩定的野手。但是，不要嘗試投球超過你搭檔的位置。

重複練習兩組 30 次投球（一組中一人 15 次）。記錄下你和你搭檔連續成功守備的次數，每一次你們其中任何一人沒有接住滾地球，必須重新從 1 開始計算。

- 使用恰當的步法，能快速的移動到守備位置。
- 在身體前面守備。
- 注視著球進入你的手套中。
- 守備動作和投擲動作是一連貫的完整動作。
- 找尋目標，然後向你的目標邁一步投球。

得分

根據你和你搭檔在兩組 30 次練習中，連續滾地球守備的次數來計算最後得分。

連續 24 到 30 次 = 5 分
連續 15 到 23 次 = 3 分
連續 5 到 15 次 = 2 分
連續 5 次以下 = 1 分
你的分數_____

增加難度
- 拉近與搭檔之間的距離。
- 隨機變換方向、速度和滾地球的形式（滾或彈跳）。

降低難度
- 繼續練習。
- 重複前一個滾地球練習。
- 減少投擲的多樣化。
- 設計一套投擲的模式（例如，5 個滾球之後是 5 個彈跳球）。

滾地球訓練 4. 牆壁或網反彈守備

站在距離牆壁或者攔網 15 英尺（4.5 公尺）的位置。當使用反彈網時，讓網架的頂端稍稍往前傾斜要製造滾地球可以使用。向牆壁投擲球（離地面高度爲 1 到 2 英尺〔30.4 到 60.9 公分〕），使其能彈回到你的位置。在來球方向的正前方準備好守備。守下球，在一個連貫的動作下移動到投擲位置，向牆壁投擲球以得到連續滾地球。重複兩組 20 次投球。記錄下連續成功守備的次數，每一次失誤，必須要重新從 1 開始記分。

- 使用恰當的步法，能快速的移動到守備的位置。
- 在身體前面守備球。

- 守備動作和投擲動作是一連貫的完整動作。
- 找尋目標，然後向你的目標邁一步投球。

得分

根據你在兩組 20 次滾地球守備練習中，連續守備的次數來計算最後得分。

連續 10 次 = 5 分
連續 6 到 9 次 = 3 分
連續 3 到 5 次 = 2 分
連續 3 次以下 = 1 分
你的分數_____

增加難度

- 增加投球的力量。

- 增加守備速度和投擲的速度。

降低難度

- 繼續練習。
- 重複前一個滾地球練習。
- 用軟球。
- 拉遠你與牆壁的距離，從而增加你對球彈回的反應時間。
- 減小投擲到牆的力度。

滾地球訓練 5. 華麗的腳步

使用前面的牆壁或反彈網練習，投擲方向與牆壁或網有點角度，所以反彈球會往投擲的另一邊前進。當投向右側偏時，彈回的球會在你的右側；當投擲向左側偏離時，反彈球會在你的左側。

從稍微偏離中心投擲開始，逐漸增加偏離角度，從而增加反彈球與你的距離，需要你移動到更遠的位置去接球。使用適當的步法 —— 側並步或轉身跨步 ——移動接球。當投擲角度增加時，可以向後移動幾步，拉開你與牆壁或網之間的距離，來增加反應時間。變換投球的方向，練習從左側和右側接球。如果來球在你投球側，則會增加守備的難度，因為你需要移動到更遠，才能到達球的前方準備接球。重複兩組 10 次連貫守備動作。

檢查

- 盡可能在球前接球。
- 使用恰當的步法，能快速的移動到守備的位置。

得分

根據在每一組守備動作中，每 10 次嘗試中的成功次數來計算分數。

7 到 10 次 = 5 分

5 到 6 次 = 3 分

2 到 4 次 = 2 分

2 次以下 = 1 分

你的分數_____

增加難度

• 加大投擲角度，從而增加你需要移動到守備位置的距離。

• 拉近你和牆壁之間的距離，讓球回彈時間變短，減少反應時間。

降低難度

• 繼續練習。

• 重複前一個滾地球練習。

• 注重練習移動到手套側的動作。

• 減小投擲角度，從而減少你需要移動到守備位置的距離。

自打滾地球練習

自打球，是自己打出去的球，向地上打（滾地球）或者向空中打（飛球）。這個技能主要用於幫助守備滾地球和飛球練習，和練習後續守備動作，例如接殺後觸殺。在比賽中不會用到自打球；但它可以在平時練習中增強你從眼到手和眼到球棒的協調度。

為了能有更多的模擬比賽經驗，球員需要練習守備球棒打擊出來的球。如果只有教練能向野手打自打球，那麼練習機會就會受到限制。所以說，如果球隊中每一個人都可以打自打球，那麼就能在同一時間建立更多的練習小組，讓球員有更多的練習機會。不僅可以練習守備滾地球或飛球，也可以練習其他技

圖 2.4　自打滾地球

能像是觸殺、封殺和接殺後觸殺。所以，你必須掌握自打滾地球和飛球，才能更好的完成接下來書中的所有訓練。在此我們會講解自打滾地球，此項技能將會在之後的訓練中應用。之後我們將會講解自打飛球，並且實際應用在訓練中。

自打滾地球的準備動作為手拿著球，位置在球棒底端的下方。拿高球棒，由後方肩膀帶動到後方，此時，在上方的手（兩手揮棒時在上方的手）握住球棒向後。使用較輕的球棒會讓此動作更容易。將球向你的前腳的前方拋出，讓它自然下降到架球器放球的位置。一旦你將球拋出，快速的將下方的手（兩手揮棒時在下方的手）

放在正常兩手揮棒的位置擊球。因為你想要擊出滾地球，在擊球前，讓球落至剛好低於腰部的位置，就像在用球架練習打擊時一樣。注意要將球棒提高，揮棒路線由上往下，讓球在擊球後向下行進（圖 2.4）。站姿，讓你拋球肩對著球場。當要開始揮棒時，前腳向前踏一步。緊盯著球，一直到將球打擊出去。如果你打出的球是飛球而不是滾地球，稍微將打擊時間延後一點。要在球落到腰部以下後再接觸到球。

　　如果你只是自己在練習打自打球，你可以利用打向牆壁或攔網來做練習。站得稍微遠一點，所以你有足夠的時間用拋球的那隻手來接反彈球。這麼一來，拿球棒的那隻手就可以一直拿著球棒。

滾地球訓練 6.　守備自打滾地球

　　此次訓練要求雙方都能成功自打滾地球（見上一頁「自打滾地球」）或者附加一位會自打滾地球的人。此次訓練與前一個訓練相比難度級別更高；所以在接受此次訓練之前，你應該已經得到足夠的分數，證明你已經準備好開始之後的自打滾地球訓練。守備擊出的滾地球，需要你清楚守備滾地球的原理，並且瞭解擊出的滾地球會比投擲出來的球更有力且難預測。你需要快速移動到正確的位置去接球，使用適當的步法和恰當的守備技巧來完成接球。

　　野手站在兩個距離 20 英尺（6.1 公尺）錐桶之間的位置做好接球準備，如圖 2.5。搭檔站在與你距離 30 英尺（9.1 公尺）的地方，在兩個錐桶之間自打球兩組 10 個滾地球。野手嘗試守備每

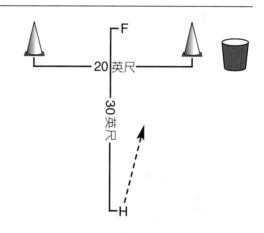

圖 2.5　守備自打滾地球訓練

一個球，以「預備投擲」的姿勢作為結尾，然後野手把球丟到場外的桶裡。

檢查
• 盡可能在球的前方接球。
• 使用適當的步法去接球。
• 以「預備投擲」為結束動作。

得分	
兩組 10 次守備嘗試中，每一組的得分情況。	7 到 10 次成功守備 = 5 分 5 到 6 次成功守備 = 3 分

2 到 4 次成功守備 = 2 分

2 次以下成功守備 = 1 分

你的分數＿＿＿＿

增加難度

- 增加兩個錐桶之間的距離，從而增加接球時需要移動的距離。
- 要求擊球者增加擊球的力度，距離不變或增加投擲距離

降低難度

- 重複前一個節滾地球的練習。
- 減小兩個錐桶之間的距離，從而減小接球時需要行進的距離。
- 讓擊球者先向你的右側擊出 5 個球，隨後再向你的左側擊出 5 個球。
- 讓擊球者先向你的右側擊出一組 10 個球，隨後向你的左側擊出一組 10 個球。

守備飛球

對於大多數球員來說，守備飛球比守備滾地球要難很多。在單元一中的追蹤技能對於守備飛球是相當重要的。想要追蹤一個在空中飛的球難度較高，因為你很難精準的判斷球的變換軌跡，在你視野裡的雲朵或者是樹梢可以幫助你定位和決定該去往哪個方向接球。在前面練習接球和守備滾地球中所學到的原理也會在接飛球中得到應用。

你應該在你投擲側的肩膀上前方接飛球（圖 2.6）。正如你之前所學習到的接球方法，你的手指應該是朝上的。就像守備滾地球一樣，守備飛球時也需要你在球前方接球，只是技能步法上有所不同。當球飛向你的左側和右側時，使用轉身跨步。當球飛過你的頭頂時，

用後退步，這樣可以讓你先往後退，做出更好的啓動。當使用後退步時，你的第一步是由靠近球的那一隻腳往後退一步；然後另一隻腳做跨步，繼續這樣交叉步法向球行進。

外野手通常接到球後需要馬上投擲出很遠的距離。在你身前守備，能使接球和投擲更好的融合成一個連貫的完整動作。你應該在接球的時候也適當的往投擲位置移動。在你投球的時候使用蹲跳，可以增加你投擲的力度。蹲跳需要手套側腳往目標方向前進一步，緊接著投擲側的腳向手套側的腳靠過去，然後再重複手套側的腳向目標方向邁出一步。步法的規律可以簡單記錄爲邁出—合併—邁出。

錯誤

在太陽下無法準確的追蹤球，從而無法接到球。

修正

用你的手套去遮擋刺眼的陽光。

圖 2.6　守備飛球

a　　　　　　　　　　b　　　　　　　　　　c

準備接球	接球	準備投擲
1. 當球被擊出時,移動到接球位置	1. 在肩膀上方接球	1. 手套側的腳向目標邁一步
2. 移動至接球後,往投擲的方向前進	2. 兩手接球	2. 重心在手套側的腳上
3. 手套要高過投擲肩膀	3. 注視著球進入手套中	3. 投擲側的腳往手套側輕跳一下
		4. 帶球到投擲位置
		5. 重心放在投擲側的腳上
		6. 手套側朝向目標
		7. 手套側手肘指向目標

 錯誤

在接飛球時,很難判斷球落下的方位。

修正

利用雲朵、樹梢和樓房來幫助你追蹤來球軌跡。

 錯誤

在腰下方接飛球。

修正

調整身體姿勢,並且向球移動,在肩膀上方接球。

31

飛球訓練 1. 搭檔投擲練習

站在距離搭檔 60 英尺（18.3 公尺）的位置，雙方的位置都不要直對陽光。投手投擲出模擬飛球給接球者。接球者根據來球的位置接球：在身體正前方、在手套側、在投球側和稍微在身後的位置。接球者移動到球下方並且用適合的技能接球。一個連貫動作中，接球者用上手的方式把球投回給投球者，就像是阻止跑者在接殺後推進到下一壘。使用蹲跳技巧來增加你投球的力度。確保你的搭檔可以在一步之內接到你的投球。

得分

每一種飛球（在身體前方、手套側、投擲側、稍微在身後）有 10 次嘗試機會，按照每 10 次中的成功次數來計算得分。

7 到 10 次 = 5 分

4 到 6 次 = 3 分

4 次以下 = 1 分

你的分數_____

增加難度

- 變換球的高度、橫向距離和深度。
- 接球之後再投球時，變換其距離和方向。增加一個搭檔，讓其變換位置去接接球者投出去的球。
- 使用兩個球，提高練習的速度。當第一個球接住的同時，投手開始向不同方向投出第二個球。

降低難度

- 繼續練習。
- 要求你的搭檔投擲高球，這樣你可以有更多時間追蹤球。
- 用軟一點的球。
- 減少接球者需要移動到球下方的橫向距離。
- 投手提示接球者投擲的方向（在隨機投擲練習時）。

飛球訓練 2. 後退步

你和你的搭檔之間距離為 10 英尺（3.0 公尺），其中一人為拋球者，另一個人為接球者。拋球者用投球手拿住球。接球者面向拋球者站穩，雙腳齊平與肩同寬，腳趾朝向拋球者，兩腳與拋球者距離相等。

壘球

邁向卓越

拋球者向接球者右側或者左側做投球假動作。這一訊號一出，接球者開始向後方跑，好像要接一個飛到側邊的飛球。第一步由假想飛球的方向的那隻腳向後退（後退步），同時看著拋球者手上的球。

接下來拋球者向之前設定好的方向投擲飛球。飛球要夠遠夠高，使得接球者可以持續跑去接球。接到球後，接球者把球投回到拋球者。按照此順序完成練習，之後互換角色。完成兩組飛球訓練（每一組訓練有 10 次嘗試機會）。

- 向右側假動作投球 5 次，不變的距離。
- 向左側假動作投球 5 次，不變的距離。

離。

- 向右側假動作投球 5 次，變換距離。
- 向左側假動作投球 5 次，變換距離。
- 隨機變換方向假動作投球 5 次，變換距離。

檢查

- 雙眼專注在拋球者手中的球上。
- 由設定方向的那隻腳開始用後退步後退。
- 另外一腳轉身跨過去，以交叉步移動去接球。
- 眼不離球。
- 接球的同時，移動到你要投球給拋球者的方向。
- 向拋球者投擲一個容易接的球。

得分

每一形式的飛球訓練均有 10 次嘗試機會（右側，不變距離；左側，不變距離；右側，變換距離；左側，變換距離；隨機變換方向及距離），根據你每組 10 次嘗試的得分來計算分數。

成功接住 9 到 10 球 = 5 分
成功接住 6 到 8 球 = 3 分
成功接住 6 球以下 = 1 分
你的分數_____

增加難度

- 變換距離的同時也變換投球的高度。
- 減少球飛行的拋物線，以減少追蹤球的時間。

降低難度

- 投球時不做任何距離變換。
- 使用軟一點的球。
- 增加球飛行的拋物線，以增多追蹤球的時間。
- 減少接球者需要移動接球的距離。
- 在沒有拋球的情況下，練習後退步。

飛球訓練 3.　S 型練習

　　此訓練可以幫助你在守備飛球的同時，練習連續性後退步。將圓錐桶擺成 S 型的形狀，每個距離大約 30 英尺（9.1公尺）（見圖 2.8）。拋球者開始 3 個球，接球者一開始要面向拋球者，站在距離拋球者前方 3 到 5 英尺（91.4 到 152.4公分）的地方。當拋球者給出開始的訊號同時，向第一個圓錐桶投出一個高飛球，接球者使用後退步移動去接球。當接球者接到球並且把球扔到地上（或者沒有接到球）的時候，拋球者要向第二個圓錐桶投球。當接球者接到球並且把球扔到地上（或者沒有接到球）的時候，拋球者要向第三個圓錐桶投球。最後接球者撿回 3 個球並且與拋球者互換

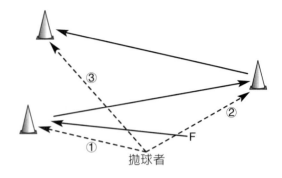

圖 2.8　S 型練習角錐設置

角色，每一個人需要完成四組 S 型訓練。

- 臨近球的那隻腳用後退步往後退。
- 另外一腳轉身跨過去，交叉移動去接球。
- 在投球側的肩膀上方接球。

得分

　　根據自己每一組 3 次投球的得分來計算分數。

　　　3 次投球中，全部接到 = 5 分

　　　3 次投球中，接到 2 次 = 3 分

　　　3 次投球中，接到 1 次 = 1 分

　　　你的分數＿＿＿＿

增加難度

- 變換投球高度。

- 增加圓錐桶之間的距離。

降低難度

- 繼續練習。
- 重複練習前一個飛球訓練 2。
- 投高球，從而增加追蹤球的時間。
- 減少圓錐桶的數量。
- 拉近圓錐桶之間的距離。

飛球訓練 4.　網反彈守備

　　站在與反彈網相距 15 到 20 英尺（4.5 到 6.1 公尺）的地方。使反彈網邊框頂端輕微向後傾斜。向網投擲球

（以網的中心點為目標），使球可以弧形反彈回來。在來球前做好接球準備。接住球，並且在一個連貫動作下，轉換

到投球姿勢。使用蹲跳步法，向網投擲球。重複兩組此練習，每一組練習 20 次投擲。記錄下你連續成功守備的次數，每當你掉球時，要重新從 1 開始計算。

- 在你投球側的肩膀前方接住球。
- 到球的後方接球，接到球的同時要向目標移動。
- 過肩投球時，使用蹲跳步法。

得分

完成兩組，每組 20 次投球的練習後計算分數。

連續成功接球 15 到 20 次 = 5 分
連續成功接球 10 到 14 次 = 3 分
連續成功接球 6 到 9 次 = 2 分
連續成功接球少於 6 次 = 1 分
你的分數_____

增加難度

- 增加向反彈網投擲時的力度。
- 減小反彈網的角度，從而減少你的反應時間。
- 增加反彈網的角度，並拉近與反彈網的距離。這將會需要你往後移動去接球（後退步）。
- 輕微向左或者右轉動反彈網。這將會需要你橫向移動來接球。
- 增加守備和投球的速度。

降低難度

- 繼續練習。
- 重複練習前一個飛球訓練 3。
- 使用軟一點的球。
- 增加反彈網的角度，站在比較遠的位置。這將會增加球的飛行高度，從而增加追蹤和反應的時間。
- 投擲力度減輕。

自打飛球

自打飛球和自打滾地球類似（見頁28），只是自打飛球的揮棒軌跡是從低到高，而自打滾地球的揮棒軌跡是從高到低。拋飛球時要比拋滾地球的高度略高些，擊球棒從肩膀的後下方開始往前揮。重心轉移到你的後腳上，後面的肩膀往下。向球揮棒，球和棒子接觸的位置大概與肩膀同高（圖 2.10），而自打滾地球時，球和棒子接觸的位置則與腰部同高。然後腳向前踏一步。整個過程中你的手與棒子都保持在肩膀的高度。

如果你打出了滾地球而不是飛球，那麼需要調整你的發球高度和擊球姿勢，你應該將球拋得高一些，放低你後方的肩膀，向上揮動球棒擊球，球與棒子接觸的位置與肩同高。為了能把球擊到準確位置，首先站立姿勢要確保在前的肩膀指向目標位置。拋球，擊球點可以在你的前腳上方的位置。並且前腳往目標跨。

單元二　守備

你可以先單獨練習自打飛球，然後再和搭檔一起練習。在單獨練習中，如果不要選擇牆壁為目標物，你也可以選擇一個較高的障礙物，擊球飛過障礙物，例如打擊練習時用來防止球往後飛的網子、目標柱，或者一顆小樹。開始練習時要準備好一籃子的球，當把所有的球擊飛過障礙物之後，再去目標點把球收集起來，然後擊回到起點。不久之後，你將可以熟練地使用自打飛球的技能，讓搭檔或隊友能有正式練習守備飛球和滾地球的體驗。

圖 2.10　自打飛球

飛球訓練 5.　自打飛球守備

　　此項訓練要求練習中的每一個人都會自打飛球（見上述「自打飛球」）。這個階段的訓練會比上一個階段的訓練難度更高，所以開始這項訓練之前，需要保證之前的飛球訓練得分情況良好，總分達到進行下一階段訓練的標準。如果必要的話，你可以請教練或者任何有自打球經驗的人來輔助你做此項訓練。

　　守備自打飛球要求你時刻記住守備飛球的規則，並且可以認識到擊出的球會比拋出的球的力度更大，更難預測。你必須快速移動到正確的位置去接球，使用恰當的步法和守備技能。

　　此項訓練需要三個人完成：捕手、擊球者和接球者。從接球者站在距離擊球者至少 30 英尺（9.1 公尺）的地方開始（具體距離按照擊球者擊出球的最

遠距離來設定）。捕手站在與打者 5 到 6 英尺（1.5 到 1.8 公尺）旁邊且擊球者可清楚看見的位置。擊球者自打 10 個飛球，方向隨機變換，正前方、手套側、投擲側和接球者後方。接球者嘗試接到每一個擊出來的飛球並且使用正確動作，包括蹲跳，把球投回給捕手。隨後捕手變成擊球者，之前的擊球者變成接球者。練習中的每一個人應該接兩組球（10 球一組）。

檢查

- 根據與球的距離和來球的方向來選擇使用恰當的步法。
- 在你投球一側的肩膀前接球。
- 移動到球的後方，接球的同時向投擲目標方向移動。

- 過肩投球時，使用蹲跳步法。
- 瞄準目標投球。

得分

　　根據每組 10 次接球練習中的得分來計算分數。

　　7 到 10 次成功守備 = 5 分

　　5 到 6 次成功守備 = 3 分

　　少於 5 次成功守備 = 1 分

　　你的分數_____

增加難度

- 增加與擊球者之間的距離和擊球的力度，從而減少反應時間；如果擊球者在很遠的距離下無法增加擊球力度，則減小與擊球者之間的距離。
- 拉近與擊球者之間的距離，並擊球者擊出遠距離飛球，這將會增加你接球所要移動的距離。

降低難度

- 繼續練習。
- 重複練習前一個飛球訓練 4。
- 要求擊球者提前告知你他將擊球的方向。
- 使用軟一點的球。
- 增加與擊球者之間的距離，讓擊球者向指定的方向擊出高飛球。這將會增加你接球所需要的反應時間。

成功總結

　　僅次於投球（尤其是在快速壘球），守備滾地球和飛球是壘球中兩項重要的防禦技能。當你的隊友在場內時，所有的隊員，包括投手，必須能夠成功地接球，並且做出準確、適當的投擲，使得打者出局。壘球不像其他團隊運動，更像是一個個人獨立的體育運動。如果球打向你，你自己一個人有機會讓打者因為你的守備而出局，就像網球選手必須接發球一樣。另一方面，在籃球運動中，前鋒會通過防守人員，但是馬上會被另外一名防守人員盯住，阻止你投球得分。在壘球運動中，極少有其他防守人員來補救你錯失的飛球和滾地球，還能讓打者出局。掌握良好的守備和擲球技能是成為一個真正的壘球選手的重點。

　　即使飛球通常被當作是必死的情況，你通過練習能得知，接飛球說起來很簡單，做起來很難。請一位有經驗有技巧的觀察者在你接滾地球和飛球的時候詳細觀察，尤其注意你接球中變換的每一個動作。例如：球一擊出，你是否能夠快速的反應？你在接球時是否移動到球的前方，注視球進入你的手套，用兩隻手接球，並且接球與擲球是一連貫動作？

　　為了能成為一個有技巧的守備球員，你必須練習接球和投擲從各方向傳來，各種不同速度、遠近和高低的滾地

球和飛球百餘次。你必須練習守備打者擊出的任何種球。守備的成功在於你能否瞭解擊出的球，並且能快速反應，移動到正確位置上，將接球與投擲成為一個連貫動作。

在下一單元，我們會討論關於快速投球和慢速投球的基本原則。在進入第三單元之前，先對你在此單元中練習表現進行評估。填入你每一練習後得到的分數，然後加在一起成為總分。

滾地球訓練

  1. 滾地球守備（用手丟）　　　　＿＿＿＿　滿分 5 分

  2. 不規則彈跳的滾地球　　　　　　＿＿＿＿　滿分 5 分

  3. 持續滾地球守備　　　　　　　　＿＿＿＿　滿分 10 分

  4. 牆壁或網反彈守備　　　　　　　＿＿＿＿　滿分 10 分

  5. 華麗的腳步　　　　　　　　　　＿＿＿＿　滿分 10 分

  6. 守備自打滾地球　　　　　　　　＿＿＿＿　滿分 10 分

飛球訓練

  1. 搭檔投擲練習　　　　　　　　　＿＿＿＿　滿分 20 分

  2. 後退步　　　　　　　　　　　　＿＿＿＿　滿分 25 分

  3. S 型練習　　　　　　　　　　　＿＿＿＿　滿分 20 分

  4. 網反彈守備　　　　　　　　　　＿＿＿＿　滿分 10 分

  5. 自打飛球守備　　　　　　　　　＿＿＿＿　滿分 10 分

總和　　　　　　　　　　　　　　＿＿＿＿　總分 **135 分**

你的總分將評定你是否熟練必要的技能，從而能進入下一階段的訓練。如果你的得分為 101 分或者更多，那麼恭喜你，你已經熟練的掌握了守備滾地球與飛球技能，可以順利的進入下一步練習。如果你的總分在 91 到 100 分之間，你也可以順利的進入下一單元練習，只

不過在進入下一單元之前，你可以針對不熟練的技能和動作再加以練習，更好的為之後的訓練做基礎。如果你的分數低於 81 分，你應該繼續守備訓練直至你能精進你的技能並且提高分數。

單元三　投球

投球在任何形式的壘球運動中都是非常重要的環節。防守隊利用投球發球讓比賽開始進行，而投球也整合在防禦對策中。

　　壘球投球通常是通過下手動作投出，但是手法會因為壘球運動的種類而不同。在快速壘球中，「風車」是最常見的投球方式，但是「彈射」投球法也會偶爾被運用。「風車」投球法中手臂的創新（一圈或一圈半）可使投手投出快速球，一個頂尖的投手可以投出每小時 60 到 70 英哩（每小時 96.6 到 112.7 公里）的速度。有經驗的投球手可以讓球加上旋轉，讓球向上（*上飄球*）、向下（*下沉球*）、左移（*曲球*）、右移（*逆曲球*）。此外，投球手可以投出有速差的變速球或者改變各種球路的速度，讓打者難以捉摸。

　　調整式壘球運動除了在投球規則不同外，其他規則都和快速壘球一樣。調整式壘球的投球是以鐘擺的方式投球，手臂向身體後下方擺動。當手臂揮到前方時放手，將球投給擊球者。在投球調整式壘球中，放球時，手肘必須是鎖定的狀態。調整式的投球是非常容易學的。

　　慢速壘球投球需要有拋物線，速度平穩的發球。慢速壘球投球是大多數球員可以在短時間內就能掌握的，但是控制拋物線的高度則不簡單。慢速壘球中的高拋物線投球是一項細膩的技巧，並不需要像風車投球法一樣要較大的力量。調整式壘球中的投球也許是投球動作中最容易學習的一種投球方式，因為投出的球較無變化且飛行路線較平。另外，調整式投球中，投手不需要具備慢壘運動中投出高拋物線投球的技巧，也不必具備在快壘運動中投出快速球的力量。

　　在網球、排球和壁球運動中，往往以發球作為起始點。同樣的，在壘球中，如果沒有投球，比賽就無法開始或者繼續下去；沒有投手，擊球者就沒有擊球的機會。在快速壘球比賽中，投球可以主宰比賽，尤其是在高手對抗賽中，投球的重要性尤為突出。如果你

想成為一個有效率的快壘投手，你需要花費很多時間來不斷加強你的技巧，加強速度和球的路線變化。在慢壘和調整式壘球中，投球雖然不像在快速壘球中是壓倒性的因素，但也是非常重要的技能，並且投手在每個球隊裡都可堪稱是關鍵人物。

慢壘和調整式壘球被指定為是打擊壘球賽。投球規定確保投手給打者一個好的擊球機會，從而使防守人員有機會接球與守備，而後做出適當的決定讓跑壘者出局。儘管如此，慢壘和調整式壘球對於打者來說還是個挑戰。投手要設法穩定的將球控制在內、外角的區域，避免將球投到好打（中間）的區域。一個慢速壘球投手也可以利用拋物線高度、深或淺和旋轉（正旋轉、反旋轉、無旋轉）的改變來挑戰打者。

慢速壘球中的投球

按照規定，慢速壘球的傳球必須是下手投球法。投手可以選擇用兩指、三指，或者四指握球法，握球的手法取決於投手的手掌大小和投球旋轉的方式。（注意：在女子比賽中，使用的球是 11 英寸；而在男子比賽或者混合比賽中，球的大小是 12 英寸。）兩指握球法和上手擲球中的兩指握球法一樣（如圖 1.2a）。三指握球法需要食指，中指和無名指擺放在球的同一條長接縫線上，大拇指則在球的另一側的接縫線上。你的小拇指應該是自然彎曲貼在球的邊上。如果想增加球的旋轉力度或者你的手掌較小，你可以使用四指握球法。四指握球法（圖 3.1）基本上和三指握球法是一樣的，只是小拇指包裹住球體，位置盡可能的在同一條接縫線上。

在投球之前，你的軸心腳（投球側的腳）需要和投手板有接觸，並且你必須正對著打者，球放在身前方，動作

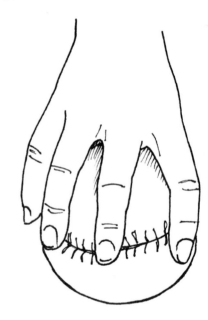

圖 3.1　四指握球法

完全靜止至少 1 秒鐘（圖 3.2a）。從向下揮動你的手臂開始，經過身體到身體後方，然後通過同樣的路徑向前以下手並且鐘擺的方式揮動手臂。在出手的同時，另外一隻腳（不是軸心腳）向打者往前邁一步（圖 3.2b）。（規則上也

允許這一步是往後或者是往側面。在頂尖選手等級，向後方或者向側面邁步能更好的保護你不被擊出的球打中。）出

手的同時，你的軸心腳要接觸投手板。球投出後，準備好守備姿勢來應付向你擊過來的球（圖 3.2c）。

 錯誤

投出的球超過目標位置或者在到達目標前就落下了。

修正

投球的力道不對。需要調整投球的力道，讓球剛好落在本壘板頂點的後方。

 錯誤

你被擊出的球打中。

修正

球投出後，確保身體變換成守備的姿勢。

圖 3.2　慢速壘球

準備投球

1. 重疊步法
2. 軸心腳在投手板上
3. 重心在後腳
4. 兩指、三指或者四指握著球置於身體前方。
5. 面對打者
6. 完全靜止

開始動作和出手

1. 轉移重心到軸心腳
2. 向下揮動手臂直到身後
3. 邁向打者一步
4. 手臂開始揮向前方；手指在球的底部
5. 依照想要投的球選擇握球法
6. 在髖部前方的位置出手

最後完成動作

1. 軸心腳向前邁出一步
2. 手在頭頂上方
3. 膝蓋彎曲；站穩腳步
4. 雙手變換到守備的位置
5. 注意來球方向，對擊出的球做出判斷

錯誤

球的拋物線幅度過大過高。

修正

球在你手中停留的時間過長。當你的手經過髖部位置時就要放開球,並且瞄準一個距離地面上方 10 到 12 英尺(3.0 到 3.6 公尺)的高度,且到本壘的距離的三分之二處為目標,根據比賽規則的不同,高度和距離也會有所變動。

錯誤

球的軌跡沒有拋物線。

修正

你的出手過快。在出手之後要完成跟進動作。

慢速壘球的規則是由兩個主要協會來管理:美國壘球協會(ASA)和美國專項運動協會(USSSA)。兩個協會的規則只是稍有不同,這些不同大多數是針對於投球的。在 ASA 的比賽中,慢速壘球的拋物線,距離地面的高度必須介於 6 到 12 英尺(1.8 到 3.6 公尺)之間。在 USSSA 的比賽中,球的拋物線至少要高於放球點 3 英尺(1 公尺),且球距離地面高度不能高於 10 英尺(3 公尺),也就是距離地面 1.8 公尺到 3.6 公尺的範圍內。然而有一些其他版本的比賽在球的拋物線高度上是沒有限制的。投球規則也因為不同協會有所變化。最常用的距離為 46 或 50 英尺(14 或 15 公尺)。因為 50 英尺是最常用的距離,在這個練習我們會採用這個距離,但是可以因為你參加的聯盟規則加以改變。

雖然慢速壘球比賽的重點多在於擊球,投手可以使用旋轉球和變換球的位置,來增加打者擊球的難度。打者一般很難結實的擊中旋轉球,通常打者會將此類球擊成高飛球或者滾地球。

旋轉球可以是順時針旋轉、逆時針旋轉、向前旋轉、向後旋轉,通過你出手時手的動作或者手指轉動球的方式可以改變球的軌跡。此外,投手也能投出無旋轉的蝴蝶球。

投擲向前旋轉球或和向後旋轉球時,手指跨過一條縫線,其他二條長縫線與地面平行且與投球方向垂直。向前旋轉球需要手掌向上握住球,在出手的時候要讓球從手指上滾出。向後旋轉球的投擲方法則有兩種:第一種方式是手掌向下握住球,手背面向打者,出手時,向上拉回在縫線上的手指,手掌輕輕帶過,手腕向上抬;第二種方法是手掌面向你的身體握球,出手時,向上、向後拉回在縫線上的手指,手掌輕輕帶過,手腕向上抬並往身體移動。結束動作手指指向後方,掌心朝向身體。

投出順時針和逆時針旋轉球，需要用手指握住球，且手指放在四條縫線上的一條，指向本壘方向。順時針旋轉球，在出手時手掌要朝下，大拇指在靠近身體的那一邊，急驟地翻轉手腕及手掌，此時手掌朝上，大拇指往身體外方向翻轉。逆時針旋轉球，出手時手掌朝上，大拇指在遠離身體的那一邊，翻轉手腕及手掌，此時手掌朝下、朝外，結束時大拇指指向地面。投出蝴蝶球，出手前，大拇指在球的前方（有沒有在縫線上都沒有關係），長縫線應該要在球的一邊，食指、中指、無名指、小指的指節靠在球的背面上。出手時，手掌面向打者，球是被指節及些許手腕動作推出去的。所有球種的手部跟進動作，都是向外延伸，手部高過頭部作為結束動作。

慢壘投球訓練 1. 攔網投球練習

你和你的搭檔分別站在 6 英尺（1.8 公尺）高的攔網兩側。每人站在距離攔網 25 英尺（7.5 公尺）的位置。兩人之間的距離應在 50 英尺（15 公尺）之內，此為慢壘投球的正常距離。與搭檔來回投擲球，把攔網當作標識練習投擲拋物線球（圖 3.3）。每人至少投擲 20 次

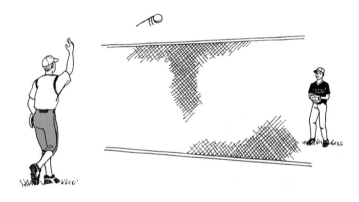

圖 3.3　攔網投球練習

球，試著連續 10 次投球超過攔網高度到達搭檔的位置。你的搭檔在接球時需要固定不動，搭檔接到球後再把球投還給你，以此循環為 1 球。如果你可以在 20 次嘗試內達到連續 10 次投球接球無誤，再繼續練習並且記錄下你能連續無誤接投球多少次。

檢查

- 當出手時，軸心腳需要向你搭檔方向邁一步。
- 使用兩指、三指，或者四指握球法，手在球下方。
- 當球通過你的髖部時出手。
- 跟進動作，投擲手需在你頭頂上方。

得分

根據你連續成功接投球的次數來計算分數（20 次投球內），成功接投球的標準為球通過攔網並且搭檔無需移動便可接住球。如果搭檔需要移動位置去接球，則不算是成功。

　　10 到 20 次連續成功投球 = 5 分

6 到 9 次連續成功投球 = 3 分

3 到 5 次連續成功投球 = 2 分

1 到 2 次連續成功投球或至少 1 次

過攔網 = 1 分

你的分數＿＿＿＿

增加難度

• 投擲旋轉球。

降低難度

• 拉近投球的距離，縮短與攔網的距離。

• 降低攔網的高度到 4 英尺（1.2 公尺）。

慢壘投球訓練 2.　牆壁投球練習

在牆壁上分別做出距離地面 1、6、12 英尺處三個記號（30.4、182.9、365.8 公分）。其中 6 英尺和 12 英尺的標記為投球高度線。地面與 1 英尺標記之間的區域為投球的目標點。在距離牆壁面 50 英尺（15 公尺）的地上做一個標記，此標記為你的投手板。

在正規比賽中投球時，會有 6 英尺和 12 英尺的高度限制。要被判定為一個好球，球在沒有被打者擊中或被捕手接住的情況下，必須落在本壘後方的地面上。投出一個拋物線球，且拋物線最高點在 6 英尺和 12 英尺線之間，隨後球要擊中牆壁底部和 1 英尺標線之間的位置。在這個練習中，如果你的球最後擊中牆壁底部，就相當於在比賽中，球

會落在剛剛好本壘後方。

投球側的腳站在地上 50 英尺標記處，使用圖 3.2 中的投球技巧投球，且完成三個步驟。按照此練習投球 10 次。

檢查

• 並腳，且軸心腳在投手板上。

• 用兩指或者三指握球法（特別需要時，四指握球法也可）。

• 當你的手臂向下揮動並且達到後方時，轉移你的重心到軸心腳。

• 出手時，向牆壁（打者）方向邁一步。

• 向外、向上跟進動作。

• 軸心腳姿勢轉換成蹲馬步的守備姿勢，雙手也是準備守備的姿勢。

得分

7 到 10 個擊中目標球 = 5 分

5 到 6 個擊中目標球 = 3 分

至少 2 個擊中目標球且做到一些上列的檢查項目 = 2 分

少於 5 個擊中目標球 = 1 分

增加難度

• 在目標地點標記出壘板的寬度。瞄準標記的內、外角投球。

• 在牆壁根處放置一個籃子。試著將球擊中牆且進入到籃子中。

降低難度

• 拉近投球的距離。

• 取消 1 英尺標記線，主要集中練習

投拋物線球動作，無需考量是否擊中目標點。

慢壘投球訓練 3. 攔網目標投球

站在 6 英尺高的攔網的一邊（1.8公尺），在對面的搭檔與攔網的距離為 25 英尺（7.0 公尺）。每個人前面有一塊本壘板與好球墊。好球墊可以是舊地毯、樹脂墊，或者是塑料墊。模擬本壘板的寬度需要和真正本壘的寬度一樣，大約 1 英尺（30.4 公分）長，且需要被剪裁成本壘板的形狀。在正規慢壘比賽中，你和搭檔之間的距離是 50 呎（14公尺）。越過攔網來回投球，把攔網當作標識來練習投擲拋物線球。投擲至少 20 次球，並且嘗試完成 10 次成功投過

攔網且落在好球墊上。你搭檔將球再投回給你。如果你能在 20 次投球練習內達到 10 次成功投擲，則繼續練習並且記錄下你成功投球的次數

檢查

• 當你出手的同時，非軸心腳向你的搭檔方向邁出一步。

• 使用兩指、三指，或者四指握球法，手在球的下方。

• 當球經過你的髖部位時，將球放開。

• 手往目標跟進至頭上方。

得分

根據你 20 次投球練習中總共成功投球的次數來計算分數，成功投球的標準為球通過攔網且落在好球墊上。

　　10 到 20 個好球 = 5 分

　　6 到 9 個好球 = 3 分

　　3 到 5 個好球 = 2 分

　　1 到 2 個好球或至少 1 個球越過攔網 = 1 分

　　你的分數_____

增加難度

• 放置兩條繩子，一條在距離攔網 12

英尺（3.6 公尺）處，另一條在距離攔網 10 英尺（3.0 公尺）處。站在距離攔網 50 英尺標線處投擲，讓球在兩條繩子之間穿過。

• 投擲旋轉球。

降低難度

• 拉近投擲距離，減少與攔網之間的距離。

• 攔網降低到 4 英尺高（121.9公分）。

• 增大好球墊。

在距離投手板 50 英尺（15.0 公尺）的地方放置一個空籃子、裝牛奶的木箱，或者相似的容器。使用正確的投球技巧，把球投入到籃子中。如果你是一個人練習，準備 10 個或者更多的球來練習，從而避免每次投球後再去撿球的困擾。如果你是和搭檔一起練習，兩人之間距離應為 50 英尺，每人身邊分別放置一個空籃子，兩個人來回投擲。

投擲 10 次球中，每一次球投入到籃子中則得到 2 分（球投入籃子後又彈出的情況也視為投中），如果球只是打中了籃子則得到 1 分。投出的球必須遵循規定的拋物線軌跡才能計算得分。雙方相互做對方的裁判。（如果你是一個人練習，你可以在外野護欄旁，利用護欄來判定投球的高度。）此次練習的目標是在 10 次投球中得到至少 14 分。

檢查

- 向目標點的方向（籃子）邁步。
- 彎曲膝蓋，使用腿部的力量來幫助你完成投球。
- 確保你的手部跟進動作，手與籃子在一條直線上。
- 投球的過程當中，將注意力放在目標（籃子）上。

得分

根據你在 10 次投球中所得到的分數來計算最後得分。球進入籃筐得 2 分，球打中籃筐得 1 分。

14 到 20 分 = 5 分

9 到 13 分 = 3 分

4 到 8 分 = 2 分

1 到 3 分 = 1 分

你的分數 = _____

增加難度

- 使用小一點的籃子。
- 放置兩個籃子，籃子之間的距離為壘板的寬度，或者使用三個籃子組成壘板形狀。練習投球到各個籃子中。也可以變換籃子的大小從而增加或者降低難度。
- 投擲旋轉球。
- 在較淺與較深的地方各放一個籃子，增加球的變化性以增加打者難度。

降低難度

- 減小與籃子之間的距離。從距離 30 英尺（9.1 公尺）處開始投球，根據成功投球次數的增長，慢慢增加距離。
- 使用大號的籃子、大型的紙箱，或者洗衣籃。

調整式壘球投球

調整式壘球投球的技巧與慢壘和快壘的技巧在某些層面上有相似之處。調整式壘球使用下手投球的投球方式，但是投球的動作被限制在鐘擺模式。手臂必須要在一條直線向後和向前順暢動作。

首先，前腳腳跟（軸心腳）和後腳腳尖（非軸心腳）站在投手板上（圖3.4a）。軸心腳稍微打開在投手板的邊緣上——前腳掌在投手板前的地面上，腳跟站穩在投手板上。非軸心腳的腳趾應在投手板後方邊緣上，並且腳趾朝向本壘方向。肩膀需要在一和三壘的直線上，雙手分開，球在手上或者在手套裡。

接下來，兩隻手合併到一起，然後完全靜止一秒，此時球在你身體的前方。由於調整式投球可以有一些速度，所以兩指和三指握球法（見頁3圖1.2）是首選。當你開始投球時，向後擺動你的手臂並且打開你的髖部和肩膀，面向第三壘（此動作適用於右投手）。當你的手臂到了下方並且開始向前進入投球區域時，合上你的髖部和肩膀角度，由軸心腳帶動髖部向前移動，當你在出手時你的髖部和肩部轉到面向本壘。投球一瞬間伴隨著非軸心腳向擊球者方向邁一步（圖3.4b）。在投球過程中，球要始終保持在你的手腕內側，並且在出手的那一刻，你的肘部保持角度。這些規則都是用來防止球速過快。球投出去過後，軸心腳向前跟進保持平衡的守備動作（圖3.4c）。

錯誤
投出的球速度過慢，或無法到達本壘位置。

修正
後擺動作時加大你的髖部和肩膀角度，當你出手時讓合上兩部位的角度。在進入鐘擺動作時，加快揮手臂的動作。

圖 3.4　調整式投球

準備投球

1. 腳跟和腳趾頭在投手板上
2. 軸心腳在前
3. 重心在後腳
4. 雙手在前方握球；使用兩指或三指握球法
5. 面向打者
6. 完全靜止
7. 專注在目標上

a

b

c

開始動作和出手

1. 轉移重心到軸心腳
2. 手臂在身後下方
3. 加大髖部和肩膀角度
4. 向擊球者方向邁步
5. 合上髖部和肩膀角度
6. 在球經過髖部時出手
7. 在球出手的時候，肘部處於鎖定狀態

最後完成動作

1. 軸心腳向前邁步
2. 手位置在頭部上方，處於放鬆狀態
3. 膝蓋恰當彎曲；站穩
4. 雙手在準備位置
5. 注意打者擊球的動態

錯誤

投出的球過高。

修正

在球經過你的髖部那一刻出手。

錯誤

作為一個右投手，投出的球偏離右打者位置（或者作為一個左投手，投出的球偏離左打者位置）。

修正

確保出手和完成出手動作的時候另一手臂沒有在身體前方。往投球目標邁一步。

調整式壘球訓練 1. 攔網目標練習

在攔網或者一面牆壁上，放置一個 4 英尺（1.2 公尺）寬 4 英尺高的目標物，目標物位置需在離地面 1 英尺（30.4 公分）的高度。站在距離目標物 15 英尺（4.5 公尺）遠的地方，開始向目標點投擲 10 次。當你可以連續成功擊中目標 10 次之後，向後方退到距離牆面 30 英尺（9.1 公尺）的地方。先不要開始記分；當你可以達到規定投球距離時再開始記分。慢慢加大距離直到規定投球距離，一步一步練習效果更佳。在每一次投擲練習中，要確保動作要達到標準。

當你在距離牆面 30 英尺可以成功連續擊中目標 10 次的時候，接下來可以移動到規定投球距離（ASA 標準：女子壘球 40 英尺，男子壘球 46 英尺）。站在距離牆面規定投球距離的位置，開始向目標點投擲 10 次，並且在確保動作達到標準的情況下記錄擊中目標的次數。

檢查

- 腳跟和腳趾在投手板上，用兩指或者三指握球法，兩手合在一起，達到完全靜止 1 秒鐘。
- 重心轉移到軸心腳上。確保你的手臂在前後揮動方向和本壘（攔網）在一條直線上。
- 在後揮手臂時，打開你的髖部和肩膀角度。
- 向目標方向邁步。
- 在出手的同時，合上你的髖部和肩膀角度。
- 出手時記得扣手腕。
- 向你的目標（攔網）完成跟進動作。
- 準備好守備姿勢。

得分

根據每 10 次擊球練習中總共擊中的次數來計算得分。

8 到 10 次成功投球 = 5 分

5 到 7 次成功投球 = 3 分

少於 5 次成功投球 = 1 分

你的分數_____

增加難度

- 在目標物中間放置一個 1 英尺長的帶子，這個帶子代表了不要投進的區域——即投球中不想要去擊中的地方。
- 達到連續 10 次成功擊中目標物，

（目標可以是無帶子的目標物，或是帶有 1 英尺帶子的目標物）。

降低難度

- 繼續練習。
- 對著沒有放置目標物的攔網練習投球。
- 從距離攔網／牆面 10 英尺（3.0 公尺）的距離開始練習，隨後每次向後增加 5 英尺（1.5 公尺）。

調整式投球訓練 2. 攔網上的好球區

準備一張床單或者一個大型厚紙板，設置出一個 20 英寸（50.8 公分）寬、30 英寸（76.2 公分）高的目標區域。在此目標區域上，規劃出 5 個縱列，其中中間的縱列寬度為 8 英寸（20.3 公分），餘下的 4 個縱列則為 3 英寸（7.6 公分）寬。最後畫出 4 英寸（10 公分）長的區域，此區域橫跨 4 個 3 英寸縱列的中段（如圖 3.5）。完成之後，把畫好的目標板掛在牆面或者攔網上，距離底面 1 英尺（30.4 公分）的高度。擊中中間最大的縱列得分為 1 分，中間縱列旁的兩個縱列為 3 分，兩個最外圍的縱列則為 5 分，中間縱列旁的兩個縱列中段為 2 分，兩個最外圍的縱列中段為 4 分。

站在規定投球位置，開始向目標投擲 10 次，在動作標準的情況下，試著拿到最高分數。分數越高的區域代表著投球的理想位置——內角高球、外角高球、內角低球、外角低球。

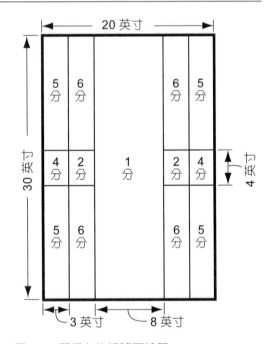

圖 3.5 攔網上的好球區練習

到完全靜止 1 秒鐘。

- 重心轉移到軸心腳上。確保你的手臂在前後揮動方向和本壘（攔網）在一條直線上。
- 在後揮手臂時，打開你的髖部和肩膀角度。
- 向目標方向邁步。
- 在出手的同時，合上你的髖部和肩膀角度。

檢查

- 腳跟和腳趾在投手板上，用兩指或者三指握球法，兩手合在一起，達

壘球

邁向卓越

50

- 出手時記得扣手腕。
- 向你的目標（攔網）完成跟進動作。
- 準備好守備姿勢。

根據每 10 次投球練習中所得到的總分數來計算最後成績。

35 到 50 分 = 5 分

20 到 34 分 = 3 分

10 到 19 分 = 2 分

10 分以下 = 1 分

你的分數_____

增加難度

- 放置一個 1 英尺長的帶子在目標板 1 分的位置。這個帶子代表了不要投進的區域 —— 即投球中你不想擊中的地方。如果你打中帶子將沒有得分。
- 達到連續 10 次成功擊中目標，目標物可以是無帶子，也可以是有帶子。
- 嘗試連續 5 到 10 次成功擊中同一個得分點。
- 限制你的目標區域為 5 分區。

降低難度

- 繼續練習。
- 重複攔網目標投球訓練。
- 拉近投擲距離。

快速壘球投球

不同於慢壘專注於打者，快速壘球是專注於投手的比賽。有一句壘球名言，「好投手勝過好打者」適用於快速壘球。美國壘球協會名人堂中的 Bertha Tickey、Joan Joyce、Donna Lopiano、Lorene Ramsey 和 Nancy Welborn 稱霸於 1960、1970、1980 年代的女子快速壘球比賽。美國奧林匹克女子投球手 Lisa Fernandez（1996、2000、2004）、Michele Granger（1996）、Lori Harrigan（1996）、Cat Osterman（2004），和 Michelle Smith（1996、2000）持續主宰女子快速壘球比賽。事實上，在 2004 年美國奧林匹克團隊只在爭取連續第二次奪得金牌的時候輸了一次。傳奇人物 Harold（Shifty）Gears、Sam（Sambo）Elliot、Al Linde、Johnny Spring 和 Herb Dudley，則是在 1950 至 1980 年代中的男子快速壘球比賽占據主導地位。如果不考慮飛行距離減速的情況下，快速壘球投球的球速跟上手棒球投球不相上下。壘球投球的球速在每小時 60 到 70 英哩（每小時 96.6 到 112.6 公里），相較於棒球球速在每小時 90 英哩（145 公里每小時）範圍內。

開發訓練投手可以在快速壘球比賽中達到最高層次，這類話題可以足足寫出一本書，歸結到底，那些世界級的精英投手總是要從最基本的快速壘球投球

單元三　投球

技巧開始學起。那我們就從基本的風車投球法開始介紹。

風車投球法

　　風車投球法的祕訣是*完美的圓圈*。就如風車葉片圍繞它的中心軸做出完美的圓圈旋轉，投擲風車球時，投球手的手臂如同風車葉片一樣要做出類似的圓圈旋轉，並且這個圓圈軌跡一定要和本壘在同一條直線上。

　　想像一個大圓環在投手板上方，圓環邊緣直指向本壘的一角，如果你推動這個圓環，圓環會向目標點直線滾動。在風車投球法中也是一樣的做法，其中圓環代表你手臂要做出的圓圈動作，只不過這個圓環變為在地面上方，圓環底部恰好在你的髖部和膝蓋之間。圓圈的軸心是你的肩部。位於本壘上目標點也同樣變為在距離地面上方的一個位置，大約在打者的腋下和膝蓋上方之間。投球的時候，球的位置應該從圓圈底部開始向前上方行進，之後再回擺到身體後方，當你的手臂再次通過你的髖部時（圓圈軌跡底部）出手。這樣就是一個完整的圓圈發球動作。

　　有關於在投手板起始投球位置的官方規則，根據球員的性別、年齡以及不同協會組織來決定（例如，ASA、NCAA）。當你在學習風車球時，推薦你注意「腳跟和腳尖」與投手板的位置。軸心腳成一個角度，以開放式站姿站立在投手板的前緣，這麼一來前腳掌在投手板前的地上，腳跟完全投手板接觸。你的非軸心腳的腳趾應該與投手板的後緣接觸。

　　大多數投球者會在投手板前，軸心腳前腳掌與地面接觸的地方，戳出一個小洞。這樣可以在出手時讓軸心腳有個支撐點，從而增加投球的力量。而軸心腳的開放式站姿可以讓你的髖部（當球在圓的最高點時）完全打開，從而畫出完美的圓。

　　在起始投球之前，確保你的肩膀應該與一壘和三壘在一條直線上。當捕手給予你暗號後，你可以用手或手套來握住球，但是雙手必須處於分開狀態。在投球開始前，兩隻手再合在一起（圖3.6a），選一種握球法來進行投球。為了防止打者和跑壘教練看到你的握球法從而判斷你要投的球種，你需要用手套來遮住球，使手套背面面向打者。

　　開抬投球前，上半身稍稍向前傾（雙手還是合在一起）。這個動作提供了一個反作用力，從而增加投球力量。起始投球時，球要一直在手套中，然後沿著圓圈軌跡向前向上行進。當球到達與胸部齊平時，雙手分開，同時打開髖部和肩膀的角度（如果你是右手投球手，轉動髖部和肩膀身體朝向三壘），重心轉移到軸心腳上。一旦你在投球時雙手分開後，就不能再合起來。當你的手到達圓圈軌跡的最上方，你的髖部和肩膀應該處於完全打開狀態，你的重心也要完全放在軸心腳上，並且你的膝蓋應該稍許彎曲（圖3.6b）。此時你的手臂完全伸展開來，使用兩指或者三指

壘球

邁向卓越

握球法，握球手的手背朝向打者，戴手套的手應該向本壘上前方伸展。你的非軸心腳隨後馬上向目標邁進一步。

當你的手開始向後方揮動時（到達圓圈軌跡後方），此時需要合上你的髖部和肩膀。當你非軸心腳完成向目標邁進一步的同時，重心也隨之轉移到前方。在做後擺動作時，你的投球手肘應該處於放鬆彎曲的狀態。膝蓋微微彎曲，前腳向下用力站穩。要確保步法沒有與球軌跡相交叉。前腳的腳趾應該些許向內轉。投球的手在後擺的同時，戴手套手肘向下拉回到身體的旁邊。

當你的手臂經過投球位置時，手臂應該彎曲，並且手腕向後彎曲。當手臂經過髖部時，快速扭轉手腕來出手。與此同時，你的軸心腳和腿將被力量帶離投手板，向非軸心腳靠近，髖部將合起來。此時將你的重心轉移到稍許彎曲的前腿上。

跟進動作，帶動軸心腳和軸心腿向前，回復到平衡的守備預備動作（圖3.6c）。完成投球後，手是處於放鬆狀態，遠離身體並且在胸部齊高的位置（快速球），讓手繼續在圓的前緣上，儘量完成之前設定好的完美圓圈。

錯誤

球速過慢。

修正

打開髖部和肩膀。強制帶動你的軸心腳和軸心腿向你的非軸心腳和非軸心腿邁進。手臂放鬆，增加揮動速度。出手時，快速扭轉手腕出手。

圖 3.6 風車投球法

準備投球

1. 腳跟和腳趾在投手板上
2. 軸心腳稍微張開
3. 重心在後腳上
4. 肩膀與一壘和三壘在同一條直線上
5. 雙手握球，起始點在身前
6. 雙手向前移動開始動作，上半身微向前彎

a

圖 3.6　風車投球法（續）

開始動作和出手

1. 轉移重心到軸心腳；膝蓋彎曲
2. 打開髖部和肩膀角度
3. 手臂完全伸展開來；手背朝向打者
4. 向目標邁進一步；彎曲的前腳向下用力站穩
5. 帶動軸心腳離開地面
6. 軸心腳向前腳靠攏，同時合上髖部和肩膀
7. 手肘放鬆
8. 在球經過髖部時出手（出手點可能會根據球的性質有所不同）
9. 身體呈直立狀態；避免向前彎曲
10. 手腕急扣出手

結束動作

1. 軸心腳向前邁進
2. 雙手和手臂在身前放鬆狀態
3. 膝蓋彎曲，馬步站穩
4. 雙手處於守備姿勢
5. 關注擊出球狀態

錯誤

球飛行軌跡過高。

修正

提早出手。身體保持直立姿勢。

錯誤

球軌跡偏斜，不在一條直線上。

修正

一人站在身後觀察你的圓圈投球軌跡，查看是否與本壘在同一條直線上。調整你的跨步朝向你的目標。

快速球訓練 1.　手腕急扣

此訓練的目的是幫助你增強手腕急扣技能，從而增加球速。非投球側的身體面向前方距離你 5 英尺（1.5 公尺）的目標點（圍欄、牆或攔網）。在圍欄、牆或者攔網上設置兩條上下平行線為目標，兩條線之間距離為 2 英尺（0.6 公尺），下面的一條線應該和你大腿中段齊平。雙腳微微分開，不投球的手握住

投球手腕上方的前臂，手腕往後彎曲並
向前急扣，試著向兩條目標線中間的位
置投球（圖 3.7）。

- 向後彎曲手腕。
- 使用兩指或者三指握球法。
- 不投球的手要握住投球手腕上方的
  前臂。
- 手腕向前急扣出手。
- 試著將球投入兩條目標線中間的位
  置。

圖 3.7　手腕急扣訓練

得分

　　根據每 10 次投球練習中投中兩條
目標線之間的次數來計算得分。完成
兩組。

　　8 到 10 次成功嘗試 = 5 分

　　6 到 7 次成功嘗試 = 3 分

　　3 到 5 次成功嘗試 = 2 分

　　1 到 2 次成功嘗試 = 1 分

　　你的分數＿＿＿＿

增加難度

- 增加你與目標點的距離（注意不要
  超過 8 英尺〔2.4 公尺〕）。
- 縮小目標物尺寸。

降低難度

- 拉近你與目標點的距離（注意不要
  小於 2 英尺），推薦使用軟球或者
  布球練習。
- 放大目標物尺寸。

快速球訓練 2.　四分之三站姿

　　此訓練的目的是結合強力的手腕
急扣技能和風車投球後擺動作。不投球
的一側身體面向前方距離 10 英尺（3.0
公尺）在牆上、攔網或者圍欄上的目
標點，目標物的設置與在訓練 1 中相
同（兩條平行線）。從四分之三站姿
開始——雙腳之間距離大約為 18 英寸
（45.7 公分），前腳稍微朝向右方（適

用於右手投球手）。從投球手臂在圓圈
軌跡最上端開始為起點，手腕向後彎曲
準備向下擺動手臂。非投球側的手臂要
朝向目標伸展開來。開始投球時，抬起
和放下你的前腳，與此同時開始下揮動
作。收回非投球側的手肘，在球經過髖
部位置時急扣手腕出手。

- 手腕向後彎曲。
- 用兩指或者三指握球法。
- 從投球手臂在圓圈軌跡最上端開始為起點，手腕做好向後彎曲姿勢。
- 在下擺動作開始時，抬起和替換你的前腳。
- 收回非投球側的手肘。
- 當球經過髖部時，急扣手腕出手。
- 嘗試投中兩條平行目標線之間。

得分

根據每 10 次投球練習中投中兩條目標線之間的次數來計算得分。

　　8 到 10 次成功嘗試 = 5 分

　　6 到 7 次成功嘗試 = 3 分

　　3 到 5 次成功嘗試 = 2 分

　　1 到 2 次成功嘗試 = 1 分

　　你的分數＿＿＿＿

增加難度

- 增加你與目標點的距離（注意不要超過 15 英尺〔4.5 公尺〕）。
- 縮小目標物尺寸。

降低難度

- 拉近你與目標點的距離（注意不要小於 6 英尺〔1.8 公尺〕），推薦使用軟球或者布球練習。
- 放大目標物尺寸。
- 重複急扣手腕訓練。

快速球訓練 3.　速度與準度

　　此訓練的目的為增強球速和其精準度，幫助你建立技能穩定性，從而避免掉入瞄準球的習慣，這習慣會降低你的球速。

　　在此訓練中，你可以使用與攔網上投球區域中同樣的目標物（調整式投球訓練 2，見頁 50）。除此之外，在目標物前放置 5 個投手板（或線），距離分別為 15、20、25、30 和 43（或者 40 或 46）英尺（4.5、6.1、7.6、9.1 和 13〔或者 12 或 14〕公尺）。從相距 15 英尺的地方開始向目標點投擲球 10 次，要求在動作達標的情況下，嘗試拿到最高分數。分數高的區域則代表在比賽中越完美的投球點——內角高球、外角高球、內角低球、外角低球。

檢查

- 腳跟和腳趾在球手板上。使用兩指或者三指握球法。雙手合在一起，完全停止 1 秒鐘。
- 重心轉移到軸心腳上。確保你手臂運動軌跡與壘板（圍欄）在一條直線上。
- 手臂向後擺動到高點時，打開髖部和肩膀。
- 向目標方向邁一步。
- 手臂揮動到圓圈軌跡的最下方，將

出手的同時，合上髖部和肩膀。

• 當出手時，急扣手腕。

• 向目標方向做跟進動作。

• 保持一致的投擲速度。

• 預備防守動作。

每一個投擲點分別投擲球 10 次，在距離 15 英尺、20 英尺和 25 英尺處總分要達到 5 分，30 英尺處達到 3 分，才能增加距離到下一個投擲點。你的總分將會是你最後進入 43 或者 46 英尺距離點時的總和。

35 到 50 分 = 5 分

20 到 34 分 = 3 分

19 分以下 = 1 分

你的最終分數（43 或 46 英尺）

———

增加難度

• 放置一條 1 英尺（30.4 公分）帶子

在 1 分區域中間。這個帶子代表勿投擲區域——也就是不可投中的地方。投中無分。

• 嘗試連續 10 次成功擊中目標（原目標物或者以 1 英尺的帶子為目標）。

• 嘗試連續 5 次到 10 次成功擊中某一個指定區域。

• 限制目標點在 5 分區域內。

降低難度

• 如無法突破某個投擲點，繼續練習。

• 加大目標點。

• 拉近點與點之間所要增加的距離。

快速球訓練 4. 四角訓練

此項訓練的目的是幫助你一直打中好球帶的四個角落——內角高球、外角高球、內角低球、外角低球。根據你的年齡和球隊規則，選定在距離目標 40、43 或者 46 英尺（12、13.1 或者 14 公尺）的位置開始向每一個角落投擲球 10 次。在此練習中，你應該尋找一個接球人來配合，如果沒有適合人選，則繼續使用目標物。如果你在前面的訓練中都能輕鬆應對過關，這就說明你已經熟練風車式投球動作且動作標

準。那麼在訓練 4 中，你需要著重的點就是擊中接球人的手套。

每擊中一次手套得 1 分。向四個角分別投擲兩組投球，一組投球為 10 次：內角高球、內角低球、外角高球、外角低球。

• 風車投球動作標準。

• 保持球速一致。

• 持續向接球人手套投球

每一角投擲兩組球，一組球為 10 次，根據四個角的分數總和來計算分數。

56 到 80 分 = 5 分

40 到 55 分 = 3 分

39 分以下 = 1 分

你的分數＿＿＿＿

增加難度

• 嘗試按照目標順序投球（從內角高球、內角低球、外角高球，最後到外角低球，一共 4 個點）4 次投球為一組。嘗試做 10 組順序投球。

降低難度

• 重複練習前一個訓練。

• 拉近投擲距離。

• 繼續練習。

以上所講解的風車基礎動作是衍生其他投球類型的基本，每一種不同類型的球都有其對應的握球方法、出手點、方向，以及手臂在跟進上的高度。接下來會講到這些投球技巧上的變化，來學習如何投擲變速球、下墜球、曲球和上飄球。

變速球

對於投球新手而言，快速球最好的配球就是變速球。對於一個投球精英來講，變速球也是一個強有力的投球法，其速度變換可以使最有經驗的打者失去平衡。

變速球通常有兩種握球方法，關節握球和掌心握球；掌心握球比較容易，需要掌心和手指完全包裹住球，而不是指尖拿住球（圖 3.8a）。用快速球的投球方式，但出手時不要做手腕急扣的動作。掌心手指與球之間的摩擦力會降低球投出的速度，增加變速球的效率。

關節握球法對於手較小的人有些難度。用關節抓住球的一條縫線上（圖 3.8b），配合快速球的投球姿勢，用關節的力量出手，從而降低球速來有效變速。

另外一個投擲變速球的方法是反手投球。使用四指掌心握球法，出手時手背面向打者。向打者上前方彈開手腕。投球姿勢與快速球無異，除了在圓圈軌

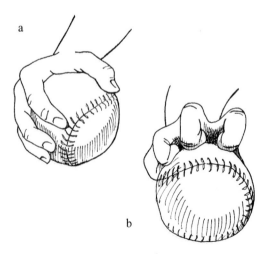

圖 3.8　變速球握球方法：(a) 四指掌心握球法；(b) 關節握球法

跡最下方時，需要轉動手臂方向使手背朝向打者進行反手出手（圖 3.9）。手掌朝著打者向外、向上，做跟進動作。

　　變速球在比賽中可以有效的擾亂打者對揮棒時機的判斷。這正是變速球與快速球的投球動作需要一致的原因。打者的時間差是打擊動作的重點。在你投球時，打者會關注並且掌握你的動作點，如果你放慢了你手臂的動作投擲變速球或者慢速球，打者將會對此調整揮棒時機。

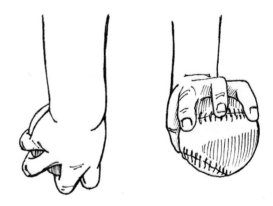

圖 3.9　反手變速球的出手

錯誤

球速過快。

修正

使球緊貼在掌心中。出手時手腕固定。

錯誤

球無法到達本壘。

修正

加快風車式投球動作。

變速球訓練 1.　四分之三站姿

　　此訓練的目的為學習風車式投球法的下擺動作加上變速球的出手。非投球側的身體朝向距離 10 英尺（3.0 公尺）圍欄、攔網或牆的位置，使用急扣手腕訓練中一樣的目標物。以四分之三站姿開始——雙腳分開 18 英寸（45.7 公分），前腳向右方偏斜（適用於右手投球手）。從手臂在圓圈軌跡最上方開始，手腕向後彎曲準備向後擺動。非投球側的手臂要朝向目標伸展開來。從抬起和替換前腳開始，再繼續後擺動作。接下來收回非投球側的手肘，同時用變速球投球方式出手。

檢查
• 投球手腕彎曲姿勢，從圓圈軌跡最上端開始。
• 在向後擺動開始時，先抬起並替換前腳。
• 收回非投球側的手肘。

- 在出手時，使用適當的手腕姿勢。
- 嘗試投中目標線內。

根據每 10 次投球中所擊中目標次數來計算得分。

    8 到 10 次 = 5 分

    6 到 7 次 = 3 分

    3 到 5 次 = 2 分

    1 到 2 次 = 1 分

    你的分數_____

增加難度

- 增加與目標之間的距離。（不要超過 15 英尺〔4.5 公尺〕）
- 縮小目標物尺寸。

降低難度

- 拉近與目標之間的距離（至少大於 6 英尺〔1.8 公尺〕）。推薦使用軟一點的球或者布球。
- 重複此訓練。
- 放大目標物尺寸。

變速球訓練 2. 障礙物訓練

此項訓練主要練習向好球帶投擲且控制弧度。使用一條繩子，兩頭分別綁在固定物上，繩子橫穿投球路線。繩子需要放置在離地面 5 到 5.5 英尺（1.5 到 1.7 公尺）高的地方，在投手與捕手的中間點。（你需要一個捕手來配合此訓練。）球需要從繩子下方經過，且到達本壘被捕手接住。完成兩組 10 次投球。

- 使用風車式投球姿勢。
- 如果你使用掌心或者關節握球法，要確保出手時手腕是固定的。向遠離身體的上方做跟進動作。
- 如果你使用反手出手方式，確保你的手背朝向打者，且手腕向上急搧。向遠離身體的上方做跟進動作，並且手掌面對打者。

根據每一組（一組 10 次投球）變速球投球練習中成功經過繩子下方並且到達本壘的次數來計算得分。

    8 到 10 次 = 5 分

    6 到 7 次 = 3 分

    3 到 5 次 = 2 分

    1 到 2 次 = 1 分

    你的分數_____

增加難度

- 降低繩子到離地面 4 到 4.5 英尺（1.2 公尺到 1.4 公尺）的地方。
- 投向內、外角。
- 交替變換球種，快速球和變速球。
- 變換球種並投向內、外角。

- 嘗試使用不同的握球法。

降低難度

- 升高繩子到離地面6英尺（1.8公尺）

- 拉近繩子與本壘之間的距離。
- 嘗試不同的握球法，尋找最適合自己的方法。

變速球訓練 3. 交替快速球與變速球

此訓練爲練習交替變換投擲快速球和變速球。要想成功投擲變速球，必須可以無縫的交替使用快速及慢速球。你可以用任何速度的投球來做此練習，但在這裡會統一稱爲快速球和變速球

在這個訓練中，你需要一位全副武裝的捕手搭檔。（如果你使用目標物，將不會得到捕手給你的球速回饋。）站在距離目標40、43或者46英尺（12、13.1或者14公尺）的投手板上投球。

第一個球從投擲快速球開始，與變速球交替變換，一共投擲20次。練習的主旨是讓你可以有效的變換球速，調整投球法並有順序的投擲出適合的球。此次重點在於練習變換球速，不是投球精準度。

檢查

- 使用風車式投球姿勢。
- 球速有明顯變換。

得分

根據每20次投球中成功變換速度的次數來計算分數。

14 到 20 球 = 10 分

10 到 13 球 = 7 分

4 到 9 球 = 3 分

1 到 3 球 = 1 分

你的分數_____

增加難度

- 讓捕手指定一個投擲目標點，練習提高精準度。目標點需要在好球帶

的不同位置——內角高球、內角低球、外角高球、外角低球。

- 一旦你學了下墜球與上飄球，你可以在練習中將下墜球或上飄球與變速球相互替換。

降低難度

- 兩次快速球之後銜接兩次變速球，減小交替頻率。
- 重複變速球訓練 1 和訓練 2。

下墜球

對於打者來講，打快速直球時，可以調整揮棒時間來應付，但對於會上下移動的球種就比較不好控制。下墜球如快速球運動軌跡一樣，都是平直飛向壘板，只不過下墜球在接近壘板時會突然下降。一個好的下墜球會在到達打者之前一刻突然下降，讓打者揮棒落空，或是導致打者擊中球的上方，製造滾地球。

兩種最常見的下墜球種是剝皮下墜球和全轉下墜球。兩種球都會在最後時刻下降，但是當右投手投給右打者時，全轉下墜球會朝遠離打者方向移動。投擲下墜球的時候配合使用變速球動作，使打者誤以為是普通的快速球。如果球是一路慢速平緩下降，便不是下墜球，稱為「自然死亡」球，對擊球者毫無震懾作用。

剝皮下墜球帶有從上到下向前旋轉。用兩指或者三指並在一起握住球，手指並排在四條線上的其中任意一條（圖3.10）。大拇指應該在另一面的線上。出手的時候，手指處於球下，大拇指在上方。

跨一小步，先放掉大拇指，隨後使用手指尖的垂直上提動作讓球向前旋轉，出手時手指到球的上方（圖3.11）。

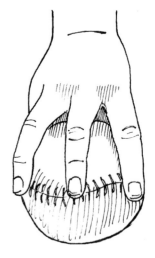

圖3.10　剝皮下墜球握法

跟進動作，在出手後的手臂較低，處於腰部位置，稍微交叉在身體前方。

全轉下墜球是逆時針旋轉的，關鍵在出手時加上的旋轉。握法和步法長短與剝皮下墜球相同。先鬆開大拇指，然後旋轉手，讓球滾出手尖，迫使一個逆時針旋轉。在出手的前一刻，帶動你的肩部轉過球的上方，迫使大拇指在下，造成逆時針旋轉（圖3.12）。出手後的跟進動作，手臂在身體中線處，腰部下方結束。

嘗試每一個投球法，最初時使用最適合你的出手方法。當你已經熟練某一種下墜球後，你可以加入第二個下墜球到你的技能中。

壘球
邁向卓越

圖 3.11　剝皮下墜球出手

圖 3.12　全轉下墜球出手

錯誤

球不往下掉。

修正

重點放在製造旋轉球 。在投球結尾時要有適合的跟進動作。

錯誤

球往下掉的時間太晚，打者有機會在球掉落前擊中球。

修正

問題可能在於你的步法和帶動肩膀。縮小你的步法，或者出手時，帶動肩部移動越過球的上方。

　　接下來的訓練是為了讓你專攻某一個你自己選擇的下墜球出手。完成剝皮下墜球美式足球練習或是全轉下墜球美式足球練習，然後再練習障礙物練習。如果你想試試剝皮下墜球和全轉下墜球後，深入的練習其中一個，你可以再練習一次美式足球練習（剝皮下墜球或全轉下墜球），然後再重複障礙物練習。其中一項訓練的得分為最後得分。

下墜球訓練 1. 　剝皮下墜球美式足球練習法

　　此訓練目的為幫助你學習如何旋轉，投出剝皮下墜球。使用一顆小型或

63

者中型的美式足球，兩個或者三個手指並列放在球線上，大拇指在球的上方。四分之三站姿站在與牆或圍欄距離大約 5 英尺（1.5 公尺）的地方。向牆或者圍欄方向跨出一小步，同時嘗試旋轉球。球應該落在牆根處或者圍欄的底部，球線應該旋轉遠離你。

- 球落在牆根處或者圍欄底部。
- 旋轉球，使球旋轉投出。
- 球是平直軌跡飛行，而不是搖擺不定。
- 小幅度跨步。
- 帶動投球邊的肩部越過球的上方。

得分

根據你 10 次旋轉球練習中的達標次數來計算得分。

　　7 到 10 次 = 15 分

　　5 到 6 次 = 3 分

　　4 次以下 = 1 分

　　你的分數＿＿＿＿

增加難度

- 手臂在風車式動作最上方開始。

- 完整風車式動作投球。

降低難度

- 一隻手拿住美式足球，嘗試旋轉球到另一隻手上。
- 從小步法姿勢開始，嘗試讓球落到牆根或圍欄底部。

下墜球訓練 2. 全轉下墜球美式足球練習法

此訓練目的為幫助你學習如何旋轉做出全轉下墜球。使用一顆小型或者中型的美式足球，兩個或者三個手指並列放在球線上，大拇指在球的上方。四分之三站姿站在與牆或圍欄距離大約 5 英尺（1.5 公尺）的地方。向牆或者圍欄方向跨出一小步，同時嘗試旋轉球。球應該落在距離你前腳 2 到 3 英尺（0.6 到 0.9 公尺）的位置，像直升機葉片般旋轉。

檢查

- 球落在距離你前腳 2 到 3 英尺的位置。
- 旋轉球，使其像直升飛機葉片般旋轉。
- 小幅度跨步。
- 帶動你投球側的肩部越過球。
- 確保你投球的手最後落在身體中線，且在腰部下面一點的位置。

得分

根據你 10 次旋轉球練習中的達標　　次數來計算得分。

壘球

邁向卓越

7 到 10 球 = 5 分

5 到 6 球 = 3 分

4 球以下 = 1 分

你的分數＿＿＿＿

增加難度

• 手臂在風車式投球動作最上方開始。

• 完整風車式動作投球。

降低難度

• 一隻手拿住美式足球，嘗試旋轉球到另一隻手上。

• 從小步法姿勢開始，嘗試讓球落在距離你前腳 2 到 3 英尺的位置。

下墜球訓練 3. 障礙練習

此訓練目的爲幫助你練習如何讓下墜球下墜。在你與本壘之間橫跨一條距離地面 4 英尺（1.2 公尺）高的繩子，繩子距離本壘 6 英尺（1.8 公尺）（圖 3.13）。從距離本壘 43 或者 46 英尺（13.1 或 14 公尺）的位置開始投球，使用任意一種下墜球出手方式。球應該能夠越過繩子，且擊中在本壘後方 12 英寸（30.4 公分）內的目標物。完成兩組投球，每一組 10 次投球機會。

圖 3.13　障礙練習

檢查

• 使用正確的投球動作及技巧。

• 使球平行飛過繩子上方（無弧度）。

• 球落在目標點上。

得分

每一次球平行越過繩子且擊中目標點得 1 分。

15 到 20 分 = 5 分

10 到 14 分 = 3 分

9 分以下 = 1 分

你的分數＿＿＿＿

增加難度

• 拉近繩子與本壘之間的距離。

• 瞄準角落投球——剝皮下墜球內角或外角；全轉下墜球外角（右手投球手）。

降低難度

• 降低繩子高度到距離地面 3 英尺（0.9 公尺）的位置。

• 增加繩子與本壘之間的距離。

• 不使用繩子。

曲球

在棒球比賽中曲球有一種 12 點到 6 點鐘方向的位移。但在壘球比賽中，球會在水平面由 3 點到 9 點鐘方向的位移（右投手）。與下墜球不同的是，曲球不會變換平面，這讓曲球比較容易被打者擊中，尤其當其沒有犀利移位的時候，更容易被擊中。

通常使用的曲球握球方法是將球握住之後，球線呈倒置字母 C。將你的中指和食指放在球上段的球線上，大拇指則在底端的球線上（倒置字母 C 的底端）（圖 3.14a）；如果你使用三指握球法，那麼你的無名指將與中指和食指在同一條線上（圖 3.14b）。在經過髖部前方時，用食指的力量把球從手指送出去。投球完畢後，手臂順勢跨越到身體前方，落在與腰部齊平的高度（圖 3.15）。

最有效果的曲球是從本壘板外角開始向內角位移，迫使打者移動位置去擊球。掌控力強的老投手甚至可以讓曲球看起來是直飛向打者，但是突然位移變

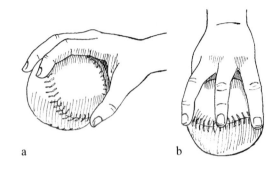

a   b

圖 3.14　曲球握球方法：(a) 倒置字母 C；(b) 三指握球法

圖 3.15　曲球跟進動作

成一個好球。

錯誤
球落的太晚或者沒有落下。

修正
問題可能在於步法或者是投球肩膀。減小步法或者加強出手時拉回的動作。

曲球訓練 1.　旋轉訓練

此訓練的目的為練習旋轉投球。在球上畫出一條粗線，線與兩條球線相交

（圖 3.16）。站在距離攔網 3 英尺（0.9 公尺）的地方。如果現場沒有攔網可以

使用，則站在更遠的位置上，使用軟布球向牆面練習投球。使用全整的風車投球動作，向攔網投擲曲球，嘗試使球做逆時針旋轉，且同時讓球上的畫線與地面保持平行。

圖 3.16　旋轉訓練

檢查

- 倒置字母 C 握球法。
- 在髖部的些許前方出手。
- 投球完畢後，手臂順勢跨越到身體前，落在腰部高度。

- 使球逆時針旋轉。
- 確保球上的畫線一直與地面平行。

得分

根據你 10 次投球中達標的次數來計算得分。

8 到 10 球 = 5 分

6 到 7 球 = 3 分

5 球以下 = 1 分

你的分數_____

曲球訓練 2.　障礙訓練

你需要一個全副武裝的捕手來配合你完成此項訓練。此訓練的目的為練習如何使球做出突然位移，讓球看起來像是直飛，但卻在最後一秒轉進來。

在本壘前方約 10 英尺（3.0 公尺）的位置放置一個擊球架或者是足球用來標示角球位置的旗子（圖 3.17）。 障礙物應該與本壘外角在一條直線上（右投手）或者與本壘內角在一條直線上（左投手）。嘗試讓球盡可能靠近障礙物的內側邊緣，但是不要碰到障礙物。球最後會落在障礙物的另一邊，當捕手接到球時，球應該已橫向位移至本壘板外角（右投手）或是本壘板內角（左投

圖 3.17　障礙訓練

手）。投擲兩組球，一組 10 次投球機會。

- 使用適當的出手方式和跟進動作。

- 讓球貼近障礙物飛過且轉向,最後

落在障礙物後方的另一端。

- 使球穿過本壘外邊緣(右投手)。

依照成功投球的球數來給分(一組 10 球)。成功投球指的是球要繞過障礙物到障礙物的另一邊,並通過本壘的外角(右投手)。完成兩組。

8 到 10 球 = 5 分

6 到 7 球 = 3 分

3 到 5 球 = 2 分

1 到 2 球 = 1 分

你的分數_____

增加難度

- 將障礙物放置在與本壘的中間的一條直線上。

- 將障礙物放置在與本壘另一側的一條直線上(內側或外側)。

- 拉進障礙物與本壘之間的距離。

降低難度

- 重複上一個訓練。

- 增加障礙物與本壘之間的距離。

- 撤去障礙物。

上升球

上升球是旋轉球中最難學的。想要投擲出有效的上升球的重點在於讓球看似是個快速高球,但最後在本壘前會突然轉向。球的軌跡不是平緩上升的,而是剛開始是平直飛來,隨後突然上升,但在那個時刻,打者早已經預備好打擊快速高球的揮棒動作,球最後卻飛過棒子上方。上升球通常是用來三振打者的球。有經驗的投手會時不時的往好球帶投擲上升球。

要想使上升球最後突然上升,球必須帶有反向旋轉(逆向旋轉)。中指順著四條縫線的其中一條拿住球,恰好可以感覺到球線的凸起。食指放在中指旁

邊,可以平放或者折起(圖 3.18),大拇指則在另一側相對的球線上。

這次你的步法要稍微長些。增加身體軀幹的側向傾靠,讓投球邊的髖部不要擋到手臂往球下方做動作的空間。當手在球的下方並離身體較遠時出手,

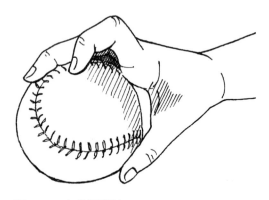

圖 3.18　上升握球法

之後向外旋轉手腕，大拇指會轉向上，在球背面的中指拉動球線，可以讓球反旋。朝向目標在身體前方做跟進動作，記得做得較高（圖 3.19）。

圖 3.19　上升球跟進動作

上升球訓練 1.　單膝足球

此次訓練的目的為幫助你學習如何旋轉上升。使用一個小號或者中號的美式足球，通過練習投擲美式足球，你可以更容易知道你的動作是否達標。這次訓練可以和搭檔完成，或者在牆上或者攔網上設定一個固定的目標區域來做練習（兩條平行條幅，之間距離為 3 英尺〔0.9 公尺〕與地面距離為 4 英尺〔1.2 公尺〕）。投球側的膝蓋彎曲跪在地上，與目標物平行，另外一條腿伸展開與目標物成直角（圖 3.20）。搭在縫線上握住球。從球在投球動作最上端開始。嘗試在手臂向上帶動時投出帶有旋轉的美式足球，讓搭檔可以在腰部以上高度接到球或者擊中目標區域。

圖 3.20　單膝足球訓練

檢查

- 投擲出向上行徑且帶有旋轉的美式足球。
- 搭檔在腰部以上接球或者擊中目標區域。

根據你 10 次投球中成功的次數來計算得分。

8 到 10 球 = 5 分

5 到 7 球 = 3 分

4 分以下 = 1 分

你的分數＿＿＿

增加難度

• 使用壘球。

• 用站立姿勢完成此訓練。以四分之三站姿開始，向著目標邁一步。

降低難度

• 使用小號的美式足球。

• 重複此項訓練。

上升球訓練 2. 障礙訓練

此次訓練的目的為幫助你練習球的突然轉向。放置一條繩子橫跨在你與本壘之間，繩子距離地面的高度為 4 英尺（1.2 公尺），距離本壘的距離為 10 到 12 英尺（3.0 到 3.6 公尺）。從距離本壘 40、43 或者 46 英尺（12、13.1 或者 14 公尺）的距離開始投擲上升球，使球從繩子下穿過，最後球被接球人（全副武裝）在繩子以上的高度位置接住。完成兩組練習，一組 10 次投球。

圖 3.21　障礙訓練

• 使用正確的上升球投球技巧。

• 使球從繩子下穿過，隨後升起，最後球被接球人在繩子以上的高度位置接住。

• 投中好球帶。

根據你每一組 10 次投球中的達標次數來計算得分。

8 到 10 球 = 5 分

6 到 7 球 = 3 分

5 分以下 = 1 分

你的分數＿＿＿

增加難度

• 拉近繩子與本壘之間的距離。

• 向內角與外角投球。投至本壘中間不得分。

降低難度

• 降低繩子高度至 3 英尺（0.9 公尺）。

壘球

邁向卓越

- 增大好球帶區域，或者撤去本壘。
- 增加繩子與本壘之間的距離。

- 撤去繩子。

接下來的訓練可以配合慢壘、調整式壘球，或者快壘投球方式進行練習，從而幫助你在模擬比賽的情境下，練習配球及控制球在好球帶的不同位置。

綜合訓練　局

此次訓練將在模擬比賽情境下投球。沒有打者，只有投手和全副武裝的捕手，若是快壘，兩人相距 40、43 或者 46 英尺（12、13.1 或者 14 公尺）；若是慢壘，兩人相距 50 英尺（15 公尺）。捕手決定球種和位置。只有通過之前練習項目的投手，才需要捕手來決定球種。舉例，在慢壘中，捕手可能只決定位置，但是在快壘中，捕手可能會要投手投出一個外角的上升球。

捕手決定球種給假想的打者，並且判斷投出的球是好球還是壞球。三次好球視為出局；四次壞球視為保送。如果投手投到好球帶的中心將視為全壘打。投手投 3 局，記錄分數。

投手投出三振得 1 分；保送扣 1 分，假想對手每得 1 分投手扣 1 分，假想對手全壘打投手扣 1 分；如果一局中沒有保送或全壘打，投手加 1 分。

得分

根據在 3 局中的得分來計算分數。

9 到 12 分 = 5 分

6 到 8 分 = 3 分

3 到 5 分 = 2 分

1 到 2 分 = 1 分

你的分數＿＿＿＿

增加難度
- 增加保送、得分和全壘打的分數。
- 縮小好球帶區域的大小。

降低難度
- 重複練習之前的訓練，加強投球精準性。
- 增大好球帶區域的大小。
- 投到好球帶中心當作安打來計算得分。

更多模擬比賽的投球訓練可以在本書的第四單元找到完整的介紹。單元十和單元十一也有適合投手技能的比賽練習。想要發展自己的投球技術，不管是慢壘、調整式壘球還是快壘，需要抓住各種可以幫助你發展正確技能的機會。

這些機會包括各項訓練以及模擬比賽，你應該盡可能的去利用這些機會來不斷提升自己的投球技術。

成功總結

在壘球比賽中，投手是老大！在快速壘球中，投球被認爲至少占比賽中的85%。在職業級別的快速壘球比賽中，無安打或是比賽中的 1、2 局的一兩個安打決定勝負的情況很常見。如果你有經歷過投手一直保送，一直送對手回到本壘，得到分數，你就知道那種包括投手的每一個人都很沮喪的感覺。在棒球中有句話說「在任何的情況下，好的投球總是勝過好的打擊」，這話在慢壘、調整式壘球及快壘中一樣適用。儘管慢壘和調整式壘球比賽多著重於在擊球者身上，但投手同樣也與快壘中的投手一樣爲得分做了很多貢獻。他們投出旋轉球，讓打者不在他的好球帶附近擊球。

想要成爲一個穩定又有效率的投手只有通過無數次的練習，才有可能達到。從向目標投球到在模擬比賽情況下不斷練習，是投手進入正式比賽前必要的環節。

當你精進你的投球技能時，建議詢問一些有經驗的觀察者，使用書中的檢查列表來評判你動作的標準性，從而幫助你完善投球動作。堅持以上訓練，直到你可以完全成功掌握所有動作技能。當無法成功突破某一個動作時，要回顧之前的訓練去做糾正。

這一單元中包含了三種不同形式的壘球的投球法，然而並不要求你能熟練掌握每一種形式。但是在你進入第四單元之前，你應該已經根據自己所參與的比賽類型選擇出適合你的投球技能，並且對其進行自我評估。在下方輸入你每個訓練中的得分，然後全部加起來計算最後總分。通過你的總分可以得知你的技能是否能在比賽中起到關鍵性作用。

慢壘投球訓練

1. 攔網投球練習　　　　　　　　_____ 滿分 5 分

2. 牆壁投球練習　　　　　　　　_____ 滿分 5 分

3. 攔網目標投球　　　　　　　　_____ 滿分 5 分

4. 球進籃子　　　　　　　　　　_____ 滿分 5 分

慢壘投球訓練總分　　　　　　　_____ 滿分 20 分

調整式壘球訓練

1. 攔網目標練習　　　　　　　　_____ 滿分 5 分

2. 攔網上的好球區　　　　　　　_____ 滿分 5 分

調整式壘球訓練總分　　　　　　_____ 滿分 10 分

壘球
邁向卓越

快速球訓練

1. 手腕急扣 ＿＿＿＿＿ 滿分 5 分
2. 四分之三站姿 ＿＿＿＿＿ 滿分 5 分
3. 速度與準度 ＿＿＿＿＿ 滿分 5 分
4. 四角訓練 ＿＿＿＿＿ 滿分 5 分
   快速球訓練總分 ＿＿＿＿＿ 滿分 20 分

變速球訓練

1. 四分之三站姿 ＿＿＿＿＿ 滿分 5 分
2. 障礙物訓練 ＿＿＿＿＿ 滿分 10 分
3. 交替快速球與變速球 ＿＿＿＿＿ 滿分 10 分
   變速球訓練總分 ＿＿＿＿＿ 滿分 25 分

下墜球訓練

1. 剝皮下墜球美式足球練習法 ＿＿＿＿＿ 滿分 5 分
2. 全轉下墜球美式足球練習法 ＿＿＿＿＿ 滿分 5 分
3. 障礙練習 ＿＿＿＿＿ 滿分 5 分
   下墜球訓練總分 ＿＿＿＿＿ 滿分 10 分 *

曲球訓練

1. 旋轉訓練 ＿＿＿＿＿ 滿分 5 分
2. 障礙訓練 ＿＿＿＿＿ 滿分 10 分
   曲球訓練總分 ＿＿＿＿＿ 滿分 15 分

上升球訓練

1. 單膝足球 ＿＿＿＿＿ 滿分 5 分
2. 障礙訓練 ＿＿＿＿＿ 滿分 10 分
   上升球訓練總分 ＿＿＿＿＿ 滿分 15 分

綜合訓練

1. 局 ＿＿＿＿＿ 滿分 5 分

＊足球訓練中，只有一個分數會被計算在總分裡。

　　如果你是慢壘投手，把慢壘訓練的分數和綜合訓練的分數加在一起作為最後總成績。如果你的分數到達 18 分，說明你已經熟練掌握慢壘投球技能了。

如果你的得分在 15 到 17 分之間，雖說已經達到合格標準，但對於不熟練的技巧再稍加練習，會對技能發展更有利。如果你的分數低於 15 分，你應該繼續

本單元的訓練，不斷提高和完善技能，取得更高分數。

　　如果你是調整式壘球投手，把調整式壘球訓練的分數和綜合訓練的分數加在一起作為最後總成績。如果你的分數到達 11 分，說明你已經熟練掌握調整式壘球投球技能了。如果你的得分在 9 到 10 分之間，雖說已經達到合格標準，但對於不熟練的技巧再稍加練習，會對技能發展更有利。如果你的分數低於 9 分，你應該繼續本單元的訓練，不斷提高和完善技能，取得更高分數。

　　如果你是快壘投手，你並不需要熟練每一個球種。熟練三個球種（包含快速球），並且培養第四個球種，是一個比較合理的目標。記錄自己在每一個投球訓練中的得分，從中選擇兩種得分最高的投法（除快速球之外）。三個投法的得分總和再加上綜合訓練的得分計算出最後成績。如果你在快速球訓練中的分數到達 15 分，總得分在 30 分，說明你已經良好掌握了投球技能。如果你的總分少於 30 分，你應該繼續練習本單元的快壘投球訓練，精進技能和提高分數。

單元四　打擊

擊球是在壘球中需要學習的第一個進攻技能。*打者*是進攻球隊中擔任擊球的隊員。在比賽中的進攻都是從打者企圖擊球開始。想像自己是場上的打者，現場的得分狀況是平分，二人出局，跑者在三壘。如果你打出安打就會得分，你的球隊會領先一步甚至直接贏得比賽。擊球是比賽中很有趣的一部分，但是卻需要很多技巧去完成——你需要在很短的時間內做出很多判斷，如何控制自己手中的球棒來擊中變幻莫測的球。

如果你是擊球初學者，你可以簡化擊球過程到一個個獨立的動作分別練習。在練習中使用擊球架——靜止的球——代替飛行的球去體會球棒打擊球的感覺。當你培養出擊球的信心與技巧的時候，就可以開始練習打擊由投手投出或輕拋出的球。如果你是有著擊球經驗的學員，可以直接從練習打擊輕拋球開始（跳過擊球架環節）。

進攻在壘球比賽中的目的是得分。如在「壘球運動」中所說，官方壘球比賽的贏家是在七局中得分最多的一方。要得分，打者必須上壘，然後推進壘包，直到跑者在三人出局前安全地通過本壘。儘管打者有很多種方法可以安全上壘，但是擊球得分是最有意思的。當跑者在壘上時，打者擊中球使得跑壘者繼續推進得分是一個重要的技巧（使跑壘者可以更接近本壘）。比賽中最令人興奮的一刻便是打者擊中好球，可以讓跑壘者有足夠時間跑多過於一個壘包——二壘打、三壘打，或全壘打。

完整打擊動作

打擊動作包括有，移動球棒到後肩膀的後方，並將球棒移動到來球的動線上，然後大約在身體的中心線及前腳的前方接觸球。完成揮擊動作時，打者將球棒揮到前肩膀的旁邊，此時，保持穩定平衡的姿勢。球棒與球的接觸點是由投手投出的球種與打者想打的方向來決定的。右打者想要擊中內角球到左外

野，則需要在前腳前方擊中球；反之，右打者想要擊中外角球到右外野，則需要在球經過身體中線時擊中球。在此單元中，初步的講解會著重於擊球點在前腳處。

有關於擊球方式的理論有很多種：平揮、往下揮、往上揮、在跟進動作時雙手持續握在球棒上、在跟進動作時靠近棒頭的手放開球棒等等。除此之外，根據不同比賽的規則和投球法，你將會使用很多不同的針對性擊球技巧。例如：在某些特殊比賽情況中，打者用力的揮擊快速球，或者是根據守備位置嘗試擊出穿越安打，又或者是打出與跑者行進反方向的球來幫助跑者推進。這些針對性擊球技巧在書中的單元五和單元九中會有詳細講解。在這一單元，我們將重點講解擊球的最基本要領和技能；首先要熟練掌握基礎技能，之後方可學習針對性擊球技巧。當你參與接下來的一系列擊球訓練之後，你就會對擊球有更深入的想法。

在正式比賽中，打者要在打擊區完成揮擊。打擊區是一個在本壘兩側的標記區域，打者必須在此區域內擊中球。

在學習擊球的過程中，你應該以雙腳平行站姿站穩，雙腳打開與肩膀同寬，雙膝和髖部稍許彎曲。雙腳平行站姿就是雙腳與本壘板一邊的距離相等，或是雙腳與打者區的一邊（與本壘板平行的一邊）距離相等。在學習打擊技能的同時，你也會接觸不同的站姿。開放式站姿就是前腳離本壘板一邊的距離較

遠。封閉式站姿就是前腳離本壘板的距離較近。如果你用擊球架，你的前腳要正對著擊球架的柱子。

雙手握球棒的時候，確保兩隻手的中間指關節（第二指關節）在一條直線上。想要準確的握住球棒，可以分幾步來做：首先，彎腰把球棒前端向下樹立在地上，然後雙手握住球棒握柄的尾端，所以球棒就會成一個正確的角度橫跨雙手手指 —— 從食指的指尖到小指與手掌形成的掌紋（圖 4.1）。拿起球棒，雙手位置和姿勢保持不變，最後檢查第二排手指關節是否在一條直線上。

如果你是個初學者，不要盲目的去模仿職業打者的站姿。從最基礎開始學習；當你累積更多經驗之後，你就有機會選擇適合自己的擊球風格。

使用如圖 4.1 中所示範的握棒動作，拿起球棒到你的後肩位置，雙手在你的好球區的上方（圖 4.2a）。球棒與地面呈 45 度傾斜角度。稍微抬高你

圖 4.1　正確握法

後方的手肘，使其與地面平行。伸展你在前的手臂到一個自然的位置，同時與地面平行。前方的肩膀比後方的肩膀稍低；頭抬起，下巴放在前肩上；雙眼時刻注視著投手的手。最初開始揮棒的動作是向前的。

經驗豐富的打者可能會使用扭轉髖部的揮棒前動作。這樣的打擊方式需要使用適當的握法外，還要將棒子離開身體4到6英寸（10.2到15.2公分）處且在身體中線和後方肩膀之間。手肘保持向下。你的兩個前臂呈一個倒置 V 的形態，前方的前臂則是呈 L 的形態（圖 4.2a）。

擊球動作包括揮動球棒到來球軌道上以及使球棒與球接觸這兩個動作。但是在揮棒之前還有兩個非常重要的肢體動作。當投手投出球的那一刻（時間點取決於投手的投球速度），你的前腳需要向著投手踏一小步——不超過6英寸，腳趾朝向一壘。這一步被稱為「踏步」。

接下來，你要以後腳的前腳掌為中心，向投手轉動髖部，整個過程前腳不離開地面。髖部旋轉的同時，開始揮棒。在前面的手肘和手掌帶動球棒到來球的軌道上。保持手腕向後彎曲，當你開始伸展手臂，將手掌往擊球區域時，球棒可以緊跟在手掌後方。保持頭部不動，雙眼注視球。

有經驗的球員在使用「踏步」動作之前，會將球棒向後方移動一點，扭轉髖部，前方髖部稍微向內旋轉。在揮棒的同時，想像自己由腳開始釋放先前扭轉的動作。

接觸球的位置（圖 4.2b）決定你是否是一個有效率的打者。在球棒接觸球的那一刻，你的髖部應該面向球（肚臍朝向球），你的手臂微曲，頭部向下，雙眼注視球與棒接觸的那一刻。前腿伸直，後腿稍微彎曲，重心在後膝蓋。你的肩膀、髖部和膝蓋應該在一條直線上。順著球的軌跡揮動球棒。一個好提醒就是「到球取最短的距離，經過擊球區域時儘量延長通過的時間」。在擊球時不要把重心轉移到前腳上，除非你是在全力的揮擊非常很的快速球。（提示：在擊球後，重心轉移到前腳，這樣你的後腳就可以向一壘方向的打擊區外邁出第一步）。

在球棒接觸到球之後，完全伸展開你的手臂並且繼續揮棒。擊球後馬上停止揮棒，就像是擊出內野打而不想被刺殺在一壘前，卻跑到一壘時停住，而不是直接通過一壘。想要剛好停在一壘上，你必須在到達壘包前就開始減速，這樣做會讓球有更多的時間比你早到壘手的手套裡，導致你出局。換做在擊球上，擊到球後馬上停止揮棒意味著你要在接觸球前減速，這樣會降低你的擊球力度。

在完成揮棒時，滾動你的手腕，使你上方的手的大拇指指向地面，使球棒貼近你的身體。最終的位置取決於球棒與球接觸時的位置，但通常落在腰部與前肩之間。例如，當打擊一個低

球時，你會先向下揮棒去會球，隨後向上完成跟進揮棒動作。在揮棒過程中，下巴的位置通常可以表明頭部方位的運動過程。在擊球最開始等待投手投球的時候，你的下巴是在前方肩膀上。在跟進動作也就是揮棒完成動作中，你的下巴應該會因為向前旋轉而碰到後方肩膀（圖4.2c）。一個好的揮棒動作需要你在要求壘板覆蓋面積的同時也能保持身體平衡。最終要領，緊握球棒！

圖 4.2　擊球

開始揮棒

1. 雙腳平行站姿
2. 雙手第二指節在一條直線上
3. 膝蓋彎曲
4. 雙手在後方；後方的肘關節向上抬
5. 注視球
6. 下巴放置在前方肩膀上方
7. 前腳向前踏一小步；腳趾指向一壘
8. 扭轉髖部
9. 前手肘帶動揮棒

a

b

球棒擊球

1. 肚臍正對球
2. 雙臂伸展
3. 前腿伸直
4. 後腿彎曲
5. 重心集中在後方膝蓋
6. 注意力集中在球上
7. 雙手牢牢握住球棒；大拇指向上

完成揮棒

1. 重心轉移到前腿上
2. 揮棒通過球心，不停留在擊球點
3. 轉動手腕
4. 扭轉髖部
5. 雙手環繞肩膀
6. 下巴在後方肩膀上

c

錯誤
持續擊中球的上方，形成滾地球。

檢查從高到低的揮棒軌跡。降低雙手的起始高度到好球帶的上方。

錯誤

持續擊出高飛球。

修正

縮小前腳向前踏出的步法。去除揮棒動作中形成的環狀軌跡；不要讓球棒頭在擊球前低於在揮棒軌跡。這樣的揮棒軌跡，會造成由低到高的揮棒軌跡。

擊球架練習

利用擊球架學習一些打擊的重要技巧中，是最簡單的練習方法之一——尤其是學習扭轉髖部、步法、擊球時的身體姿勢等重點。因為擊球架練習是使用靜止的球，所以你不用調整自己的揮棒動態去迎合不同的投球，只需要專注練習揮棒的基本動作。

由於球棒與球的接觸點在你前腳的對面（圖 4.2b），你前腳需要站在球架的對面，保持一個距離，讓球棒中段在揮棒時可以通過擊球架的上方（圖 4.3）。

在開始正式練習之前，用不帶球的擊球架做幾次揮棒動作，來調整與擊球架的最佳位置。當你準備完畢後再加上球，遵循圖 4.2 中揮棒要領開始練習。

擊球架不僅僅是初學者的練習工具，有經驗的球員也可以通過使用擊球架進行某個動作的加強訓練。對於頭部動作不固定的打者，可以通過擊球架來糾正頭部動作，確保頭部向下不動，從而加強對球的注意力。如果球員在打擊

內角球時遇到瓶頸，可以在本壘板前端設置擊球架——恰好是球棒與內角球接觸的位置，如此反覆有效的練習內角球。

如果你已經掌握了握棒方法以及揮棒要領，並且可以無誤的完成一系列動作，那麼你可以跳過擊球架練習，直接進入打擊拋球或投球的訓練。

圖 4.3　與擊球架的適當距離

錯誤

球棒無法打到球，或你的球棒握柄打到球。

修正

前腳站在擊球架對面的位置，調整自己與擊球架的距離，恰好棒身可以通過擊球架上方即可。

 錯誤

打中擊球架而不是球。

修正

後肩抬起；揮棒時你的後方手肘不要放下。確保你的雙手採取直線的方式到擊球位置；雙手不要放下。

接下來的訓練會配合使用擊球架來幫助你練習擊球技能。此單元中其他的訓練包括練習打擊輕拋球和打擊投擲球；這些訓練都有各自相應的練習方法。你可以自行選擇練習順序，無需按照書中安排的順序練習，根據自己自身狀況的需要來選擇。

如果你要提高自己的擊球技術，你可以練習靜止球和動態球來回穿插著練習。擊球是個非常複雜繁瑣的招式，盡可能的把握本單元中的每一個練習機會，這將對你發展擊球技能有很大幫助。

擊球架訓練 1. 使用攔網或圍欄

距離攔網或者圍欄 10 英尺（3.0 公尺）的地方放置擊球架。站在擊球架的旁邊，讓球可以向攔網（圍欄）的方向飛去。在身邊準備一籃 10 個正常大小的球。在擊球架上放置一顆球，使用正確的打擊站姿，打擊擊球架上的球到攔網或者圍欄上。擊球 10 次。

如果你是和搭檔一起練習，餵球者應該站在擊球架的另一端（與打者位置相對），幫助打者放置球到擊球架上。注意：打者在放球人的手離開球並且離開擊球架之後，才能開始揮棒。餵球者應該關注打者擊球的動作，並且給予評價——參照圖 4.2 中的動作要領。10 次擊球後互換角色。完成兩組練習，則每人有 20 次擊球機會。

檢查

• 以雙腳平行站姿，讓擊球架在你的前腳對面。
• 注意力集中在球上。
• 扭轉髖部，以後腳腳掌為旋轉中心。
• 揮棒過球心，期間不減速。

 壘球

邁向卓越

80

每一次成功擊球到攔網或圍欄上得 1 分。

15 到 20 次 = 5 分

10 到 14 次 = 3 分

9 次以下 = 1 分

你的分數_____

增加難度

• 只用下方的手揮棒。

降低難度

• 去掉球，只練習揮棒動作。

擊球架訓練 2. 目標練習

在攔網或者圍欄上標記三條線。第一條線距離地面 2 英尺高（0.6 公尺），第二條線距離地面 4 英尺高（1.2 公尺），第三條線距離地面 8 英尺高（2.4 公尺）（圖 4.4）。這些線是分別標記出滾地球目標區域、平飛球目標區域，和高飛球目標區域。

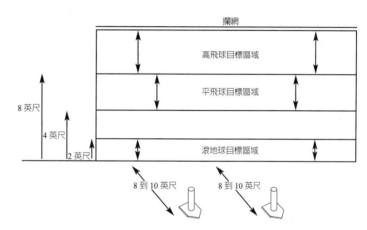

圖 4.4 目標練習

使用訓練 1 的步驟，完成 10 次投球在 2 英尺目標線下，10 次投球在 4 到 8 英尺線中間，還有 10 次投球在 8 英尺線上。在打擊低處的目標時，從高到低揮棒（如同嘗試要打擊出滾地球一樣）。在打擊中部目標時，平行揮棒（如同要打擊平飛球一樣）。

在打擊高處目標時，從低到高揮棒（如同打擊高飛球一樣）。

• 打擊低處目標時，從高到低揮棒。

• 打擊中部目標時，平行揮棒。

• 打擊高處目標時，從低到高揮棒。

根據每 10 次投球中（低、中、高）擊中目標的次數來計算得分。

8 到 10 次 = 5 分

5 到 7 次 = 3 分

4 次以下 = 1 分

你的分數_____

單元四 打擊

81

增加難度

- 隨機變換目標點。
- 讓搭檔決定目標點。

降低難度

- 閉上眼睛，練習和感受三種揮棒軌跡。
- 先著重練習擊中其中一個目標點。

擊球架訓練 3. 單手揮擊

使用訓練 2 中的目標物（圖 4.4），把擊球架設置在中間高度。用普通方式握棒。當你向球揮棒時，上方的手鬆開，只用下方的手繼續揮棒擊中球。確保使用一隻手完成揮棒動作。嘗試擊球到平飛球高度或者低於平飛球。擊球10 次，隨後把球收集回來再繼續擊球練習（如果你和搭檔一起練習，則互換角色）。記錄下擊中平飛球高度或者低於平飛球高度的次數，前提是揮棒沒有打到擊球架。

檢查
• 擊中球的中心（球棒完全接觸到球）。
• 擊球後繼續完成揮棒動作；不要在接觸球時停止揮棒。
• 擊球時完成一次完整的轉身。
• 沒有碰到擊球架。

得分

在沒有碰到擊球架的前提下，根據自己 10 次投球中擊中目標的次數來計算得分。

8 到 10 次 = 5 分

5 到 7 次 = 3 分

4 次以下 = 1 分

你的分數＿＿＿

增加難度

- 只擊中高飛球目標區域。
- 只擊中平飛球目標區域。
- 只擊中滾地球目標區域。

降低難度

- 使用短的球棒。
- 使用輕的球棒。
- 上方的手輕握球棒，來幫助揮棒。

擊球架訓練 4. 高球／低球

使用前一個訓練中的圍欄或攔網作為目標物，撤去目標區域線。調節擊球架到低球的高度，練習 10 次擊球；然後再調節到高球的高度，練習 10 次擊球。如果和搭檔一起練習，則每 10 次擊球後交換角色；如果自己一個人練

習，則需要每次練習之後把球收集回來。要求揮棒乾淨俐落——球棒不碰到擊球架。

- 頭部保持向下，注意力集中在球上直到完成揮棒擊球。

根據 10 次擊球練習中成功完成揮棒的次數來計算得分。

8 到 10 次 = 5 分

5 到 7 次 = 3 分

4 次以下 = 1 分

你的分數_____

增加難度
- 如果你是使用可以調節高度的擊球架，則變換擊球架的高度，練習打擊內角高球、外角高球、內角低球、

- 根據擊球架的高度設置來選擇使用從高到低或者從低到高的揮棒軌跡。
- 扭轉髖部。在球棒接觸球時，你的髖部應該是正對球，雙臂伸展開來。
- 揮棒乾淨俐落——全程球棒不碰到擊球架。

外角低球等球路。
- 如果你使用的擊球架無法調節高度，則調節你與擊球架的相對位置，練習打擊內角高球、外角高球、內角低球、外角低球等球路。

降低難度
- 調節擊球架的高度或位置，讓球稍高或者稍低於好球帶的中心，然後再進行訓練。

擊球架訓練 5.　髖部轉向搭檔

在攔網或圍欄前方 10 英尺（3.0 公尺）的位置放置擊球架。調節擊球架的高度，讓球的位置恰好與腰部齊平，站在擊球架的旁邊，像是你在好球帶中間擊中球一樣。將球棒平行於地面置於背後，用雙臂稍彎的方式卡住球棒，球棒底座在前方手肘內，球棒中段在後方手肘內（圖 4.5）。使用最長的球棒，如果球棒太短，或者長度不足以在此練習模式中接觸到球，可以考慮使用棍子球的球棒或者長棍。

圖 4.5　髖部轉向搭檔訓練

單元四　打擊

搭檔站在擊球架的另一端，準備好
10個球，負責每次向擊球架上放置一
顆球，等到手完全離開擊球架的時候，
給打者指示開始揮棒。開始擊球時，前
腳先邁出一小步，腳趾指向一壘方向，
扭轉髖部使身體呈揮棒時接觸球的姿勢
（確保以後腳的前腳掌當軸心旋轉），
注視著球棒與球接觸。重點集中在扭轉
髖部，全程保持身體平衡，雙眼不離
球。練習10次擊球。

打擊輕拋球

你可以通過打擊輕拋球來練習掌控
揮棒速度及擊球時間，*輕拋球*是從你的
旁邊，稍微靠接觸點後方小力拋出的球。
想要擊中輕拋球，你首先要通過拋球人
與你的距離來判斷球的飛行軌跡，之後
要判斷何時揮棒才能在預設好的接觸點
位置擊中球。先學習如何判斷打擊輕拋
球才能對打擊投球做出更快的判斷。

從打者側後方拋球是為了保證拋球
人的安全。或者另一種拋球方法叫做*前
方拋球*——拋球人在距離打者前方10
到12英尺（3.0到3.6公尺）處的防護
網後方拋球。但是從側後面的來球比從
正前方投擲的球更難被擊中。如果你能

找到一個比較有經驗的球員或者教練可
以在前拋球，可以先練習打擊前拋球，
而後再開始後拋球訓練。輕（後）拋球
練習提供了多次打擊的機會，因為投手
的準度通常會影響到你練習打擊技巧的
品質。

輕拋球是對拋球人和打者技能高低
的考驗，作為拋球的一方，要能正確的
拋出有效球，拋球技術的好壞決定打者
能否成功打擊到球；球必須在打者前腳
之前落下。除此之外，正確的拋球也確
保拋球人自身的安全；如果你拋出的球
靠後腳太近，那麼擊出的球有可能會打
中你。

拋球人與打者面對面彼此距離 8 到
10 英尺遠（2.4 到 3.0 公尺），拋球人
單膝跪在地面上，而打者成打擊站姿。
拋球人應該要離打者後腳的後方遠一些
（圖 4.6）。拋球人應小力的從下往上
拋球，球以一個弧度飛向打者，在距離
前腳 2 英尺（60.9 公分）的接觸點區域
落下。假想擊球架在打者前腳的對面，
並把球拋到假想的擊球架處。有經驗的
拋球人可以直接半跪在打者後腳對面 8
到 10 英尺處。

　　預備擊球時，雙腳分開與肩同寬
（圖 4.7a）。搭檔拋出球後，開始揮
棒，動作與之前練習擊球架打擊的模式
一樣。從前腳向前邁一小步開始。算好
揮棒的時間點，使接觸球的高度恰好在
腰部位置，在前腳對面（圖 4.7b）。
為了保證拋球人的安全，只能去打擊到
達接觸區域的球 —— 在前腳對面的前
方區域。 如果球沒有在你前腳對面的

圖 4.6　拋球人和打者位置圖

區域落下，不要揮棒打擊。打擊拋向你
身體中線的球，儘管它在好球帶裡，但
擊出的球還是有可能會打傷拋球人。在
擊球過後，繼續完成揮棒，雙手始終握
住球棒，環繞肩膀（圖 4.7c）。

　　拋球人可以在旁觀察打者揮棒的
動作是否正確，每次揮棒結束後給出建
議。

圖 4.7　打擊輕拋球

開始揮棒

拋球人
1. 在打者後腳的後方單膝跪在地上
2. 球在投球一側的手上
3. 注意力集中在打者前腳對面的目標區域上

打者
1. 雙腳平行站穩
2. 膝蓋彎曲
3. 握棒時，雙手第二指節連成一條線
4. 手與球棒移到後方
5. 重心在後腳上
6. 頭部保持不動；注意力集中在球上

a

單元四　打擊

圖 4.7　打擊輕拋球（續）

b　　　　　　　　　　　　　　　　c

接觸點

抛球人
1. 抬起手和手臂
2. 向前向上拋出球
3. 關注打者擊球

打者
1. 前腳向前一步；腳趾指向一壘
2. 髖部開始旋轉；以後腳的前腳掌為軸心
3. 髖部旋轉回原來的位置；肚臍對著球
4. 後方膝蓋彎曲；前腿伸直
5. 重心在後方膝蓋
6. 手臂和手腕伸展開
7. 頭部向下；兩眼注視球
8. 後方肩膀到下巴處

完成揮棒

抛球人
1. 手臂放鬆
2. 觀察打者的動作

打者
1. 手臂伸展；手腕翻轉
2. 雙手環繞肩膀
3. 下巴在後肩上
4. 重心轉移到前腿
5. 髖部完全扭轉

錯誤
拋出的球直線飛向打者。

修正
要使球有弧度的飛向打者的擊球區域。拋球動作是從下往上，而不是從後往前。

錯誤
當你開始揮棒去擊球時，卻揮空了。

壘球　邁向卓越

修正

時刻注視著球的動向，球棒擊中球的中心點。

在接下來的訓練中，拋球人不被記分。但是拋球人的技術好壞卻是尤為重要的，要求拋球人能夠準確的把球拋到目標區域，這樣打者才能正常練習擊球。作為拋球人，要記住向上向前拋球，使球在擊球區域裡落下。如果你無法把球拋到擊球區域，那麼你需要先練習拋球，而後再進行下列訓練。在地上放置一個目標物，像是手套或者籃筐，把其作為擊球區域，嘗試向目標物拋球。球必須在至少 5 英尺（1.5 公尺）的高度開始下落到目標點上。

注意：多年來，在輕拋球訓練中都在使用後擋板或外壘圍欄及正規壘球練習。但是近年來，有多起起訴教練的事件，原因為球彈離圍欄後擊傷球員。因此，不建議在此訓練中直接使用圍欄，建議在圍欄上掛一大塊厚實的體操墊（不是緩衝墊），從而可以吸收擊球的衝擊力，大大減小球彈回的可能性。另一個解決方法則是使用羊毛球或者其他無反彈力的球。後來圍欄的用法就跟攔網的用法一樣了。

輕拋球訓練 1. 　使用攔網或圍欄

搭檔為拋球人，自己為打者。雙方都站在與懸掛攔網（或者毯子）距離 10 英尺（3.0 公尺）的位置。確保你的位置可以擊中攔網。拋球人預備一籃 10 個羊毛球，或者布球，或者普通的壘球。如果你是比較有經驗的打者，可以嘗試打擊 10 到 20 個舊網球。網球尺寸較小，更難瞄準和擊中。使用網球前，要確保攔網洞的大小比網球小，可以攔住網球。

參照圖 4.7 中的技能要求來進行此項訓練。每練習 10 次球後，拋球人和打者互換角色。完成兩組練習，即每人有 20 次擊球機會。

檢查
• 在擊中球的那一刻，確保你的髖部扭轉回原處。
• 雙眼不離球。
• 擊球時伸展雙臂和手腕。
• 只有在球到達你前腳對面時，方可擊球。

得分	
根據 20 次擊球中擊中攔網的次數來計算得分。	10 到 14 次 = 3 分
	9 次以下 = 1 分
15 到 20 次 = 5 分	你的分數＿＿＿

增加難度
- 使用小號球。

降低難度
- 使用大號球。

輕拋球訓練 2.　追蹤球

　　追蹤球對於打者是非常重要的環節。在訓練 2 中，你將重點練習如何追蹤球的軌跡。此訓練的設置與訓練 1 相同，建議使用攔網爲目標物而不是圍欄。在網球上做數字記號。在拋球前，拋球人指定一個數字，打者需要識別出正確的數字，且只能打擊有指定數字的球。如果拋出的球的數字非指定數字，打者則不能揮棒打擊。

　　還有一種練習方法是使用白色和黃色壘球大小的威孚球。拋球人指定一種顏色，打者只能打擊指定顏色的球。完成一組 10 次球的練習，然後交換角色重複此練習，直到每個人都參與 20 次擊球。

　　拋球人必須精準的把球拋到擊球區域。拋球人要快速清楚的指定好數字或顏色。如果你無法投中擊球區域，那麼先使用目標物來練習拋球。

檢查

- 雙眼不離球。
- 擊球時伸展雙臂和手腕。
- 只打擊指定的數字或者顏色的球。
- 當你要打擊指定的球時，有擊中球。

得分

　　根據在 20 次擊球練習中準確擊中指定的球的次數來計算得分。

　　　18 到 20 次 = 5 分
　　　15 到 17 次 = 3 分
　　　14 次以下 = 1 分
　　　你的分數＿＿＿

增加難度
- 使用壘球大小的帶顏色的威孚球。
- 拋球人變換拋球目標位置（在擊球範圍內）。

降低難度
- 使用威孚球球棒和帶顏色的威孚球練習。

輕拋球訓練 3.　棒—眼協調

　　在此訓練中，你需要 15 到 20 個高爾夫球大小的威孚球、木頭棍棒、球棒長短的掃把棒。*注意：確保用膠帶包裹*

棍棒的手把處，易於握棒。不要使用塑料膠帶或表面光滑的膠帶，建議使用織布膠帶。

訓練 3 和訓練 1 類似，唯一不同的是，出於安全考慮，此訓練不需要攔網或者圍欄。建議三個人一起做此訓練，第三個人負責把球回收到籃子裡。當打者至少揮棒 15 次後，相互交換角色。

擊中小球的祕訣在於能夠追蹤球進入擊球區域。不要揮棒用力過猛，重點是要用適合的力量用球棒充分與球接觸。這個技巧需要反覆琢磨與練習，才能確保比賽中不丟球。

拋球人要讓球在打者前腳對面落下至打者的腰部高度。如果你無法拋球到目標區域，請參考圖 4.7 的技巧步驟，在沒有打者的情況下重複練習拋球。

檢查

- 頭部保持向下，雙眼注視著球到擊球區域。
- 球棒和球充分接觸。
- 揮棒力道不要過猛。

得分

根據 15 次揮棒練習中球棒和球充分接觸的次數來計算得分（球被擊中，向前飛出）。

　　12 到 15 次 = 5 分

　　8 到 11 次 = 3 分

　　7 次以下 = 1 分

你的分數＿＿＿＿

增加難度

- 拋球人變換拋球目標位置（在擊球範圍內）。

降低難度

- 使用威孚球球棒。

輕拋球訓練 4.　拋到哪，打到哪

此訓練需要三個人參加，如同訓練 3 中的搭配，一個打者、一個拋球人和一個撿球人，不同的是，這次你要使用壘球和正式的球棒。打者和拋球人的位置與在之前的訓練中相同。拋球人準備好一筐球，至少 25 個。第三個人準備一個空的籃筐，撿回擊出的球。

拋球人依照打者的練習需求來調節球的高度。如果要練習打擊出飛球，則拋球人要把球拋到打者腰部以上的擊球區域。如果要練習打擊出滾地球，則拋球人要把球拋到打者腰部以下的擊球區

域。打者在打擊出飛球時，要從下往上揮棒；打擊出滾地球時，要從上往下揮棒。

外野手要使用正確的滾地球及飛球的守備技能。請參考單元二中的守備技能。將接到的球放回籃子中。向打者在每個高度拋擲 10 次球後，互換角色。野手將放滿球的籃子放到拋球人位置。打者將空籃子放到野手位置。原來的拋球人變成打者，按照這個順序交換角色，直到每個人都嘗試過每個角色。

雖然只有打者有得分，但是也要

把握當搭檔的機會來練習拋球和守備技能。

• 打擊出飛球時，從下往上揮棒，且

球棒與球充分接觸。

• 打擊出時，從上往下揮棒，且球棒與球充分接觸。

得分

根據分別在 10 次飛球揮棒和 10 次滾地揮棒的練習中成功擊球次數來計算得分。

7 到 10 次 = 5 分

5 到 6 次 = 3 分

4 次以下 = 1 分

你的分數_____

增加難度

• 拋球人在 10 次拋球中，隨機變換投擲讓打者擊出飛球和滾地球的拋球。

降低難度

• 重複此訓練，重點練習揮棒動作。

打擊由投手投出的球

打擊投手投出的球非常挑戰打者的判斷力和時間控制，需要打者預測並判斷來球的軌跡和快慢，而後調整自己的揮棒時間，確保可以在擊球區域與球充分接觸。在之前所講解的所有擊球技能也適用於打擊投手投出的球：握棒時，雙手的第二指節連成一線，隨後正確的邁步和扭轉髖部，擊球時雙臂伸展，和正確的跟進完成揮棒動作。

在打擊投手投出的球時，揮棒動作是一氣呵成的，重點在追蹤球的動態，並且調整好揮棒的時間，確保在擊球區域內擊中球（擊球區域為前腳前方，但區域會根據投球位置的不同而改變）。另外一點需要打者在擊球時做決斷的是投出的球是壞球（在好球帶外）還是

一個好球 （在好球帶內）。有經驗的球員慣用的一些比賽策略 —— 例如往跑者跑壘的反方向打擊；打向守備者間的防守空隙；或是打出高飛犧牲打，讓三壘的跑者有時間可以跑回本壘得分 —— 這些策略都可以混合使用在比賽中。這些追蹤、判讀和反應的決定就像你在守備滾地球和高飛球時一樣。接下來的訓練提供你模擬比賽的情況來練習打擊技能。那麼，帶著你最喜歡的球棒，開心的練習吧！

下列任何包含打擊投手投出球的訓練都可以變成綜合訓練來完成，加入野手進入練習可以順便鞏固守備滾地球及飛球、投球和接球的技能。一些訓練也要求加入一個精準的投手，相當於放置

一個機械投球機。如果有 2 到 3 個球員共同完成訓練，那麼你必須要對收集球有所準備。你可以使用一個可以手提的大號塑膠桶來收集球。你也可以使用裝牛奶的塑膠箱，但是這種箱子比較不適合由一個人搬運。

如果野手沒有要傳球，那麼你需要兩個籃子。一個裝滿球放在投手身邊，另一個空籃子放在場中。擊球練習過後，再收集球到場中的籃子裡，從擊球位置替換下來和準備接替擊球位置的人負責把籃子帶到正確位置。

錯誤
揮棒力道不夠。

修正
完整的揮棒動作——到球的距離要短，棒子通過擊球區域的區域要大，從雙手在肩膀後方開始揮棒。

投手投球打擊訓練 1. 看臺放球

在距離看臺 100 英尺（30.5 公尺）的地方放置錐形筒或者其他標記物來做目標區域。你需要一個搭檔來配合完成此訓練。打者放置一個手套（代表本壘）在地上，手套距離看臺邊緣 2 英尺（0.6 公尺）。打者站在本壘邊面對看臺，前腳在本壘對面。打者事先要做幾次揮棒練習，確保揮棒經過本壘上方，但不會接觸到看臺。搭檔站在看臺上的邊緣處，身體在打者上前方，身邊準備好一籃 20 個球。如果你在室外，使用正式的壘球；如果你在室內，使用威孚球或者羊毛球。

圖 4.8　看臺放球訓練

搭檔在看臺上出手，模仿慢壘投球一樣使球以一定角度向壘板（手套）後緣落下，或者讓球直直落在壘板（手套）前緣模仿調整式壘球和快速壘球投球（圖 4.8）。打者揮棒打擊任何進入擊球區域的球，練習擊球 10 次後交換角色。兩個人都完成 10 次擊球後再一起把球收集回來，重複練習。

此訓練也可以加入野手。野手要準備一個空籃子，注意打者的動作，一旦球被擊出後，要馬上用雙手去接球，隨後放進籃子中。只有打者可以得分。

- 掌握揮棒時間,確保在前腳的擊球區域內擊中球。

- 頭部保持向下,雙眼注視著球棒擊球。

根據 10 次揮棒練習中成功擊中球並且讓球到達距離 100 英尺處的目標區域的次數來計算得分:

8 到 10 次 = 5 分

6 到 7 次 = 3 分

5 次以下 = 1 分

你的分數_____

增加難度

- 在出手之前,搭檔指定打者需要打擊的球(飛球或滾地球)。
- 變換目標區域的距離和方向。

降低難度

- 撤去目標區域,只專注揮棒擊球。

投手投球打擊訓練 2. 辨別好球壞球

比賽中打者必須要有識別球的能力。打者不能站在原地眼睜睜的看著三個好球從身旁經過而浪費打擊的機會,或者揮棒去打擊一個沒有在好球帶的球。打者需要練習觀察來球的動態,並且可以判斷出球是否是好球。

此訓練需要三個人配合——打者、投手和捕手:投手站在與本壘規定的投球距離外;捕手全副武裝在本壘後方的捕手位置上;打者以他習慣的站姿在本壘旁邊並且準備好揮棒姿勢。

投手需使用正確的投球技能且能投好球。想要增加難度,投手可以嘗試投中好球帶的角落。投手需要使用正規的壘球向打者投擲 10 個球。打者只需要做小踏步、轉臀及轉肩,手和手臂保持不動,先不要揮棒。打者看著球經過本壘並且報出球是好球帶外,還是好球。

捕手要核實打者判斷是否準確。記住,好球帶是在本壘上方的區域,對於慢壘來講,區域在打者後肩膀和前膝之間;對於快壘和調整式壘球,區域在前腋窩和膝蓋上方之間(圖 4.9)。10 次投球之後交換角色。

圖 4.9 快壘和調整式壘球好球帶

- 只做小踏步和扭轉髖部和肩膀，不做揮棒動作。

- 注視著球從投手手中離開到捕手手套中，並且精準報出球是壞球還是好球。

得分

根據 10 次投球中準確判斷出球是壞球還是好球的次數來計算得分。

　　8 到 10 次 = 5 分

　　5 到 7 次 = 3 分

　　4 次以下 = 1 分

　　你的分數＿＿＿＿＿

擊的方式（見單元九）——例如：來球是內角球就用拉的方式；來球是外角就打到反方向；來球是低球就打滾地球；來球是高球就試著打全壘打，但這些打法都只適用於好球。

增加難度

- 除了要判斷球是壞球還是好球之外，還要能判斷出來球的位置（例如，外角高球還是內角低球）。

- 讓打者依照來球的類型，說出要打

降低難度

- 讓裁判員幫忙核實打者和捕手判斷的球。

投手投球打擊訓練 3.　與球接觸

此訓練需要三個人一組來完成，如需要可以再多加一名野手。和上一個訓練同樣的位置設定。注意捕手必須穿戴護具。打者使用正確標準的揮棒動作去擊球，讓球棒與球充分接觸。重點是要在擊球區域內擊球和使用正確的技能。雙眼不離球，揮棒動作要流暢平穩。用適合的力道去擊球，切記不要太大力。盡力用球棒去接觸球的中央，往球來的地方揮擊。投手要投擲好球，向角落投擲，和變換目標點。打者有 10 次來球是好球的得分機會。若一個好球投出結果打者沒打，這球將被歸類為 10 球中的 1 個，並且不被記分。捕手判斷好球

表 4.1　與球接觸練習計分表

落球區	停球區	擊球	安打		得分
界外	界外	1	×	=	
內野 A	內野 A 或 B	2	×	=	
內野 B	內野 B	3	×	=	
內野 A 或 B	外野	4	×	=	
外野	外野	5	×	=	
				總分	

還是壞球。根據表 4.1 和圖 4.10 中各種球所對應的得分來計算分數。

檢查

- 只打好球。

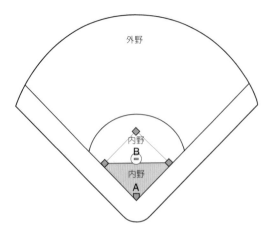

圖 4.10　內野 A、內野 B 和外野邊界標識

• 在前方擊中球。

• 球棒充分與球接觸。

得分

根據 10 次來球是好球的總共得分來計算分數。

45 到 50 分 = 5 分

35 到 44 分 = 3 分

25 到 34 分 = 2 分

24 分以下 = 1 分

你的分數_____

增加難度

• 將外角的來球打到反方向場地，內角的來球用拉的方式打擊。

降低難度

• 不使用表 4.1 來計算得分，每一次擊中球，且擊出的球的落點位置在界內區域便可得 1 分。嘗試在 10 次擊球練習中得到至少 7 點得分。

投手投球打擊訓練 4.　白線之間

擊球到白線之間的位置，也就是說球到達界內地區（白色界外線之內的區域）。不是所有的全壘打就代表贏得比賽了。在快壘比賽中，全壘打是不容易實現的，比在慢壘比賽更少見。所以，打者要讓球在界內地區。只有球在界內時，跑者才有機會推進並且得分或者造成得分威脅。

此訓練的設置與上一個訓練相同。要求打者把球擊到外野，重點不是球能飛多遠，而是擊中球，並且讓球在界內地區。

當你是打者時，你需要給自己虛擬一個比賽情境──例如：二人出局，跑者在三壘；或是無人出局，跑者在二壘下的情況下，你需要一支安打。你必

須將球擊到右外野的區域，跑者才有機會推進到三壘；又或者是一人出局，跑者在三壘的情況下，一個外野飛球就能幫助球隊得一分。

打者最多有 10 次來球是好球的機會去贏得分數。若好球，但打者選擇不打，這球算是 10 球中的一個，並且不

得記分。捕手判斷球的好壞。

得分

根據 10 次模擬擊球情境中成功完成擊球且達到目的的次數來計算得分。

7 到 10 次 = 5 分

4 到 6 次 = 3 分

3 次以下 = 1 分

你的分數_____

增加難度

- 完成每一個可能的虛擬情況。

降低難度

- 不使用虛擬情況，只需要重點練習讓球棒和球充分接觸，並且球到達白線之間。

投手投球打擊訓練 5. 平飛球

在外野區域中標記著兩條曲線，從一條界外線到另外一條界外線，其中一條曲線與本壘的直線距離為 100 英尺（30.5 公尺），另外一條與本壘的直線距離為 130 英尺（39.6 公尺）（圖 4.11）。這兩條之間的區域為球落地的目標區域。

打者擊出平飛球到目標區域時將會飛過內野手，並且落在外野手的前面。成功的擊球標準除了要讓球需要到達平飛球目標區域外，球必須是平飛（其飛行軌跡必須是一個平行的路徑）不是飛球。如果條件允許，有經驗的球員或者

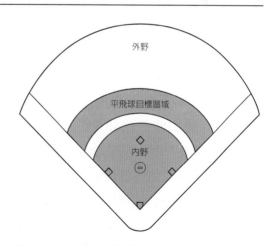

圖 4.11 平飛球訓練的目標區域

搭檔可以在旁觀察你的動作及球的飛行路徑，檢查是否合格。

單元四 打擊

在試著打擊出平飛球時，良好的掌握揮棒時間是尤爲重要的，尤其是在打擊那些飛行路徑帶有弧度的投球。當球下降至好球帶時，球和球棒接觸的點必須在腰部上方。揮棒軌跡必須是平行的，球棒與球的中心接觸。如果投手使用平投方式練習，請讓投手投出高於腰部的球。打者最多有 10 次來球是好球的機會贏得分數。若好球，但打者選擇不打，這球算是 10 球中的一個，並且不得記分。捕手判斷球的好壞。

得分

根據 10 次好球練習中成功完成平飛球並到達目標區域的次數來計算得分：

7 到 10 次 = 5 分
4 到 6 次 = 3 分
3 次以下 = 1 分
你的分數＿＿＿

增加難度

- 在目標區域中設置幾個目標點，打擊平飛球到各個目標點。

降低難度

- 增加平飛球目標區域的深度，再做練習。

投手投球訓練 6. 朝空隙打

本壘爲起點，終點爲外野邊界處，標記出兩處扇形的區域。其中一個扇形穿過游擊手位置一直到左邊中外野圍欄，另外一個扇形穿過第二壘手位置一直到右側中外野圍欄（圖 4.12）。打者試著擊球到標記好的扇形區域內，盡可能的讓球能到達區域的最底端（圍欄處）。如果一個平飛球或者長遠高飛球被打擊到外野區的這兩個標記區域內（外野手間的防守空隙），那麼就較有可能形成一壘安打、二壘安打或是三壘安打，從而跑壘者則有更多時間推進一個或多個壘。

由於在此訓練中投球的精確位置

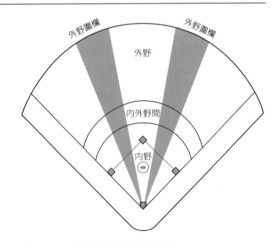

圖 4.12　朝空隙打練習的界限

是打者成功的關鍵，所以建議使用投球機。如果條件不允許，只能是投手投球，那麼投出的球必須保證至少 10 個

與腰部齊平或高於腰部，且在好球帶內的球。

根據表 4.2 來計算每一個正中目標球的得分。

表 4.2　朝空隙打練習計分表

落球區	停球區	接觸點		安打		得分
內野空隙	內外野間	1	×		=	
外野空隙	外野	3	×		=	
外野空隙	外野圍欄	5	×		=	
				總分		

檢查

- 髖部完全旋轉，兩手臂在接觸球時伸展，打出平飛或是深遠飛球。
- 調整你的站姿與揮棒，試著打出反方向的空檔。

得分

根據 10 次擊球練習中所得到的分數來計算最後得分：

40 分以上 = 5 分

30 到 39 分 = 3 分

20 到 29 分 = 2 分

19 分以下 = 1 分

你的分數_____

增加難度

- 根據投球的位置，擊球到適合的區域。
- 變換擊球方向，左外野和右外野空隙。

降低難度

- 加大扇形的面積。
- 不用指定目標點，只需要試著把球擊到扇形區域內。

投手投球打擊訓練 7.　朝跑者後方打擊

把上一個訓練中右側的扇形作為新目標區域的起始點，向右側延伸一直到界外線（圖 4.13）。打者要試著擊球到此區域內。在正式比賽中，如果你擊球到跑者後方的區域，那麼在一壘或者二壘的跑壘者就可以提前進入三壘甚至更遠。

想要擊球到這個區域，右手打者需要些許封閉式的打擊站姿——左腳比右腳更接近本壘——延後揮棒，在球向壘板後方飛時去擊球。左打者需要些

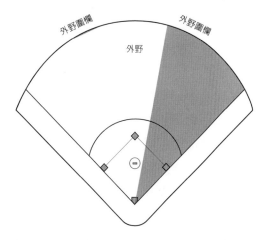

圖 4.13　朝跑者後方打擊訓練中的右方扇形區域圖示

單元四　打擊

許開放式打擊站姿——將前腳拉離本壘板——當球在壘板前方時去拉擊這個球。

在此訓練中建議使用投球機，如果條件不允許，要投手來投球的話，請投手向本壘外側投球（適用於右打者），向本壘內側投球（適用於左打者）。

檢查
• 調整你的站姿，掌握好揮棒的時間，準確的擊球到右方目標區域。 • 扎實的擊中球。打平飛球或者滾地球。

得分	
根據在 10 次擊球中，擊到外野目標區域的次數來計算得分。 7 到 10 次 = 5 分 4 到 6 次 = 3 分 3 次以下 = 1 分 你的分數＿＿＿	增加難度 • 只有在球到達外野圍欄處才算得分。 降低難度 • 使用擊球架來練習。

投手投球訓練 8.　情境訓練

在這一個訓練中，不再使用投球機，而是使用投手來投球，所以這個訓練比較適合有經驗的球員。儘管不需要每一個球員都是運動代表隊一樣水準的投手，但卻要求每一個球員至少可以投出好球，並且在練習中大部分投球都是好球。

與上一個訓練一樣，隊員需要一個投手、一個捕手和一個打者，其中投手和打者輪流設置模擬比賽情境。例如：一個隊員假設「七局下半，跑者在三壘，無人出局，比分平手」。打者嘗試完成安打或犧牲打，來幫助模擬情境得到正面的攻擊結果。投手試著讓打者出局。使用 3 個好球（出局）和四個壞球（保送）的規則，打者有一次打擊機會來完成此項任務。由於在場上不會用到整個防守隊，所有球員必須判斷擊出的球會是安打，還是多樣的出局，又或是可以讓跑壘者跑壘的高飛犧牲打。

打者在特定模擬情境中每一次擊出正面的攻擊結果，便可得 1 分。四壞保送，打者得 1 分。當打者沒有提供正面的攻擊結果時（即打者的出局並沒有幫忙跑者成功推進到下一壘），投手得 1 分。三振，投手得 1 分。投手和捕手每一人為打者設定三種模擬情境。三個人在完成六個情境後交換角色。只有投手和打者可累積得分。

在投球位置放置一籃筐，裝滿球，

再增加三位球員，每一球員帶一個空籃筐，在場中收回打擊出去的球。在原來三個球員完成角色交換後，再與場上的三個球員對換，即原來三個球員變爲場上的撿球人員，原場上的人員變爲投手、捕手打者。

如果訓練中都是中級球員，或者有經驗的投手不夠，可以使用投球機作爲代替。捕手和打者設置比賽情境，由於使用投球機，那麼則是捕手和打者得分。由於此訓練使用設置模擬情境，所以沒有必要再另外增加或降低難度。

檢查
• 投球時，盡量投到目標點，好讓情境可以發生。 • 擊球時，根據設定的模擬情境來選擇適合的進攻技巧，並且執行必要的技能。

得分	
根據在 12 次模擬情境中（6 次作爲打者和 6 次作爲投手，共 12 次模擬情境）所得到的分數來計算最後總得分。	5 或 6 分 = 5 分 3 或 4 分 = 3 分 1 或 2 分 = 1 分 你的分數＿＿＿＿

成功總結

跑者在得點圈的時候上場打擊，並且擊出安打將跑者推進，這是在進攻基本功中最有意思的部分。另外一個很有趣的是打者和投手之間的鬥智鬥勇。在比賽情境中，投手會千方百計的阻止打者成功擊球促使跑壘得分，他會抓住打者的弱點，同時又避開打者的強項。

爲了和投手一戰高下，打者必須知道自己的優缺點。尤其是在快壘中，你還要知道投手的強項和弱點，去學習和瞭解投手投球的趨勢。如果你是打者，二好球的時候，你要去想投手是投擲上飄球、下沉球、高內角快速球，還是變速球？投手是重複把球投到同一個位置嗎？對方的守備策略讓你使用拉擊的方式擊球？這些都是擊球時所要去想、去推測的。如果你想成爲一個成功的打者，除了要有良好的打擊技術外，也要具備觀察與分析投手和球的能力，這恰恰也是比賽中有趣的地方。

壘球運動中，個人能力在進攻和防守中一樣明顯。當你站在打擊區裡面對投手，準備完成進攻任務時，沒有人可以幫助你，只能靠自己做出正確的判斷，執行適合的技能去製造理想的結果。

記住正確的接觸球姿勢：髖部正對著球，手臂和手腕在球棒與球相接觸時

伸展開來，在前腳前方的位置球棒接觸球（球棒的中間上方接觸的情況下），頭部保持不動，雙眼要注視球棒擊球。對應不同的來球、不同的任務，選擇正確的揮棒路徑。作為打者不要過於緊張，要記得放鬆。要有積極擊中球的心態，要有猜透投手把戲的決心。打擊是很有趣的。

在最開始的步驟中，書中有講到儘管訓練是按照 1、2、3、4……順序排列，但是不必要按照這個順序練習，而是根據自己的需要去做選擇性的練習來提高自己的擊球技巧 —— 依照你的壘球經驗、擊球能力來選擇訓練方式，或者可以挑選其中對你擊球上遇到的問題有幫助的訓練項目來加以練習。

每完成一個訓練後，把分數記錄到下列的表格中。最後把它們加在一起，為自己的擊球能力評分。在表格的後方，有關於對應分數的講解。

擊球架訓練

1. 使用攔網或圍欄 　　　　　　　　_____ 滿分 5 分
2. 目標練習 　　　　　　　　_____ 滿分 15 分
3. 單手揮擊 　　　　　　　　_____ 滿分 5 分
4. 高球 / 低球 　　　　　　　　_____ 滿分 10 分
5. 髖部轉向搭檔 　　　　　　　　_____ 滿分 5 分

輕拋球訓練

1. 使用攔網或圍欄 　　　　　　　　_____ 滿分 5 分
2. 追縱球 　　　　　　　　_____ 滿分 5 分
3. 棒—眼協調 　　　　　　　　_____ 滿分 5 分
4. 拋到哪，打到哪 　　　　　　　　_____ 滿分 10 分

投手投球打擊訓練

1. 看臺放球 　　　　　　　　_____ 滿分 5 分
2. 辨別好球壞球 　　　　　　　　_____ 滿分 5 分
3. 與球接觸 　　　　　　　　_____ 滿分 5 分
4. 白線之間 　　　　　　　　_____ 滿分 5 分
5. 平飛球 　　　　　　　　_____ 滿分 5 分
6. 朝空隙打 　　　　　　　　_____ 滿分 5 分
7. 朝跑者後方打擊 　　　　　　　　_____ 滿分 5 分
8. 情境訓練 　　　　　　　　_____ 滿分 10 分

總和 　　　　　　　　_____ 總分 **110 分**

如果你參與了以上每一個訓練並且最後總得分在 83 分之上，那麼恭喜你！你已經熟練掌握了擊球的基本技巧。你可以嘗試對各個訓練進行難度調整，增加難度係數，挑戰並精進自己的打擊能力。如果你的總分數在 66 和 82 之間，說明你做得不錯，但是還可以再加強練習，克服一些擊球技術上的難點。如果你的分數在 65 分以下，你需要重新練習基本技能。

如果你是個較有經驗的球員，你只是選擇性的進行一些訓練，把所參與的訓練的得分加在一起，接下來再把所參與的訓練的滿分加在一起，用總得分除以滿分得出的百分比作為最後分數標準。如果你的分數為 75%，你已經夠資格開始下一單元的訓練。如果你的分數在 60% 到 74% 之間，你可以再多加練習去精進自己的擊球能力。如果你的分數在 60% 以下，你需要重新練習基本技能，直到分數達標才能開始下一個單元的訓練。

單元五　短打及切打

在快壘球比賽中，用短打進攻方式上壘或是推進跑者到得點圈，是件很刺激且對防守方具有挑戰性的事情。短打進攻包括犧牲短打、短打（出其不意短打）、推打、砍打、跑動中短打，和拉回短打。每一種擊球的技巧都稍有一些不同，但都是為放置球在內野手前方或他們之間，通常是要讓球被打擊到內野時力量不足。這些技能通常在打者或者跑壘者的速度較快的時候使用，可以使防守方產生困惑。短打進攻也可以用作為得分的一種方法，尤其對於有速度但力量卻有限的球隊來說，短打進攻是很好的對應方法。這一單元中將會講解短打進攻的擊球技巧，不管你的速度快慢與否，擁有短打進攻的擊球技巧會提高你看球和擊中球的能力。

犧牲短打

如同名字的字面意思，犧牲短打就是打者犧牲上壘的機會，而去推進跑者。打者短打球使得防守方為了搶出局數而傳一壘，跑者跑到下一壘到得點圈。

在做犧牲短打時最重要的一點就是，當投手要結束投球的那一刻，你要從平時的擊球站姿（圖 5.1a）變換成短打站姿。當投手要結束投球——投手的手臂在最上方時，你應該開始轉動，並且已經準備好犧牲短打的姿勢。

事實上在你決定準備要使用短打時，不需要刻意地隱瞞對手，所有在場的人都知道什麼時候會使用到犧牲短打。防守方會初步準備好防守短打的站位來應對可能的短打情況。你的責任則是將球擊到地上！為了增加短打的成功率，你必須站在固定位置，並且可以清楚的看到來球的動態。在投球之前身體轉到短打預備姿勢，確保你有一個好的視野。如果你在短打快速球的同時，正在轉換到短打姿勢，是很難短打成功的。

當你擊球時，雙腳必須在打擊區

中或接觸打者區邊緣，反之你則被判出局。所以想要做好短打的同時且確保不出局，你必須以前腳掌為軸心轉動雙腳，讓你的雙腳錯開且面向投手（圖5.1b）。雙膝保持些許彎曲，在好球帶

最上方位置雙手握住球棒，球棒與地面平行（或是與地面有一點角度）。你的手臂些許彎曲且遠離身體，手肘放鬆向下，下方的手鬆鬆的握住球棒底端。

當你轉動雙腳和抬高球棒到好球

圖 5.1 犧牲短打

a

準備

1. 準備好擊球姿勢
2. 雙手及球棒在身體後方
3. 專注投手的一舉一動

c

開始短打

1. 當投手剛要結束投球時，開始準備交叉步站姿，雙腳朝向投手，肩膀面對投手。
2. 球棒與地面平行，且在好球帶最上方；手臂放鬆，遠離身體
3. 下方的手使用打擊握法
4. 上方的手在握棒區域外面，與地面垂直
5. 食指支撐住球棒；大拇指在上方
6. 接觸球的上半部分時，球棒與來球同方向移動，做緩衝

跑到一壘

1. 後腳向一壘方向邁出第一步
2. 快速進入界外區
3. 快速通過一壘

帶最上方時，上方的手滑到球棒喉嚨的位置——正好在握棒區域的外面。上方的手在往下滑動的同時，鬆開下面的三個手指，只有食指和大拇指保持與球棒接觸。旋轉上方的手，使其與地面垂直，手背朝向壘板。手在這個位置成微開拳頭的動作，鬆鬆的用中指和大拇指握住球棒，食指在球棒下方撐住球棒，大拇指在喉嚨上方的位置。在短打時不要使用平時一樣整手握棒方式擊球。一個內角投球可能會打中你上方的手的手指，造成不小的傷害。

一旦你進入了打擊位置，準備好短打姿勢，就要專注投手的一舉一動，瞭解他的出手點。球飛出投手的手之後，雙眼要專注到球身上。由於犧牲短打的目的是讓跑壘者能夠提早進入下一壘，所以只短打好球。如果你讓投手投出保

送，你就成功了，因為你不但自己上了一壘，跑者也成功的推進到了二壘。而且，你也成為了另一個可能得分的跑者。

要瞭解自己的好球帶，不要去打擊在好球帶外的任何投球。在沒有好球的情況下，你會非常挑剔，只去短打完美的投球。一旦你的球數有了個好球，你要擴大你短打的區域，但打的球還是要是好球。記住只要是短打，就要把球打到地上——球不能彈出！為了使球保持在下方，球棒需要在好球帶上方，如果投球高過你的球棒，就不要去揮棒打擊。如果投球落在好球帶中，就勢必在你的球棒下方，因此當你去擊球的時候，球棒要向下移動與球的頂部相接觸，這樣一來，球就很容易被打到地上。

錯誤
球被打擊彈出。

修正
球棒要在好球帶的最上方，並且只打擊在球棒下方的球。練習打擊球的上半部分。

朝著一壘或者三壘的方向，向下打擊球，不要直直對準投手擊球。在犧牲短打中，事實上你是要讓球去接觸正在向下揮動的球棒。當球接觸到球棒的同時，你的手臂和握棒的雙手要放鬆，讓球棒本身給球一個緩衝力量，使得球落在地上，滾出 10 到 12 英尺（3.0 公

尺到 3.6 公尺）的距離，野手必須跑過去接球。推動你下方或者上方的手稍稍向前來控制短打的方向，擊出的球會到達內野偏右或偏左的地方。短打到一個防守方最好（唯一）的選擇就是傳向一壘。

錯誤

太大力擊球。

修正

握棒要鬆，手臂也要放鬆，這樣擊球時力量不會過大。

球打擊出去之後，後腳邁出打擊區一步（圖5.1c）。要注意不要碰到你擊出，並且在界內的球，你會被判出局。儘快進入界外區域，試著在傳向一壘球到之前通過一壘。犧牲短打不是指你打了一個球，就可以去場邊休息了！你在推進跑者的同時，並且安全到達一壘，你就能增加球隊得分的機會。

錯誤

來球被短打出界。

正確動作

球棒保持與本壘平行或者稍微有些角度。如果球棒的角度太大會導致擊球出界。

出其不意短打

出其不意短打——為了要上壘的短打——是速度快的打者常使用的技能，打者通常會擊出一個短打後，試著比球先到一壘。與犧牲短打不同，出期不意短打的目的是打者要上壘以及推進跑者，過程中儘量不要製造出局數。

使用出其不意短打時，打者要拖延開始動作，從而給防守方一個「驚喜」。不像犧牲短打中那樣需要將身體轉向投手，相反的，出其不意短打中雙腳動作很低調。打者從平常的擊球姿勢開始（圖5.2a）。將後腳稍稍的往後退，上方的手滑向球棒上端（大拇指和食指在球棒後面），下方的手將球棒底端拉向髖部在前面的那一側，球棒和地面有些許的角度，面向投手，球棒在好球帶最上方（圖5.2b）。打者要選擇好球去打擊，謹記如果球的位置高於球棒是壞球，一旦打擊很有可能會彈出去。打者要向下把球向三壘和一壘邊線的位置打擊，讓野手不得不跑過去接球。在球棒與球接觸後，打者後腳先邁出第一步並且快速奔向界外區（圖5.2c）。

壘球
邁向卓越

圖 5.2　出其不意短打

a

準備

1. 擊球準備姿勢
2. 雙手和球棒在後方
3. 注意力擊中在投手身上

b

c

短打

1. 當投手要結束投球時，後腳向後退一小步，使髖部在球投出的前一秒向投手張開。
2. 球棒與地面有些許角度，面向投手，球棒在好球帶最上方
3. 下方的手握住球棒最底端的手把，且向髖部在前方的那一側拉回
4. 上方的手在握棒區域的外面
5. 食指在下方撐住球棒頭部；大拇指在上方
6. 不用大力打擊球，而是把球棒送出與球接觸即可

跑向一壘

1. 後腳先邁第一步
2. 快速進入界外區
3. 通過一壘

錯誤

過早讓人知道你要做短打。

單元五　短打及切打

修正

等到球投出的前一秒再準備短打姿勢。

錯誤

球被打到野手所在的地方。

修正

儘量把球打擊到野手之間的空檔處。

錯誤

打者沒有馬上奔向一壘,而是觀看球的去向。

修正

在擊球後馬上後腳先邁一步,直奔一壘。

接下來的短打訓練適用於練習犧牲短打和出其不意短打。但是要對照相應的檢查清單來檢驗自己的動作。分別在空白處記錄下犧牲短打和出其不意短打的得分。

犧牲短打和出其不意短打訓練 1. 模擬短打

你和你的搭檔一起,一個當打者站在打擊區裡,一個當投手站在投手板上。打者會有球棒在手,但是投手手中不拿球。打者準備好擊球姿勢,投手在投手板後方準備。當投手踏上投手板,「接到捕手的信號」後,開始投球動作,打者按照圖 5.1(犧牲短打)或者 5.2(出其不意短打)的步驟做相對應的短打準備。投手繼續完成從出手到跟進的投球動作。當你是打者角色時,請你的搭檔對你從擊球姿勢轉換到短打姿勢的動作進行觀察與評判。10 次練習之後,交換角色。針對每一種短打,各完成兩組 10 次的練習。

檢查:犧牲短打

- 前腳掌為軸心旋轉雙腳。
- 雙腳前後步面向投手,肩膀正對投手。
- 球棒在好球帶最上方,且與地面平行。
- 上方的手在握棒區域外握住球棒;食指在下支撐球棒,大拇指在上。
- 在球投出的前一秒準備好短打姿勢。

檢查:出其不意短打

- 後腳向後方退一些。
- 球棒與地面有一些角度,面向投手,球棒在好球帶最上方。

- 握住球棒底端的手把，向前髖部拉回。
- 食指撐住球棒，大拇指在上。

- 不使用大力擊球，而是讓球棒接觸球即可。
- 向地面擊球。

得分

作為打者，記錄下每一種短打兩組 10 次練習中動作標準的次數，用下列方法計算得分。

8 到 10 次 = 5 分

5 到 7 次 = 3 分

4 次以下 = 1 分

你的分數_____

降低難度

- 重複此練習。
- 分開練習檢查中的每一點。
- 請搭檔根據檢查清單，從中指定一個動作，你要按照所指定的動作來練習。

犧牲短打和出其不意短打訓練 2. 前拋球短打

你和你的搭檔一起，一個當打者，一個當投手。投手有一籃子 10 個正常大小的球，站在打者 10 英尺（3.0 公尺）之外的地方。在投手非投球側放置一個屏障，在球拋出之後，投手站到屏障後方，以確保安全。在拋球之前，投手需要給打者一個信號（例如抬起手臂到頭上作為信號動作），這樣打者可以在球拋出之前準備好正確的擊球姿勢。要注意犧牲短打與出其不意短打在時間掌控上有所不同。10 次練習之後交換角色。完成兩組每種短打 10 次的練習。

檢查：犧牲短打

- 前腳掌為軸心旋轉雙腳。
- 雙腳交錯面向投手，肩膀正對投手。
- 球棒在好球帶最上方，且與地面平行。
- 上方的手在握棒區域外握住球棒；食指在下支撐球棒，大拇指在上。
- 在球投出的前一秒準備好短打姿勢。
- 將球往地上打。

檢查：出其不意短打

- 後腳向後方退一些。
- 球棒與地面有一些角度，正對投手，球棒在好球帶最上方。
- 握住球棒底端的手把，向前髖部拉回。
- 食指撐住球棒，大拇指在上。
- 不使用大力擊球，而是讓球棒接觸球即可。
- 向地面擊球。

記錄下每一種短打兩組 10 次練習中動作標準的次數，用下列方法計算得分。

8 到 10 次 = 5 分

5 到 7 次 = 3 分

4 次以下 = 1 分

你的分數_____

增加難度

• 縮短投手與打者的距離。

• 增加拋球的速度。

• 使用小號的球。

降低難度

• 降低拋球的速度。

• 使用大號球。

• 使用軟球。

犧牲短打和出其不意短打訓練 3. 投手投球短打

一組三個人——投手、捕手和打者。捕手要求穿戴護具裝備。（可以使用接球網替換捕手。兩人一組練習或者讓第三人為下一個打者。）打者站在打擊區中做好擊球準備姿勢。捕手在本壘後方。投手攜帶一籃 10 個球，站在距離打者 20 到 46 英尺（6.1 到 14 公尺）的地方，和投手板在一直線上，根據投手的投球能力高低來調整距離遠近。在投球之前，投手需要給打者信號，讓其在適合的時間做好犧牲短打或者出其不意短打的準備姿勢。投手要求投出的球速平穩緩和，且能到達好球帶。（如果條件允許，可以使用投球機。）打者直接做出犧牲短打的姿勢，或是轉換成出其不意短打姿勢，然後將球向地面上打擊。10 次投球之後，把球重新收集到籃筐中，隨後交換角色——打者轉為捕手，捕手轉為投手，投手轉為打者。完成兩組每種短打 10 次的練習。

• 前腳掌為軸心旋轉雙腳。

• 雙腳交錯面向投手，肩膀正對投手。

• 球棒在好球帶最上方，且與地面平行。

• 上方的手在握棒區域外握住球棒；食指在下支撐球棒，大拇指在上。

• 在球投出的前一秒準備好短打姿勢。

• 將球往地上打。

• 後腳向後方退一些。

• 球棒與地面有一些角度，正對投手，球棒在好球帶最上方。

• 握住球棒底端的手把，向前髖部拉回。

• 食指撐住球棒，大拇指在上。

• 不使用大力擊球，而是讓球棒接觸球即可。

• 向地面擊球。

壘球
邁向卓越

根據兩組每種短打 10 次練習中短打成功的次數來計算得分，每成功完成短打一次得 1 分。

你的分數_____

增加難度

- 縮短投手與打者的距離。
- 增加拋球的速度。
- 使用小號的球。

降低難度

- 降低拋球的速度。
- 使用大號球。
- 使用軟球。
- 完成一組 10 次犧牲短打練習和一組 10 次出其不意短打練習。

犧牲短打和出其不意短打訓練 4. 目標短打

一組三個人──投手、捕手和打者。捕手要求穿戴護具裝備。（可以使用接球網替換捕手，並在網上設置一個目標。兩人一組練習或者讓第三人成為下一個打者。）打者站在打擊區中做好擊球準備姿勢。捕手在本壘後方。投手攜帶一籃 10 個球，站在距離打者 15 到 20 英尺（4.5 到 6.1 公尺）並與投手板成一直線的地方。在投球之前，投手需要給打者信號，讓打者在適合的時間做好犧牲短打或者出其不意短打的準備姿勢。投手要求投出的球速平穩緩和，且能到達好球帶。（如果條件允許，可以使用投球機。）打者準備好相應的短打姿勢，將球向地面上打擊，試著讓球進入一壘或三壘邊線的目標區域。每個目標區域放置 5 個錐形筒，距離界外線大約 4 英尺（1.2 公尺）的距離，最後一個錐形筒距離本壘板 15 英尺（4.5 公尺）。擊球者有 5 次擊球到右方邊線的機會，和 5 次擊球到左方邊線的機會。

10 次擊球之後，收集所有的球，放回籃筐裡，然後交換角色──打者轉為捕手，捕手轉為投手，投手轉為打者。完成每種短打各 10 次的擊球（每個邊線各有 5 次機會）練習。

檢查：犧牲短打

- 前腳掌為軸心旋轉雙腳。
- 雙腳交錯面向投手，肩膀正對投手。
- 球棒在好球帶最上方，且與地面平行。
- 上方的手在握棒區域外握住球棒；食指在下支撐球棒，大拇指在上。
- 在球投出的前一秒準備好短打姿勢。
- 將球往地上和指定的地方打。

檢查：出其不意短打

- 後腳向後方退一些。
- 球棒與地面有一些角度，正對投手，球棒在好球帶最上方。
- 握住球棒底端的手把，向前髖部拉回。

111

- 食指撑住球棒，大拇指在上。
- 不使用大力擊球，而是讓球棒接觸球即可。
- 向地面擊球，將球打擊進入指定區域。

得分

一組練習中有 5 次打擊到一壘邊線和 5 次打擊到三壘邊線的機會，每一種短打者有一組練習機會。每成功打擊到位便得 1 分。

你的分數＿＿＿＿

增加難度
- 縮短投手和打者之間的距離。
- 增加投球速度。
- 縮小指定目標區域的範圍。
- 練習中交替使用不同短打方式。

降低難度
- 降低投球速度。
- 使用大號球。
- 擴大指定目標區域的範圍。

推擊短打

通常，推擊短打（圖 5.3）是犧牲短打站姿的一種選擇，但是高階球員可以出其不意短打姿勢擊出推擊短打。當你準備短打時，防守方會趨前縮小防守範圍，你可以選擇使用推擊短打來做替換。推擊短打目的是將球擊出，穿越一壘手或三壘手的防線。之前的短打者是用球棒觸碰球，試著擊出滾地球，而推擊短打是推動球棒到能夠穿越防線。

圖 5.3 由犧牲短打姿勢發始的推擊短打

a

準備
1. 犧牲短打準備姿勢

圖 5.3 　 由犧牲短打姿勢發始的推擊短打（續）

短打

1. 當防守者趨前防守時，手臂和手腕持緊繃狀態
2. 在球與球棒接觸的時候，將球棒向外和向下推出（滾地球），或者向外且有一定角度推出（小飛球）

跑

1. 後腳先向一壘邁出第一步
2. 快速進入界外區
3. 快速通過一壘

錯誤

擊球力量過小，沒辦法穿越防線，可能飛到空中或者落到地上了。

修正

握緊球棒，手臂保持緊繃，把球棒推送出去接觸球。

一旦打者瞭解防守站位，並決定要使用推擊短打之後，會有兩個基本選擇：將球推到空中越過急忙趨前防守的三壘手隊員，或者是將球推到三壘手或一壘手和投手的中間。如果將球推到野手頭部上方，不會發生在一壘手身上，因為通常二壘手會跑去接應一壘手。推出滾地球經過野手，讓一壘和三壘手無法接到它，那麼成功率會更高。一旦球經過一壘和三壘手，只剩下投手能夠防守。

錯誤

球被推送成滾地球，但球直接奔向野手。

修正

讓球棒有一定角度，且面向你想要球去的方位。

單元五　短打及切打

錯誤

推擊成界外球。

修正

調整球棒的角度。

推擊短打訓練 1. 前方擲球推擊短打

你和你的搭檔分別為打者和投手。在一壘邊線上放置兩個錐形筒，在三壘線上同樣放置兩個錐形筒，大約距離本壘 10 英尺（3.0 公尺）的距離。錐形筒代表往前衝的一壘手或三壘手。投手持有一籃 10 個正常大小的球，站在距離打者 10 英尺（3.0 公尺）的地方。在投手非投球側放置一個屏障，用於躲避擊出的球，確保安全。在投球之前，投手要給打者信號指示（例如，把手臂伸到頭頂上方），打者才能在正確的時間點上準備好犧牲短打姿勢。打者試著將球推到投手與錐形筒之間並從投手與錐形筒的旁邊通過。10 次擊球之後交換角色，完成兩組擊球練習（一組為 10 次）。

檢查
• 進入犧牲短打準備姿勢。
• 球棒接觸球時，向外和向下推送球棒擊出滾地球，或者向斜上推送球棒擊出小飛球。
• 將球擊向在錐形筒與投手之間的地面，和經過錐形筒的位置，除非你想要增加難度，可以嘗試將球擊出越過守備者頭部上方。

得分

兩組 10 次擊球練習（總共 20 次）中，短打成功得 1 分。

你的分數_____

增加難度

• 加入第三隻錐形筒，並且縮小錐形筒與本壘之間的距離。

• 加快投球速度。

• 嘗試擊出越過三壘線邊錐形筒的小飛球。

• 嘗試在出其不意短打姿勢去做推擊短打。

降低難度

• 放慢投球速度。

• 雙腳和球棒從短打姿勢的位置開始

• 使用大號球。

• 每邊各減少一個錐形筒，來擴大目標區域。

推擊短打訓練 2.　投手投球推擊短打

三個人一組——投手、捕手和打者。捕手需要穿戴完整的安全護具。（捕手可被免去。在打者身後放置帶目標的攔網即可。可以兩人完成訓練，或者讓第三個人當下一位打者。）打者站在打擊區中，捕手在本壘板後方。投手有一籃 10 個球，站在距離打者 20 到 40 英尺（6.1 到 12.2 公尺）的位置，與投手板同在一條線上，根據投手的投球能力來選擇適合的距離。在一壘邊線和三壘線上各放置兩個錐形筒，大約距離本壘 10 英尺（3.0 公尺）。錐形筒代表往前衝的一壘手及三壘手。在投球之前，投手要給打者信號指示，打者才能在正確的時間點上準備好犧牲短打姿勢。投手試著送出平飛且中等速度的球到好球帶內。（如果條件允許，可以使用投球機。）打者試著將球推擊到投手及錐形筒之間的空檔。10 次擊球練習後，把球收集回到籃筐中，然後交換角色——打者變為捕手，捕手變為投手，投手變為打者。完成兩組擊球練習（一組為 10 次）。

檢查

- 進入犧牲短打準備姿勢。
- 球棒接觸球時，向外和向下推送球棒擊出滾地球，或向斜上推送球棒擊出越過守備者頭上的小飛球。
- 將球擊向並通過錐形筒與投手之間的地面，或是將球擊出越過守備者頭部上方。

得分

兩組 10 次擊球練習（總共 20 次）中，短打成功得 1 分。

你的分數＿＿＿＿＿

增加難度

- 加入第三隻錐形筒，並且縮短錐形筒與本壘之間的距離，從而縮小目標區域。
- 加快投球速度。
- 嘗試擊出越過三壘線邊錐形筒的小飛球。

- 嘗試以出其不意短打姿勢去做推擊短打。

降低難度

- 放慢投球速度。
- 雙腳和球棒從短打姿勢的位置開始
- 使用大號球。
- 每邊各減少一個錐形筒，來擴大目標區域。
- 去掉所有錐形筒，只練習推送球這個動作。

砍打

砍打（圖5.4）與推擊短打相似，都是在當防守者向前衝而你又準備要用短打的情況下使用，但與推擊短打不同的是，砍打需要打者揮棒擊球，需要比推擊短打所用的打擊力量稍大一些，這樣擊出的球可以飛出內野。如果球可以到達一壘的旁邊，那麼就可以有足夠時間讓跑者一口氣從一壘推進到三壘。

從犧牲短打姿勢為起始點（前後站姿且雙腳和肩膀正對投手，雙手在球棒上分開來），將分開的雙手靠在一起，位置在握棒位置的中心或者上方。向後方稍許旋轉腰部和球棒，使用四分之三揮擊動作。

砍打目標位置的設定與推擊短打中所提到的因素一樣。雙腳保持面向投手，這樣可以幫助你的頭部保持不動，從而讓你能更好的注視來球動態。如果你嘗試著移動雙腳到原來的擊球姿勢，你會發現很難專心關注球的動態，並且阻礙了你判斷正確的揮棒時間點。砍打的另一個好處，砍打是通過假裝，你有可能會成功阻止三壘手及一壘手往本壘衝的防守動作，反而讓犧牲短打可以成功。

圖5.4 砍打

a   b   c

準備	短打	跑
1.準備犧牲短打姿勢	1.當防守方向前衝，雙手並在一起，稍微向後方旋轉腰部和球棒 2.使用四分之三的揮擊動作 3.嘗試將球擊出越過向本壘衝的一壘手或三壘手	1.後腳向一壘邁出第一步 2.快速進入界外區 3.通過一壘

壘球

邁向卓越

錯誤

沒有擊中球,是因為你過大的旋轉腰部,移動雙腳回到擊球姿勢,且使用完整揮棒動作去擊球。

修正

雙腳保持面向投手,且保持前後錯開位置,稍許向後旋轉腰部和球棒。雙眼時刻關注投手的動態,使用四分之三揮擊動作。

錯誤

擊出界外球。

修正

你揮棒過早或者過晚。當你看到防守方向本壘衝的時候,要迅速將球棒收回。使用四分之三揮擊動作,將球砍到界內的區域。

砍打訓練 1. 前拋球砍打

你和你的搭檔兩個人一組,一個人為打者,另一個為投手。在一壘邊線上放置兩個錐形筒,在三壘線上同樣放置兩個錐形筒,大約距離本壘 10 英尺(3.0 公尺)的距離。錐形筒代表往本壘衝的一壘手或三壘手。投手持有一籃 10 個正常大小的球,站在距離打者 10 英尺的地方。在投手不投球的一側放置一個屏障,用於躲避擊出的球,確保安全。在投球之前,投手要給打者信號指示,打者才能在正確的時間點上準備好犧牲短打姿勢。當球差不多飛到一半的時候,打者開始將球棒往後移動,準備砍擊球。打者試著將球砍擊到並且通過投手與錐形筒之間。10 次擊球之後交換角色。完成兩組擊球練習(每組 10 次)。

得分

兩組 10 次擊球練習(總共 20 次)中,短打成功得 1 分。

你的分數＿＿＿＿

增加難度

- 加快投球速度。
- 嘗試擊球到空中越過三壘邊線旁的錐形筒上方。

單元五　短打及切打

- 犧牲短打交替變換爲砍打。

降低難度

- 放慢投球速度。
- 從雙腳和球棒預備爲短打姿勢開始。

- 使用大號球。
- 每邊各減少一個或多個錐形筒，來擴大目標區域。
- 使用擊球架。

砍打訓練 2. 投手投球砍打

　　三個人一組──投手、捕手和打者。捕手需要穿戴完整的安全護具。（捕手可被免去，在打者身後放置有標示目標的接球網即可。可以兩人完成訓練，或者讓第三個人當下一位打者）。打者站在打擊區中，捕手在本壘板後方。投手有一籃 10 個球，站在距離打者 20 到 40 英尺（6.1 到 12.2 公尺）的位置，與投手板在一條線上，根據投手的投球能力來選擇適合的距離。在投手非投球側的前方放置一個屏障，用於躲避擊出的球，確保安全。在一壘邊線和三壘線上各放置兩個錐形筒，大約距離本壘 10 英尺（3.0 公尺）。錐形筒代表向前衝的一壘手和三壘手。在投球之前，投手要給打者信號指示，打者才能在正確的時間點上準備好犧牲短打姿

勢。投手試著投出平飛、中等速度的球到好球帶內。（如果條件允許，可以使用投球機。）打者嘗試著把球砍擊到並通過投手與錐形筒之間。10 次擊球練習後，把球收集回到籃筐中，然後交換角色─打者變爲捕手，捕手變爲投手，投手變爲打者。完成兩組擊球練習（一組爲 10 次）。

檢查

- 進入犧牲短打準備姿勢。
- 當球到達距離本壘一半的時候，雙手並起來，稍微向後轉動腰部和球棒（假設防守方正往前衝）。
- 使用四分之三揮擊方式。
- 試著將球擊到並通過投手與錐形筒之間。

得分

　　兩組 10 次擊球練習（總共 20 次）中，短打成功得 1 分。

　　你的分數_____

增加難度

- 加入第三隻錐形筒，並且縮小錐形筒與本壘之間的距離，從而縮小目

標區域的範圍。
- 加快投球速度。
- 嘗試擊球到空中越過三壘邊線的錐形筒上方。
- 加上一、三壘的守備者，守備者交替留在原位或向前衝，強迫打者做

出犧牲短打或是砍打決定。

降低難度

- 重複上一個訓練。
- 放慢投球速度。
- 從雙腳和球棒預備為短打姿勢開

始。

- 使用。大號球
- 每邊各減少一個或多個錐形筒,來擴大目標區域。

跑動中擊球

　　跑動中擊球通常認為是以正常揮擊方式求上壘,而不認為是短打的一種。無論慣用手是左手或者右手的球員,只要速度夠快,卻不善於以基本擊球方式的球員通常會使用這種技巧。跑動中擊球會從打擊區的左側開始,目的是打出中等到慢速的滾地球給游擊手,或是打出一個小飛球,嘗試越過趨前防守的壘手。

　　先在打擊區的左側從基本的擊球站姿開始(圖5.5a)。第一步為右腳先用戳的方式踏一步;第二步是左腳向前交叉一步,這一步要朝向投手並且有衝力(圖5.5b)。如果步法是朝向一壘邁去,這會造成打者的球棒遠離了本壘,通常會出現揮棒落空或是向左側偏離的界外球。所以交叉步法一定要落在內側或者恰好落在打擊區前方的線上;否則打者擊球會被判出局。

錯誤

交叉步法後朝向一壘,而不是朝向投手。

修正

交叉步法要朝向投手。

錯誤

交叉步法後,左腳落在打擊區外側。

修正

如果擊中球,那麼打者就會被判出局。所以要調整腳步確保其落在打擊區的內側或者恰好在打擊區前方的線上。

　　使用從裡到外的揮棒軌跡。雙手保持貼近身體,高舉在好球帶內。球棒的頂端不能比手低;球棒底端的手把要朝向投手。在接觸區域的深處讓球棒與球

相接觸，且重心在左腳上，確認適當的跑向一壘的路線（圖 5.5c）。

　　一個可以從左側擊球並且速度快的打者可以很好的利用此技能。打者可來回交替使用跑動中擊球和一般的全揮擊動作，使防守者只能停留在原地，無法確定打者想要怎麼做。

圖 5.5 跑動中擊球

a

b

準備

1. 站在打擊區左側，準備好正常的擊球姿勢

c

跑動中擊球

1. 右腳用戳的方式踏一步
2. 左腳交叉步向投手方向邁第二步
3. 左腳在第二步中確保在打擊區內側或者恰好落在打擊區的前線上
4. 使用從裡到外的揮棒方式
5. 球棒的頂端在手上方，球棒底端的手把朝向投手
6. 前方肩關節保持關閉
7. 在擊球區域較深的地方接觸球
8. 雙眼注視著球棒與球接觸；頭部保持不動

跑

1. 在球棒與球接觸時，重心在左腳上，並且開始準備跑向投手
2. 在球棒與球接觸後，右腳向前邁出第一步，朝向一壘跑去
3. 儘快進入界外區
4. 通過一壘

壘球

邁向卓越

錯誤

打者在擊球前將頭移開，導致揮空或是擦棒。

修正

頭部保持不動，雙眼注視著球棒與球相接處。

錯誤

打者的前方肩關節打開了，以至於把球棒拉離了與球接觸區域，造成了揮棒落空或向左偏移的擦棒球。

修正

保持前方肩關節關閉。

錯誤

打者雙手垂下，球彈到空中。

修正

雙手保持在好球帶的最頂端。

跑動中擊球訓練 1. 圍欄揮擊

此訓練會幫助你提高從裡到外揮棒的能力，是執行跑動中擊球的必要技能。

面對一個圍欄、攔網或者布簾站好，你與圍欄距離的判斷方法為：將球棒的底端抵住你的髖部，使球棒的前端到達圍欄，卻不互相接觸。找好位置後，在你和圍欄之間放置一個籃筐或者錐形筒，代表投手。 然後從平常的擊球姿勢開始，面對圍欄，開始以戳的方式踏一步，然後左腳交叉步向投手前進。當你的重心到左腳的時候，自我檢查一下動作。向後查看你球棒的位置。球棒的底端應該朝向投手，球棒的頭部應該比球棒握把處高。檢查過後，繼續揮棒，練習從裡到外的揮棒動作。如果你正確的完成了揮棒動作，球棒頭部是不會觸碰到圍欄的。先做一到兩個帶自我檢查的練習，然後再做 10 次沒有自我檢查的練習。完成兩組練習（每組 10 次）。

檢查

- 右腳用戳的方式踏一小步，然後左腳交叉步向投手邁去。
- 球棒的底端朝向投手，球棒的頭部保持高於球棒的握把。
- 從裡到外揮棒動作。
- 前方的肩膀和頭部保持不動。
- 揮棒過程不觸碰圍欄。

兩組揮棒練習（每組 10 次）中每一次揮棒動作標準且沒有觸碰到圍欄，得 1 分。自我檢查的練習不計算得分。

你的分數＿＿＿＿

增加難度

根據自己的基本擊球站姿與位置，在練習中增加設置打擊區的前線，試著讓自己的左腳最後落在前線上或者內部。

降低難度

• 重複此訓練。
• 在每一次揮棒時都自我檢查一遍。
• 放慢揮棒動作。

跑動中擊球訓練 2. 接前拋球

此訓練讓你熟知在與球接觸區多深的地方擊球。訓練需要兩個人一起完成，一個打者和一個投手。打者基本擊球站姿站在打擊區的左側，左手戴接球手套（打者不使用球棒）。投手身邊放一籃筐裝有 10 到 15 個球，站在與打者距離 15 到 20 英尺（4.5 到 6.1 公尺）的地方，和投手板在一條線上。第二個籃筐放置在本壘的旁邊，與打者成相對位置。投手給打者信號之後，打者開始以戳的方式踏一步，隨後投手拋出一個高度在腰部的平飛球。打者試著在後方髖部接球，此時打者的重心在左腳（接觸姿勢；見圖 5.6）。打者會有 10 次接球機會，接到的球放置在第二個籃筐裡。如果投出的球沒有到達好球帶內或者太高或者太低，則不算在 10 次機會中，需要重新投球。投出 10 次好球後，收集回所有的球到籃筐內，然後交換角色——打者轉換為投手，投手轉換為打者。完成兩組練習，每組練習有 10

圖 5.6　接前拋球訓練

次機會。

• 投手給出信號後，右腳用戳的方式踏一步。
• 左腳交叉步向投手方向前進。
• 前方的肩膀和頭部保持不動。
• 在後方髖部接住拋球，重心在左腳上。

壘球

邁向卓越

- 在接球的同時持續跑動，並且向一　　　　壘方向前進一兩步。

得分

在兩組練習中，每接到一球得 1 分，前提是投出的球要在好球帶內。

你的分數＿＿＿＿

增加難度

- 增加投球速度。
- 使用投球機。
- 讓投手在規定的投球距離投球。

降低難度

- 重複此訓練或上一個訓練。
- 降低投球速度。
- 從上方用一條線懸掛一個威孚球在你想要接球的地方，後方髖部。用走的方式完成跑動中擊球動作，當你的重心在左腳時接住威孚球。

跑動中擊球訓練 3. 使用擊球架

此訓練是使用靜止在擊球架上的球來練習跑動中擊球。你可以一個人完成這個訓練，或者與一兩個防守搭檔完成。你所需要一個本壘和打擊區、一個擊球架，和一筐 10 個球。

從在打擊區左側準備好基本擊球姿勢開始，擊球架在本壘板的後三分之一的位置。然後開始跑動中擊球動作，右腳以戳的方式踏一步，左腳再以交叉步向錐形筒（代表投手）前進。使用從裡到外的揮棒方法，打擊在擊球架上的球，在擊球區域較深處，試著讓球向游擊手的方向飛去。你可以設置一個帶有目標點的攔網，將球擊中目標。每擊出一次球後，從籃筐裡拿出新的球放在擊

球架上。10 次擊球練習後，再收集球到籃筐中。完成兩組練習，每組練習有 10 次機會。

檢查

- 右腳以戳的方式踏一步，左腳交叉步向「投手」方向前進。
- 球棒底端面向投手，球棒頭部保持高於手把位置。
- 從裡到外揮棒。
- 前肩膀和頭部保持不動。
- 在與球接觸時，重心在左腳上。
- 左腳要落在打擊區裡面，或恰好在打擊區的前線上。
- 將球向游擊手的方向砍打。

得分

兩組 10 次練習的總得分。

你的分數＿＿＿＿

增加難度

- 增加跑動的速度。

降低難度
- 重複此訓練。
- 減慢完成揮棒的動作。

- 使用大號球。
- 從接觸球的姿勢開始（重心在左腳），從裡到外揮棒擊球。

跑動中擊球訓練 4. 投手投球

此訓練將練習跑動中打擊向你飛來的投球。三人一組——投手、捕手和打者。捕手需要穿戴完整的防護裝備。（捕手可被免去，由打者身後帶目標的接球網取代。可以兩人完成訓練，或者讓第三個人當下一位打者）。打者站在打擊區中，捕手在壘板後方。投手有一籃 10 個球，站在距離打者 15 到 20 英尺（4.5 到 6.1 公尺）的位置，在投手防護網後方，與投手板在一條線上（如果沒有投手防護網，則投手需要縮短與打者的距離，並且使用威孚球）。在投球之前，投手要給打者信號指示，打者才能在正確的時間點上以戳的方式開始踏一步。投手試著投出平飛、中等速度的球到好球帶內。（如果條件允許，可以使用投球機。）而後打者進入擊球動作，試著將球向游擊手方向擊出，向一壘方向跑二到三步。10 次擊球練習後，把球收集回到籃筐中，然後交換角色——打者變為捕手，捕手變為投手，投手變為打者。完成兩組擊球練習（一組為 10 次）。

檢查
- 右腳以戳的方式踏一步，左腳交叉步向「投手」方向前進。
- 球棒底端面向投手，球棒頭部保持高於手把位置。
- 從裡到外揮棒。
- 前肩膀和頭部保持不動。
- 在擊球區較深的地方與球接觸時，重心在左腳上。
- 左腳要落在打擊區裡面，或恰好在打擊區的前線上。
- 將球向游擊手方向擊出。

得分

兩組練習中，每一次成功擊球得 1 分。

你的分數 _____

增加難度
- 加快跑動的速度。
- 加快投球速度。
- 跑動中擊球和完全揮棒相互變換使

用（如果你是左打者）。
- 加入防守球員，並且嘗試讓球飛過防守人員。

降低難度
- 重複此訓練。
- 重複前一個訓練。
- 使用大號球。

- 降低投球速度，或者使用拋球而不是投球（見犧牲和出其不意短打訓練2）。

拉回短打

拉回短打也是一種使用假動作來迷惑防守隊員打擊方式，主要目的是上壘，而不是簡單的推進跑者。*拉回短打*一詞來自於其效果，當慣用左打者使用此技能擊球後，會讓守備打者的防守者往一壘邊線拉回（圖 5.7b）。從左打者非常有利於使用拉回短打，因為左打者在擊球時更接近一壘，也就是需要跑動至一壘的距離比右打者短一些。如果慣用左打者恰好跑步速度很快，追蹤球的能力也強，那麼拉回短打是一個很好擊出安打或執行跑動中擊球的選擇。一個可以執行跑動中擊球和拉回短打的打者很難被防守的。

拉回短打的腳步和跑動中擊球相似，會迷惑防守隊員，讓他們不知道打者到底要使用什麼擊球方式。但是，拉回短打的球棒動作和接觸區域與跑動中擊球不同。當你左腳向投手方向邁出時，你上方的手需要移動到球棒的上方，呈短打姿勢，讓球棒在身體前方，並且輕微超過左腳。打開你的髖部，讓球棒與一壘邊線有些許角度。在本壘板前方，好球區稍微後方的位置，讓球棒與球接觸。你的目的是把短打（拉回）到一壘邊線上，所以你不能在太過前方的地方去擊球。當球棒與球相接觸時，順勢收回球棒，這樣球不會被擊得太遠，以至於讓防守可以輕鬆守備。

錯誤

打者將球棒正對投手或是角度朝向三壘，致使球被擊去投手位置或者三壘線上（沒有正確的拉回至一壘邊線）。

修正

球棒稍微有一點角度朝向一壘。

錯誤

打者打開前側，將球棒拉離擊球區，致使打者錯過打球時機，或將球打到右邊界外區。

修正

前側保持關閉。

單元五　短打及切打

圖 5.7 拉回短打

a   b   c

準備	拉回短打	跑
1. 在打擊區的左側，準備好基本擊球姿勢 2. 開始跑動中擊球步法	1. 上方的手移動到球棒上方，進入短打姿勢；髖部打開朝向投手 2. 將球棒置於擊球區前方，稍微在左腳前方一點 3. 球棒角度稍微朝向一壘 4. 在本壘板前方，好球帶稍微後方的位置（左腳跟的位置），讓球棒與球接觸 5. 重心在左腳 6. 與球接觸時，順勢帶回球棒 7. 將球回拉到一壘邊線	1. 擊球同時朝投手方式移動，此時重心在左腳 2. 擊球後，右腳向一壘方向邁出第一步 3. 快速進入界外區 4. 快速通過一壘

 錯誤

球棒太晚進入與球接觸區，致使球被擊到三壘邊線。

修正

調整時間差，在投球進入與球接觸區的前一秒確保球棒已經在適當位置。

 錯誤

打者擊球時過早移動頭部。

修正

頭部保持不動，雙眼注視球棒與球相接處。

拉回短打訓練 1.　擊球架

此訓練將使用靜止的球來重點練習拉回短打動作。在本壘的右前角放置一個擊球架。練習將球拉回一壘邊線的動作，擊球後向一壘跑出五步。重複這一系列 10 次。完成兩組練習，每組 10 次。

檢查

- 在打擊區的左方準備好正常的擊球姿勢。
- 右腳用戳的方式踏一步，左腳交叉步向錐形筒（代表投手）方向邁出。
- 上方的手移動到球棒的上端，打開髖部進入短打姿勢。
- 球棒稍微向一壘方向傾斜。
- 在本壘板前，與球接觸區稍微後方的位置擊球，在左腳跟的前方。
- 擊球時，重心在左腳上，隨後馬上向投手方向跑去。
- 將球拉回短打成一壘邊線附近的滾地球。
- 擊球後，右腳向一壘方向邁出第一步。
- 向一壘跑的五步中，至少有三步在界外區。

得分

在兩組練習中，每一次成功完成拉回短打便得 1 分。

你的分數＿＿＿＿＿

增加難度

- 加快跑動的速度。

降低難度

- 重複此訓練。
- 揮動球棒時，放慢走動的速度。
- 使用大一點的球。
- 從球棒與球接觸的位置開始，重心在左腳上，球棒點在球上。練習拉回的動作，把球擊成一壘邊線附近的滾地球。

拉回短打訓練 2.　前拋球

你和搭檔兩個人為一組，一個人為打者，一個人為投手。在與一壘邊線距離 5 英尺（1.5 公尺）的地方平行放置三個錐形筒，第三個錐形筒距離本壘有 15 英尺（4.5 公尺）遠。錐形筒代表你想要球到達的目標區域。球不能超過第三個錐形筒。投手準備好一籃 10 個正常大小的球，站在距離打者 10 英尺的地方（3.0 公尺）。在投球之前，投手要給打者信號指示（例如，把手臂伸到頭頂上方），打者才能在正確的時間點上開始拉回短打動作。打者試著把球擊到地面上進入目標區域，並且在擊球後向一壘方向跑出五步。10 次擊球練習

後交換角色。完成兩組練習，每組 10 次擊球機會。

檢查

- 在打擊區的左方準備好正常的擊球姿勢。
- 右腳以戳的方式踏一步，左腳交叉步向錐形筒（代表投手）方向邁出。
- 上方的手移動到球棒的上端，打開髖部進入短打姿勢。
- 球棒稍微向一壘方向傾斜。

- 在本壘板前，與球接觸區稍微後方的位置擊球，在左腳跟的前方。
- 與球接觸時，順勢收回球棒。
- 擊球時，重心在左腳上，隨後馬上向投手方向跑去。
- 將球拉回短打成一壘邊線附近的滾地球。
- 擊球後，右腳向一壘方向邁出第一步。
- 向一壘跑的五步中，至少有三步在界外區域。

得分

記錄下兩組 10 次練習分數。

你的分數 ＿＿＿＿＿

增加難度

- 增加跑步速度。
- 縮小目標區域，將角錐移至離一壘 3 到 4 英尺（0.9 到 1.2 公尺）的地方。

降低難度

- 重複前一個訓練。
- 重複這一個訓練。
- 使用大一點的球。
- 放大目標區域。
- 從接觸點開始，重心放在左腳。

拉回短打訓練 3. 投手投球

此訓練主要是以拉回短打的方式，練習打擊投手投出的球。三人一組──投手、捕手和打者。捕手需要穿戴完整的防護裝備。（捕手可被免去。在打者身後放置帶有目標的接球網即可。可以兩人完成訓練，或者讓第三個人當下一位打者。）打者站在打擊區中，捕手在壘板後方。投手準備好一籃 10 個球，站在距離打者 15 到 20 英尺（4.5 到 6.1 公尺）的位置，在防護網後方，與投手板在一條線上（如果沒有防護網，則投手需要縮短與打者的距離，並且使用威孚球）。與一壘邊線平行放置三個錐形筒，距離一壘邊線 5 英尺遠（1.5 公尺）。第三個錐形筒距離本壘板 15 英尺遠。

在投球之前，投手要給打者信號指示，打者才能在正確的時間點上開始動作（在投手投出球之前）。投手試著投出平飛、中等速度且在好球帶的球。（如果條件允許，可以使用投球機。）而後打者進入擊球動作，試著拉回球到一壘邊線的目標區域。擊球後，打者向一壘跑出五步。球不能超過第三個錐形

筒。10 次擊球練習後，把球收集回到籃筐中，然後交換角色——打者變爲捕手，捕手變爲投手，投手變爲打者。完成兩組擊球練習，每組有 10 次擊球機會。

- 在打擊區的左方準備好正常的擊球姿勢。
- 右腳以戳的方式踏一步，左腳交叉步向錐形筒（代表投手）方向邁出。
- 上方的手移動到球棒的上端，打開髖部進入短打姿勢。

- 球棒稍微向一壘方向傾斜。
- 在本壘板前，與球接觸區稍微後方的位置擊球，在左腳跟前方。
- 擊球時，順勢地收回球棒。
- 擊球時，重心在左腳上，隨後馬上向投手方向跑去。
- 將球拉回短打成一壘邊線附近的滾地球。
- 擊球後，右腳向一壘方向邁出第一步。
- 向一壘跑的五步中，至少有三步在界外區域。

得分

記錄下兩組練習得分。

第一組練習得分_____

第二組練習得分_____

你的分數_____

增加難度

- 加快跑動的速度。
- 加快投球速度。
- 移動錐形筒到距離一壘邊線 3 到 4 英尺（0.9 到 1.2 公尺）的位置，從

而縮小目標區域的範圍。

降低難度

- 重複前一個拉回短打練習。
- 重複此訓練。
- 降低投球速度。
- 使用大號球。
- 擴大目標區域的範圍。
- 從球棒接觸球的位置開始練習，重心在左腳上。

成功總結

在快壘比賽中，短打進攻方式是推進跑者以及上壘的有效手段。由於短打戰術中的一些技能需要球員的速度，但不是所有球員都具備良好的速度，所以不要求所有球員都要使用這些技能。但是學習這些短打戰術的技能會幫助你提高看球及控制球棒的能力。

所有球員都應該能夠完成犧牲短打，並且從犧牲短打中延伸出推打及砍打。犧牲短打的作用爲推進跑者，所以對打者的速度沒有要求。速度不快的打者可以選擇使用犧牲短打中的推打或砍

單元五 短打及切打

打，為的不是自己上壘，而是要給跑者更好的機會推進。只要你成功將跑者推進就算是成功了，自己還能上壘是附加的勝利。如果你的跑步速度很快，可以去學習並熟練掌握多項短打進攻技能。這樣你會有更多擊球方式的選擇，讓防守方更難防備你。

在下一單元中，你將會練習跑壘技能，這項技能在短打進攻中是至關重要的。一個好的跑壘者可以讓短打進攻作用更為突出。在進行單元六之前，你需要審核一下自己在單元五中的表現。記錄下每一個訓練中你所得到的分數，然後把分數綜合在一起，根據下列評分指標來審核自己的表現。

犧牲短打和出其不意短打訓練

1. 模擬短打	＿＿＿＿ 滿分 20 分
2. 前拋球短打	＿＿＿＿ 滿分 20 分
3. 投手投球短打	＿＿＿＿ 滿分 20 分
4. 目標短打	＿＿＿＿ 滿分 20 分

推擊短打訓練

1. 前方擲球推擊短打	＿＿＿＿ 滿分 20 分
2. 投手投球推擊短打	＿＿＿＿ 滿分 20 分

砍打訓練

1. 前拋球砍打	＿＿＿＿ 滿分 20 分
2. 投手投球砍打	＿＿＿＿ 滿分 20 分

跑動中擊球訓練

1. 圍欄揮擊	＿＿＿＿ 滿分 20 分
2. 接前拋球	＿＿＿＿ 滿分 20 分
3. 使用擊球架	＿＿＿＿ 滿分 20 分
4. 投手投球	＿＿＿＿ 滿分 20 分

拉回短打訓練

1. 擊球架	＿＿＿＿ 滿分 20 分
2. 前拋球	＿＿＿＿ 滿分 20 分
3. 投手投球	＿＿＿＿ 滿分 20 分
總和	＿＿＿＿ **總分 300 分**

你的總分反映了你是否掌握了技能，並且可以在短打進攻中有效的使用它們。如果你的總分在 225 之上——並且在犧牲短打加上推打或砍打的得分不少於 68——那麼恭喜你！你已經熟練掌握了短打進攻所涉及的技能。如果你的分數在 180 到 224 分之間，表明你已經良好掌握了技能，但是還可以繼續練習來精進自己。如果你的分數少於 180 分，你就需要繼續練習短打進攻方式，來提高技術技能和分數。

　　如果你的總分在 225 分以下，但是犧牲短打加上推打或砍打的得分超過 68 分，說明你掌握了最基本短打技能，可以在比賽中達到一定效果。如果你的跑步速度快，你應該平衡發展其他短打進攻技能，來提高最後總分數。要確認自己在犧牲短打、推打或砍打中有一定的技能，努力練習達到總分至少 68 分。

單元六 跑壘

經過以上的單元學習，你已經掌握了一些進攻和防守的基本技能，現在讓我們繼續學習另外一個重要的進攻技能——跑壘。一個優秀的跑者會有很多得分的機會。大聯盟棒球名人堂中的 Lou Brock 和 Maury Wills，他們因擁有強大的跑壘能力而得名，跑壘能力甚至大於擊球能力。現今美國大聯盟的坦帕魔鬼魚隊中的主要球員 Carl Crawford，還有波士頓紅襪隊的 Coco Crisp，都是能上壘的得分強手，一個安打加上一個成功盜壘，跑者立即就到了得點圈。

2000 年奧林匹克壘球隊在澳大利亞雪梨奪得冠軍，主要是靠跑者而得分，Dot Richardson 和 Laura Berg 是兩位跑壘得分強手。Laura 以速度快而得分，而 Dot 則是因她聰明的跑壘決策。新一屆的跑壘之星 Natasha Watley，加入了 2004 年在希臘雅典奧林匹克壘球比賽，在比賽中，Watley 在九場內五次盜壘的好成績打破了奧林匹克紀錄。

一旦你擊球出去後，你必須跑到一壘。*打者跑壘*是官方的規定，打者必須要在擊球後從本壘轉向一壘。由字面上解釋，「*打者*」只是指在擊球的人，而不是指跑到一壘的人。如果你擊出一個滾地球到游擊手的位置，當你正在跑向一壘的時候，你是擊球跑者，直到你安全上一壘或者被刺殺出局。當你安全到達一壘時，你是*跑者*。

跑壘是唯一可以繼續跑壘並得分的方式。你跑壘能力的高低往往決定你是能夠安全上壘，還是出局。所以，掌握正確的跑壘技能對整支球隊的進攻成功至關重要。在快壘、調整式壘球和慢壘比賽中所運用的跑壘技能是一樣的。但是，快壘和慢壘的跑壘的規則是不同的。

跑步是運動員最基本的技能。但是跑壘是針對於壘球和棒球特有的技能，不僅僅只是跑步這種身體技能這麼簡單；你必須擁有良好的判斷力去運用這些技能。身體技能需要你在 60 英尺（18.3 公尺）的廣場內可以最短距離內達到最快速度，儘量選擇最短路程，儘

管可能沒有辦法在壘包處轉90度，但是短路程是跑壘的一個策略技巧。在快壘和慢壘比賽中，你可以通過一壘和本壘，但是你在跑二壘和三壘時，必須停在壘板上。在快壘比賽中跑壘時，當投手投出球的那一刻你便可以離開壘包，跑向下一個壘包。這樣一來，將會縮短擊球時刻你到下一壘的距離。而在慢壘比賽中，你不能提前離開壘板，直到球被擊出或者越過本壘；所以你必須要等待擊球後跑到下一壘。

你還需要知道什麼時候開始跑和如何跑壘，你的目的是要推進還是要回到之前通過的壘包？你是要最後滑到壘包上，還是正規地跑到本壘上？這些問題都是你在跑壘時要決定的，這就要靠你敏銳的跑壘判斷力。所以合理的跑壘技能和良好的判斷力會增加你得分的成功率，進而贏得比賽。

通過一壘

當你擊出一個可以讓內野手可以處理的滾地球時，你必須快速離開打擊區，用全速向一壘跑去。記住只有一壘和本壘才能讓你跑過。（擊球的時候，如果你在球棒和球接觸的一刻踏上了本壘，你會被判出局，不是因為你踏到本壘而出局，是因為你在擊球時在打擊區之外。）

擊球之後，後腳先邁出打擊區（圖 6.1a），因為在你完成揮棒的同時，你的重心會從後腳轉移到你前腳，所以後腳可以自然的邁出第一步。你跑向一壘的時候，一定要進入界外區（一壘邊線外），然後在本壘和一壘之間一半的距離進入一個跑道。 如果你從本壘跑向一壘時是在界內區，而且途中被投球打中了，你會被判出局。

錯誤

你用前腳邁出打擊區，從而增加了到一壘的距離與時間。

修正

揮棒完成後，確保自己的重心在前腳上，這樣你的後腳可以移動。

對於慣用左手的擊球者來說，後腳邁出的第一步會很接近界外區，因為大部分的左打者打擊區都在一壘的界外區裡。左打者只有在擊球區的前方擊球時，才有可能邁入界內區，而打者會需要儘快回到界外區。右打者要有自覺地朝向著界外區跑到一壘，而不是從揮棒完成的地方直直向一壘奔去。

一旦你在一壘界外區時，你應該直接跑向一壘，用腳去接觸壘包在邊線

上的前角（圖6.1b）。直線全速跑過壘包（沿著邊線）。彎曲膝蓋，步法變小，身體向後傾，減慢速度，讓自己可以馬上停下來。隨後向左轉，面向界內區（圖6.1c）。如果被判上壘，則返回到壘包上；如果當你看到防守者出現了失誤，你要決定是否繼續跑到二壘。一旦你做出繼續跑向二壘的決定，你就不能再自由地回到一壘，你可能會被觸殺出局。

圖 6.1　通過一壘

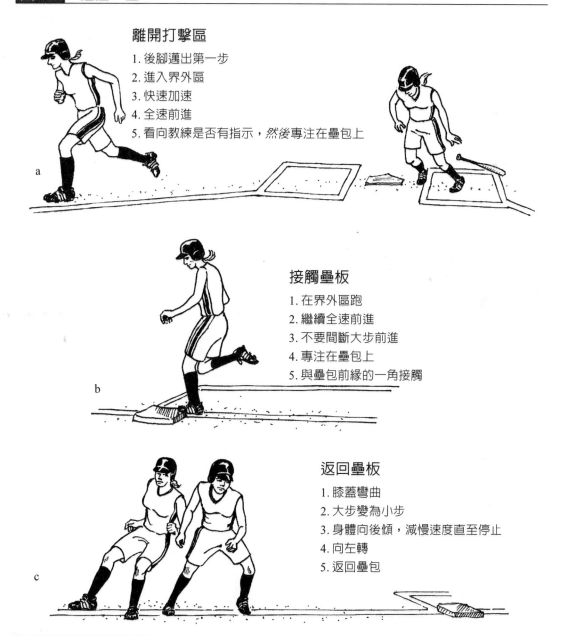

離開打擊區
1. 後腳邁出第一步
2. 進入界外區
3. 快速加速
4. 全速前進
5. 看向教練是否有指示，然後專注在壘包上

a

接觸壘板
1. 在界外區跑
2. 繼續全速前進
3. 不要間斷大步前進
4. 專注在壘包上
5. 與壘包前緣的一角接觸

b

返回壘板
1. 膝蓋彎曲
2. 大步變為小步
3. 身體向後傾，減慢速度直至停止
4. 向左轉
5. 返回壘包

c

單元六　跑壘

錯誤

在界內區跑向一壘。

修正

不要在界內區上跑，要儘快進入界外區。

錯誤

用跳的方式跑向壘包，或在快到一壘前變換成小步法，或者加大步法。

修正

步法保持一樣大小，直至腳與壘包前緣外側（邊線）的一角接觸。

通過一壘訓練 1. 離開打擊區

在打擊區中拿好球棒，準備好正常的擊球姿勢。揮棒打擊假想球 10 次，具體動作見圖 4.2（頁 78）。重點練習雙手繞過肩膀來完成揮棒動作。另外要確保你的重心在前腳上，前膝蓋呈彎曲狀態，身體向一壘前傾。後腳邁出第一步，跑出打擊區。在開始跑向一壘時，上方的手鬆開球棒，只有下方的手拿住球棒。在跑出兩三步時丟下（不要扔出）球棒在界外區的地上。大步跑向一壘（直到你進入界外區，並且已經跑了有兩大步或更多〔右打者〕，或四大步或更多〔左打者〕）。

檢查
• 完整地揮棒。
• 雙手繞過肩膀。
• 重心轉移到前腳上。
• 後腳邁出打擊區第一步。
• 離本壘 10 英尺（3 公尺）內，進入界外區。
• 球棒丟在界外區的地上。

得分

10 次揮棒跑壘練習中，每 1 次成功按照標準完成練習得 1 分。

你的分數＿＿＿＿＿

增加難度

• 按照圖 6.1 中所示的動作規範通過一壘。

降低難度

• 嘗試幾次慢動作練習，而後按照原速度練習。

通過一壘訓練 2. 壘包處

開始動作如同上一訓練。揮棒打擊假想球 10 次，每次擊球過後，後腳

壘球

邁向卓越

先跑出打擊區，不間斷地跑向一壘。在到達壘包前不要減速。在通過一壘後，身體向左轉，返回到壘包上，不要向右轉或是直接返回到本壘，要回到一壘板上！按照圖 6.1 所示的動作步驟來練習此技能。

　　如果有其他人一起和你練習跑壘，那麼在你返回一壘之後馬上離開，並且遠離邊線，給下一個練習跑壘的人讓路。

- 在標記內的界外區跑壘。
- 全速前進直到超過一壘壘包。
- 通過了壘包之後，開始減速，順勢停下來。
- 向左轉，返回壘包。

得分

　　10 次跑壘練習中，每 1 次達到檢查標準得 1 分。

　　你的分數＿＿＿＿

增加難度

- 使用正規壘包。
- 在通過一壘並且向左轉之後，向二壘進攻做出動作，考慮一下，然後繼續向著想像的二壘全速前進八步。
- 在通過壘板並且向左轉之後，向二壘進攻做出動作，改變想法，跑回一壘（外野與壘線之間角落），然後停在壘板上。
- 使用擊球架。擊出一個滾地球，然後跑向一壘。

降低難度

- 使用室內壘包，壘包的高度比較低，不用擔心被絆倒。
- 縮短距離，從而可以保持全速跑過壘板。
- 直接從本壘跑到一壘，不需要揮棒。

通過一壘訓練 3. 擊球架後跑壘

　　在比賽中，你將要擊中一個投手投出的球，然後跑到一壘。為了能夠模擬真實比賽的情況，我們可以使用置球架，打擊擊球架上的球然後跑壘。

　　在本壘處放置一個擊球架。打出滾地球，然後跑到一壘。如果你是一個人練習，那麼你需要準備一籃 10 個球，10 次擊球與跑壘過後，再收集所有的球。

　　和搭檔一起練習效果更佳。向搭檔打出滾地球，然後用正確的方法通過一壘。你的搭檔在接住球後，將手套放在接球的地上，然後拿著球到本壘，準備擊球。而你在跑過壘包，再返回到壘包之後，去守備的位置準備接球。重複此訓練直到你已經擊球和跑壘各 10 次。你可以按照訓練 2 中所講的難度調整來增加或降低難度。

單元六　跑壘

- 在標記範圍內的界外區跑壘。
- 全速前進直到跑過壘包。

- 控制自己停下來。
- 向左轉,直接返回到壘包上。

10 次跑壘練習中,每次按照標準跑壘成功得 1 分。

你的分數_____

通過一壘訓練 4. 一壘手防守範圍

現在你需要在有一壘手在壘上接球的情況下練習通過一壘。這時你需要在通過一壘時腳踩在壘包靠近邊線的這個前角。你要確保不要踩壘包的中心,避免撞到接球的人。

這個訓練分為兩部分(沒有投球和有投球),需要四個人一起參與練習:兩個球員在擊球位置,第三個是守備者在游擊手的位置,第四個是一壘手。球從擊球架上擊出,在擊球架旁邊放一筐 10 個球。在游擊手旁放一個空的籃筐,將收集回來的球放在空籃筐中。

不投球:第一個擊球者擊球到游擊手,然後跑到一壘。一壘手站在一壘壘包靠近二壘的這一邊的前面。游擊手接球,拿在手裡,不投出。一壘手將一隻腳踩在壘包上,並且手套伸向游擊手,就像是有投球飛過來。然後游擊手再觀察擊跑者是否接觸到了壘包的前角上(界外側),是否經過壘包後控制停止,並且向左轉回到壘包。擊跑者隨後回到本壘,當下一個打者擊球的時候,

由離邊線較遠的界外區跑回來。5 次擊球之後,兩個防守者互換位置。打者完成 5 次擊球和通過一壘之後,交換角色,兩個打者轉變為防守者,兩個防守者則轉變為打者。重複此練習直到所有球員都完成 5 次擊球和 5 次通過一壘,並且在各守備位置上分別有 5 次接球機會。

投球:與第一部分的練習步驟一樣,除了防守者(游擊手)需要在接到球後,上手傳球到一壘上。空籃筐放置在一壘手的界內側,確保籃筐沒有妨礙到一壘手和擊跑者練習。打者必須配戴頭盔。一壘手接到球後,將球丟入旁邊的籃筐。如果投球沒有投準,一壘手無需去追球,直接放棄接球。擊跑者返回到本壘上,途中不要擋到第二個打者。角色交換規則與第一部分一樣。

只有第二部分練習記分數。記錄下你安全上一壘的次數,安全上壘的標準是比傳向一壘的球早到或者一壘手沒有接到球。

- 在標記的界外區跑壘。
- 全速前進直到跑過壘包。

- 接觸壘包在界外側的前角。
- 控制停下來，向左轉，然後回到壘包上。

得分

只有練習第二部分記分。記錄下安全上一壘的次數，並且按照下列標準計算分數。

4 到 5 次 = 5 分

2 到 3 次 = 3 分

1 次 = 1 分

你的分數＿＿＿＿＿

增加難度

- 打者擊出滾地球，使得內野手要向右或者向左移動 2 到 3 步去接球。
- 分隊練習第二部分。兩個打者為一隊，游擊手和一壘手為另一隊。每次打者擊中球且安全上一壘一次，得 1 分。打擊隊中的每個人有 5 次擊球機會，兩個擊球者換成野手和一壘手角色。記錄下整個球隊的得分。只有當你是打擊隊才記錄分數。

降低難度

- 使用室內壘包。
- 縮短與一壘之間的距離。
- 不用球和擊球架，空揮棒。

通過一壘訓練 5. 安全上壘或出局

此訓練與上一個訓練的第二部分人員分配相同，與上一訓練中增加難度的第二個建議的流程相似。唯一不同的是，在這個訓練中，兩個團隊都要記分。

為了安全，打者需要配戴頭盔。打者從擊球架上擊出滾地球，且擊出的球在游擊手區域中，使游擊手向旁邊或前方移動不超過兩或三步去接球。如果超過，則守備隊得 1 分。如果擊跑者擊出滾地球並安全上一壘，打擊隊得 1 分。如果游擊手和一壘手合起來使擊跑者出局（一壘手接到球在手套中，並且在擊跑人觸碰壘包前觸壘），防守隊得 1 分。

打擊隊上的每個人完成擊球並跑壘 5 次之後，打擊隊和防守隊交換角色。直到每一個球員都已擊球 10 次（兩組完整循環或一個隊最多達到 20 分），記錄下自己團隊的得分。

由於此訓練是比賽，所以不需要提高或降低難度。

檢查：打者

- 擊出的球在游擊手的區域內。
- 安全上一壘。

檢查：游擊手

- 一次性接住球。

• 準確投球給一壘手。

檢查：一壘手
• 接住球的同時接觸一壘包。

得分	
團隊得分在 15 到 20 分 = 5 分	團隊得分在 4 分以下 = 1 分
團隊得分在 10 到 14 分 = 3 分	你的分數_____
團隊得分在 5 到 9 分 = 2 分	

繞過壘包

繞過壘包的技巧是當你覺得有可能攻占下一個壘包，或者你因為長打而確定你可以攻占下一個壘包時所使用的。繞過壘包所用的技巧是為了提供最直接的路徑並且保持最快速度而設計的。

當你距離壘包 15 英尺（4.5 公尺）的時候，向右方外側跑出大約三步，直線路徑變為弧度曲線，然後再向壘包方向折回。路徑的形狀看起來像是勺子的邊緣，所以繞過壘包也會被叫做勺子跑法。當你經過壘包時，向內野傾斜並且左腳接觸壘包的內角（圖 6.2）。

如果需要攻占下一壘，繼續直線跑向下一壘。如果你覺得你無法安全攻占到下一壘，那麼踏出剛剛到達的壘包幾步，彎曲膝蓋，重心轉移到後方，減速停下。然後以倒退方式回到壘包上，雙眼要時刻注意拿球的人。

圖 6.2　繞過壘包

在真正比賽中繞過壘包，你沒辦法輕鬆地回到壘包去；你很有可能會被觸殺。如果球是投向你繞過的壘包上的人，那麼你要儘快回到壘包上，並且小心不要被觸殺；否則，你會出局。

錯誤
當你要在一壘轉彎時，你進入了右外野的草坪上。

修正
你太晚開始繞了（離壘包太近）。要從距離壘包 15 英尺前開始轉彎。

壘球

邁向卓越

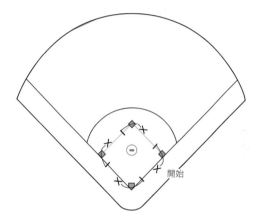

錯誤

為了轉彎你在壘包處放慢了速度。

修正

在距離壘包 15 英尺前，身體開始向右偏移，之後以全速通過壘包

繞過壘包訓練 1. 向壘包外側偏移

　　先朝壘包直直的跑去，當距離壘包還有 15 英尺（4.5 公尺）的時候，身體向壘包的右側偏移，再以半圓形的路線，跑向壘包。通過壘包的內角，直直的向著下一個壘包前進。跑過壘包後繼續跑幾步，放慢速度然後停止住。

　　如果在正規的壘球場地練習，從本壘和一壘之間的一半路程開始（在界外區中所標記的區域的一壘線上）。在規定的通道內跑向一壘，在距離壘包 15 英尺時向右側偏移，繞過壘包，然後向著二壘全速前進（圖 6.3）。跑過壘包之後的 10 到 15 英尺（3.0 到 4.5 公尺）處停下來。慢跑或走著到距離二壘 30 英尺（9.1 公尺）處的位置再重複訓練。按照這個方式跑過所有的壘包，包括本壘。跑壘的時候要注意路徑弧度的大小，要可以安全快速的通過壘包，並確保你在朝向下一壘的方向上。確認你在練習中使用圖 6.2 的技能。

　　如果只用一個壘包做練習，那麼在跑過壘包 20 英尺（6.1 公尺）的距離掉頭折回，然後再重複訓練（圖 6.4）。每一次都向壘包的右側偏移，從右到左通過壘包。在 4 次重複練習之後，你會重新回到起點。

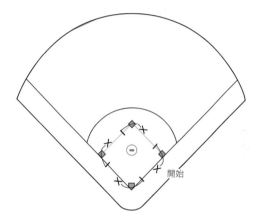

圖 6.3　在正規壘球場地上的路徑示意圖

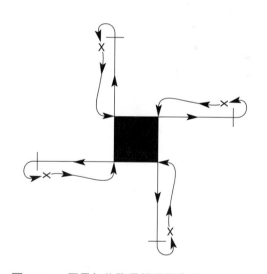

圖 6.4　一個壘包的跑壘路徑示意圖

檢查

- 在距離壘包 15 英尺的時候開始向右偏移。

- 向左傾，直接向壘包跑去。
- 左腳接觸壘包的內前角。
- 控制速度到停住。

記錄下成功按照標準完成跑壘的次數。

　　4 次 = 5 分

　　2 或 3 次 = 3 分

　　1 次 = 1 分

　　你的分數_____

增加難度

- 縮小路徑的弧度。
- 加快接近與繞過壘包的速度。

- 縮短在壘包與壘包之間慢跑的長度，最後你是跑完整個邊線的長度。

降低難度

- 接近壘包時減慢速度。
- 縮短你接近壘包時所需要跑動距離。
- 從大圓弧開始練習，逐漸縮小圓弧弧度，但是速度保持中等。
- 慢跑完成繞過壘包練習。

繞過壘包訓練 2. 一壘安打、二壘安打、三壘安打、全壘打

你需要一個搭檔，幫助你計時。從本壘處開始練習。

拿起球棒，揮棒打擊一個想像的投球，使用圖 6.2 中所示的技巧（頁 140），跑出一個一壘安打並繞過一壘。用正確的技巧返回一壘。最後回到本壘。

接下來，揮棒並且跑出一個二壘安打，繞過一壘，停在二壘。側滑到壘包上，或者在距離壘包有 10 英尺（3.0 公尺）以內全速前進，彎曲膝蓋，重心轉移到後方，小碎步點地停在壘包上，不超過壘包。最後回到本壘。繼續練習跑出一個三壘安打，繞過一壘和二壘，最後停在三壘。然後返回到本壘。

最後，跑完一個場內全壘打。當你擊出超越攔網的全壘打時，你可以輕鬆的慢跑過每一壘，向周圍的觀眾揮手！

但是，場內全壘打的球還是在場地中，所以你必須在防守隊將球傳到本壘前到達，否則你會被觸殺。所以，你需要掌握和使用好的跑壘技巧去才能比傳到本壘的球先到。繞過三個壘包，從本壘到本壘要全速奔跑。要注意的是，你可以直接通過本壘，所以不要減速停在本壘包上，要以全速通過本壘板。

對於一個人練習擊球後跑壘，然後返回本壘再馬上跑壘，大量不停歇運動會使身體很疲勞。如果條件允許，找兩到三個跑者一起做練習，這樣每個人既可以練習跑壘，又可以得到適當的休息。

檢查

- 由後腳邁出打擊區第一步。

壘球

邁向卓越

- 當你在跑一個深遠一壘安打或者推進到下一壘時，用勺子跑法通過壘包。

- 如果是二壘安打和三壘安打時，停在壘包上。

得分

根據表 6.1 來計算得分。

增加難度

- 訓練中，從打擊想像的球變為打擊輕拋球。

降低難度

- 先縮短壘包與壘包之間的距離練習，隨後用原距離練習，試著提高自己的得分。

表 6.1　一壘安打、二壘安打、三壘安打、全壘打練習計分表

跑動距離	時間範圍（秒）	分數	你的分數
本壘到一壘 （一壘安打）	少於 3.5	5	
	3.5～3.9	3	
	4.0～4.5	2	
	多於 4.5	1	
本壘到二壘 （二壘安打）	少於 9.0	5	
	9.0～9.9	3	
	10.0～11.0	2	
	多於 11.0	1	
本壘到三壘 （三壘安打）	少於 13.0	5	
	13.0～13.9	3	
	14.0～15.0	2	
	多於 15.0	1	
本壘到本壘 （全壘打）	少於 18.0	5	
	18.0～18.9	3	
	19.0～20.0	2	
	多於 20.0	1	

繞過壘包訓練 3.　對一壘教練的提醒做出反應

在正式比賽中，一壘邊線教練來幫助擊跑者決定應該通過還是繞過一壘。在跑者從一壘跑到二壘時會看向在三壘的教練得到指示。在一壘，教練通常會讓擊跑者繞過壘包，並且在球進入內野時，時刻關注球的動態。擊跑者必須在到達距離壘包 15 英尺（4.5 公尺）之前看向教練，從而可以及時得知是否繞壘的指令。

這個訓練將幫助你養成與教練互動的習慣，並且可以完成教練給你的指示。你需要一個搭檔來完成訓練：你是擊跑者，你的搭檔則為教練。先從揮棒打擊一個想像球開始，然後跑向一壘。一壘教練告訴你是需要通過還是繞過壘包，隨機喊出「繞過，看球」或者「通過」。跑者要聽從並且完成教練的指示。

練習跑一壘 5 次。記錄下成功領會教練指示的次數。過後交換角色。如上一個訓練一樣，多加參與者（兩個或三個擊跑者）可以讓每個人在練習中都有休息的機會。

這個訓練沒有增加或降低難度的空間，如果達標請繼續下一個訓練。如果對順利完成此訓練還有困難，請繼續練習。

檢查

- 迅速加速。
- 看向邊線教練，然後專注壘包。
- 執行邊線教練給予的指示。

得分

根據 5 次練習中成功達到標準的次數來計算得分。

5 次 ＝ 5 分

4 次 ＝ 3 分

3 次 ＝ 2 分

2 次 ＝ 1 分

你的分數＿＿＿＿＿

繞過壘包訓練 4.　外野的二壘安打

你需要四個人一起完成這項訓練。兩個球員穿戴好擊球頭盔，站在本壘位置，在本壘處準備好擊球架和一籃 10 個球。第三個人為左外野手，第四個人為二壘手。在二壘邊的外野放置一個空籃筐。

第一個打者打出朝向左外野的平飛球。隨後打者開始跑壘，繞過一壘，然後決定是否繼續跑到二壘。外野手接到球後投給在二壘手，二壘手再將球丟入空籃筐。

在練習尾端時，第一個擊跑者回到本壘，確保途中避開第二個打者擊出的球，也不要妨礙到第二個打者跑到一壘。（建議在第二個球員擊球過後返回本壘。）當擊跑者要做選擇時：在二壘手接到球之前是回到一壘，還是繼續跑向二壘。沒有太多經驗的球員在此訓練中不需要二壘做觸殺；如果有經驗的球員知道適合的觸殺技巧，可以在二壘處練習觸殺。所有球員要事先練習好滑壘技巧，並且可以在此練習中熟練應用。記錄下你決斷正確的次數：留在一壘，或是繼續跑二壘並且安全上壘。要誠實記錄！如果外野手沒有接到球，有足夠時間讓你跑到二壘但是你卻停在一壘，則算是判斷錯誤。

在每個打者都擊球 5 次後，交換角色。一個打者變為外野手，另一個打者則變為二壘手（順便帶著空籃子）。外野手和二壘手到本壘，將裝滿 10 個球的籃筐帶到身邊。為了能最大化練習機會，兩個在場上的球員在每 5 個擊球之後，互相換角色，這樣兩個人在一組練

習中可以同時體驗外野手和內野手兩種角色。此訓練的目的主要是學習做出正確決斷；所以，此訓練不存在有難易程度上的變化。

檢查
• 使用正確繞過壘包的技能。
• 在決定衝到二壘後，人要比球先到二壘壘包。
• 如果球會比你先到二壘，那麼留在一壘。

得分	
根據在 5 次擊球練習中所成功達成標準的次數來計算分數。	3 次＝2 分
	2 次＝1 分
5 次＝5 分	你的分數_____
4 次＝3 分	

繞過壘包訓練 5. 直接通過或繞過壘包

現在我們將要把訓練設置成更相似於真正的比賽。此訓練需要六個球員一起完成。兩個人為打者，一個為一壘教練，第四個人為游擊手，第五個為左外野手（在游擊手後方），第六個球員是二壘手。在本壘處放置一籃 5 個球，在二壘附近放置空籃筐。

兩個打者交替從擊球架上擊球，試著將球穿過游擊手防區並且深入左外野。擊球後，打者跑向一壘，並且執行一壘教練的指示。如果球擊過了游擊手，一壘教練會指示，「繞過並看球！」 如果球被游擊手接住（不傳向一壘），一壘教練會指示，「通過壘包！」擊跑者要完成教練所給出的指示。如果接到的指示為繞過壘包，跑者必須要抉擇是返回一壘還是繼續前進到二壘。在前進到二壘的時候，跑者可以

選擇使用滑壘。如上一個訓練，此訓練也會用到滑壘技能，所以球員必須事先練習好滑壘技能，再在練習中使用。打者必須穿戴頭盔。

野手試著守備飛來的球。如果是外野手接到球，他要傳球給守備二壘的壘手。比較有經驗的球員會在跑者試著去推進到二壘的時候嘗試觸殺。二壘手接到球後，將球丟入空籃筐中，一輪練習結束；游擊手將接到的球帶回本壘。每個打者擊球 5 次後，互換位置：第一個打者變為游擊手（第二個打者在原位繼續擊球 5 次），游擊手轉為外野手，外野手轉到二壘，二壘手變為邊線教練，最後邊線教練變為其中一個打者。直到每個球員都有機會擊球 10 次。第一個要轉換為游擊手的打者到最後要再轉為打者去完成 10 次擊球。

此訓練的主要目的是儘量製造二壘安打。記錄下你安全到達二壘的次數，看你能拿下的二壘安打是否比其他球員要多。當你在外野手或者游擊手的位置時，你應該抓住時機練習守備。注視著球離開球棒，然後快速移動到正確位置在自己的身前接球。俐落地接住到球，然後將球準確的投向二壘手。邊線教練必須要關注擊出的球和野手處理球的過程，根據處理的結果，然後給擊跑者適合的指示。此訓練的主要目的是練習做出正確選擇；此訓練不存在有難易程度上的變化。

得分

在 10 次跑壘練習中，根據自己成功按照標準完成跑壘的次數來計算分數。

7 到 10 次 = 5 分

5 到 6 次 = 3 分

2 到 4 次 = 2 分

少於 2 次 = 1 分

你的分數_____

離壘

在任何壘球比賽中，提前進入得分位置（二壘或三壘）是相當重要的。一旦你已經停在壘上，你會想增加進攻下一壘的機會。

離開壘包向下一壘方向移動一點距離，這叫做*離壘*。在慢壘比賽中是不允許的，但是在快壘比賽中，離壘是跑壘的一個技巧，增加安全上下一壘的機會。

在快壘比賽中，跑者要等到球離開投手的手時方可離開壘包。對於已經在一壘的跑者來說，常常會看不到右投手手中的球，因為投手的手會被他的身體擋到。然而跑者會以投手的左腳步法（右投手）來預測投手的出手時間，因為左腳可以被在一壘的跑者看到。所以當你要離壘時，要計算好投手步法接觸地面的同時，自己才可離開壘包。

在快壘比賽中，你應該在每一個投球時都離壘，即使你沒有想要去盜壘（攻擊方的盜壘策略會在單元九介紹）。如果你在非盜壘的情況下離壘，並且打者擊中球了，你會離下一壘近了幾步。接下來將要介紹的離開壘包的技能可以用作離壘或者盜壘所用。離壘或盜壘是依照個人喜好來選擇，但是當你要做盜壘的時候，這個技能會讓你可以有很好的起步。

雖然離壘的方式和跑者腳在壘包上的位置有所不同，但是大多數跑者會使用下列兩個技能之一。搖擺起跑，跑者的慣用腳（用來起動的腳）站在壘包前緣（圖 6.5）。當投手在投球快要結束的階段時，跑者開始將重心從後方轉移到前方的起動腳上。後腳先向下一壘方向邁出第一步，邁步的時刻是投手投出球的一瞬間。此技能有時被叫做*輪動式起跑*，跑者可以在球投出之前提前進入狀態。使用這個方法時，掌握好時間點很重要；你的前腳在球投出之前是不能離開壘包的。要記住，如果你在球投出之前離開了壘包，你會被判出局。教練有時會讓裁判員先知道球員用的是輪動式起跑方式，跑者在準備起跑的同時是與壘包相接觸的，如此一來才不會被誤認為離壘過早。

另外一個技巧是在壘包前使用田徑起跑，跑者面向將要進攻的壘包（圖 6.6）。這回是後腳在壘包上，後腳將

會邁出第一步。練習的時候試一下哪隻腳你覺得更適合站在壘包上，可以讓你更快的起跑。

另外有一種影響你用何種方式離開壘包的情況，就是按照壘球規定，當跑者在壘上並且少於兩個出局，球被擊出，跑者必須在飛球被接住後接觸壘包，或是被傳球刺殺出局。當飛球被擊中時，你可以離開壘包，但是你必須在飛球被接住後返回離開的壘包。如果你離開壘包太遠，接到球的野手會將球投到你離開的壘包處；如果那個壘手接住了球並且在你還沒回到壘上時，用帶球的手套觸碰到你 —— 或者壘手在你回到壘包之前先踏上了壘包 —— 那麼結果就是你被判出局。

當你正準備離壘且球被擊到空中的時候，你必須想好你能冒險離開壘包多遠。如果你在一壘上，球被擊到右外野，那麼離開壘包至多 2 到 3 步（8 到

圖 6.5　搖擺起跑姿勢　　　　　　圖 6.6　田徑起跑姿勢

10 英尺〔2.4 到 3.0 公尺〕）。右外野手只需要一個短距離投球就能將你刺殺出局。相反，如果你在一壘上，飛球被擊到左外野，那麼你可以跑出距離二壘一半的距離。如果球沒被接到，你已經很接近二壘了；如果球被接住，但你也可以比球還早回到到一壘。

當你在二壘或者三壘的時候，可以按照一樣的規則來判斷自己可以跑出多遠。如果飛球被擊到外野位置並且接近你在的壘包，那麼不要向下一壘跑得太遠；反之，如果飛球被擊到外野處但距離你所在的壘包較遠，那麼你可以向下一壘跑出更遠的距離。

你需要判斷出在飛球的情況下自己可以向下一壘跑多遠，當球被接住後還有時間回到原先的壘包。如果飛球沒有被接到或者是滾地球，那麼你就可以向下一壘全速前進，然後選擇停在下一壘或者繞過壘包再進攻下一壘。這就是跑壘所需要做出的判斷與抉擇——也是壘球中最具有挑戰性、最有趣的地方。

滑壘

在前面，你已經知曉在比賽中可以直接通過一壘和本壘，不必停在壘上，但是到達二壘和三壘的時候必須停在壘包上。在之前的訓練中，你也學習到了推進壘的多種技巧。當你必須要到達且停在壘包的時候，滑壘是最快的方法，因為你不需要去減慢自己的速度就能在壘包處停住。滑壘也是在非強迫進壘的情況下，避免被觸殺最有效的方法（當壘手必須用球去碰你，而不是只需要用球去碰壘包的情況下）。你不可以以站立衝撞的方式衝撞即將要接住球的防守球員（如本壘），所以，當諸如此類的情況發生時，滑壘是最好的選擇。

滑壘的時候，在仍然保持大步前進的狀態下，同時降低身體到地面上，要雙腳在前滑到壘包上。因為以頭部在前的滑壘，可能會對頭部、脖子、肩膀、手臂和雙手造成嚴重傷害。所以頭部在前的滑壘是不建議的。甚至一些職業壘球球員因為頭部向前滑壘而受傷。當你距離壘包大約 10 英尺（3 公尺），保持全速狀態下，肩膀向後並且抬起雙腿，稍微向你要滑壘的一側傾斜。雙手舉在頭頂，全身伸展開來接觸地面。接下來會講解不同的滑壘方法來應對不同比賽狀況。

滑壘技巧有幾種不同方式，但是一些普遍原理適用於大多數狀況。在一個非常接近且需要觸殺的情況，滑離壘包可以讓壘手較不易完成觸殺。如果是從中外野傳球到二壘，用你左側身體滑向壘包的內野側，右腳勾住壘包上距離投手最近的一角（圖 6.7a）。如果是從內野傳出球來（例如捕手傳出球），那麼要用你右側身體滑向壘包的外野側，左腳勾住壘包（圖 6.7 b）。

滑向壘包或滑壘後站立的滑壘方

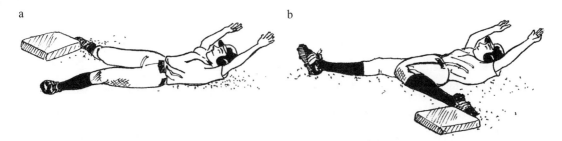

圖 6.7　鉤式滑壘：(a) 當傳球來自外野，滑向內野；(b) 當傳球來自內野，滑向外野

式是當你看到球不會及時到位，並不會讓你觸殺出局的時候使用的。即便如此還是要保持全速前進來確保可以安全上壘。正確的使用此滑壘方法可以讓你滑壘之後輕鬆站起來，如果投球沒有傳準並且飛過了壘包，你已經站立起來準備進攻下一壘了。為了滑壘之後身體可以面對下一壘的方向，你應該用你左側身體滑壘。當你在降低你身體到滑壘姿勢時，用左邊小腿外側（膝蓋下面的腿部）和左邊大腿外側，還有左方的臀部接觸地面。但是膝蓋和雙手不要接觸地面。當你的身體已經在地上的時候，左腿彎曲，使你整個小腿的前側（脛骨）頂住壘包。右腿保持伸直狀態，稍微抬起，不要碰到壘包（圖 6.8a）。當你的左腿接觸到壘包時，會減慢你身體向前的衝力。隨後向前的衝力會轉變為垂直的提升力，讓你的身體可以站起來，右腳剛好站在壘包的另一端（圖 6.8b）。你現在的姿勢正好就是進攻下一壘的準備姿勢。

　　儘管滑壘是基本技能，但是球員必須要經過訓練，然後才能在練習或是比賽中很好的應用它。通常少年的球員比青年球員更容易理解與學習技能。年輕球員在學習中比較不會懼怕挑戰；此外，青少年球員身體落下到地面的距離較年輕成年人要小很多。

　　滑壘上的失誤通常發生在起滑或著

圖 6.8　滑壘後站立

陸的時候。在起滑的時候，應該是從直立向前奔跑的狀態平順的轉變成向後傾的姿勢，身體要展開，保持平直。常出現的失誤動作是，直接跳進倒下動作，而沒有先降低身體。當你跳起倒下時，會抬高自己的身體，加大自己落地的距離，導致硬著陸，減慢滑到壘包的速度。另一個常見的錯誤就是太靠近壘包才開始滑壘；過慢的起滑會造成你在進壘時衝力太大，導致有受傷的危險。

使用錯誤的身體一側滑壘，尤其是在滑壘後站立時，是個很常見的著陸錯誤。當你滑壘過後準備要進攻下一壘時，你應是身體左側落地滑壘，這樣當你再站起來時，正好是面向下一壘的方向。如果你是右側滑壘到二壘上，那麼你站起來後會面向外野而不是三壘。

在準備嘗試這一單元的跑壘訓練之前，你應該先利用以下的建議練習滑壘技巧。

錯誤

跳起滑壘。

修正

不要跳起滑壘！要先降低和伸展自己的身體。

錯誤

雙手落地。

修正

當你開始滑壘的時候，將雙手和雙臂舉起伸開。

沙上分解動作

在一個較大的沙地區域，像是跳遠沙坑（或者海邊沙灘），按照圖 6.8a 的姿勢坐在沙中。身體要向左側傾倒，確保你的身體重心是在左側髖骨和彎曲左腿的外側。上半身向後倒，雙手伸直向上在頭部後方。感受一下滑壘時腿、髖骨和手臂的位置。

接下來，從走在沙子上開始，然後漸漸的彎曲膝蓋，降低髖骨，右腿向前伸（不要跳起），左腿彎曲，身體向後倒在沙子上。要注意的是在你落地滑壘的時候，雙手一定要向頭部後方伸直；不要用雙手去支撐身體或地面。按照這樣的步驟多加練習，然後逐漸增加走路的速度。謹記不要跳起落地滑壘，也不要用雙手支撐身體或地面。

當你覺得已經熟練落地滑壘這一階段時，便可以進入下一滑壘技巧的練習環節

濕草地滑壘

這個練習最適合在炎熱的夏季！會用到大量的水，浸濕一片後草地，草地要求平整沒有玻璃渣或者小石頭。穿一

條舊的運動褲或者其他你不介意弄濕弄髒的長褲。脫下鞋子，穿著襪子跑（不要光腳）。不要穿釘子鞋！釘子鞋會在滑壘途中勾到草皮，從而導致關節或膝蓋受傷。在草地中間放置一個鬆動的壘包（底下沒有用椿固定），可以是一個正方形毯子，或者是相似的一片平整物體來代表壘包。從距離壘包 30 到 35 英尺（9.1 到 10.6 公尺）處開始向壘包跑去。當你跑到距離壘包還有 10 到 12 英尺（3.0 到 3.6 公尺）的地方時，保持全速前進，開始向後傾倒，彎曲左腿，將右腿向前伸直（讓右腳離開地面），最後落地滑壘的姿勢與之前你在沙子中做的練習姿勢一樣。確保高舉你的雙手至頭部後方，並且下巴貼住胸膛，這樣不會後腦勺碰到地面。到最後你應該可以成功滑到壘包。如果你沒有滑到壘包

位置，說明你沒有全速前進滑壘或者過早開始滑壘。如果最後滑過了壘包，或腳帶著壘包一起滑出去，你可能是過晚才開始滑壘或者滑壘時距離壘包太近。要確保至少在距離壘包 10 英尺時開始滑壘，試著滑到壘包處。

如果沒有水，可用大片的塑料或者紙板來滑壘。還可以等待溫度適宜的下雨天，再做此練習。

雪地滑壘

如果你生活的地方會下雪，那麼草坪上覆蓋幾英寸的雪最適合不過了。但是如果雪太厚太深，就會不利於奔跑。利用適量的雪和草設置一個適合的練習區域，使用與在濕草地上相同的滑壘技能來練習。

回壘

另外一個重要的跑壘策略是*回壘*。它是壘球和棒球共同使用的名詞，其指的是在某種特定的比賽情況下，在你上壘並且離開壘包之後，在做任何決策之前你必須返回那個壘包。跑者必須在界外球被擊出後回壘。在棒球比賽中，跑者可以在下一個投球之前回壘，然後離壘。而在壘球比賽中，跑者必須回壘並且在下一個投球前要留在壘包上。

另外一個你必須回壘的情況是在高飛球被接到之後，你還想要推進到下一壘。這時，你必須回到當球被擊出去的

時候你所在的壘包上。這個情況通常發生在球被擊到外野很遠的地方。舉個例子，如果打者擊出一個高遠飛球，可能會被右外野手接到的情況下，在二壘的跑者會馬上回到二壘。一旦右外野手接到球，跑者可以離開二壘，進攻三壘。在這種情況下，你必須確保在野手接到球前都不能離開壘包。這個情況是需要觸殺的情況，所以你必須在野手接到球之前到達壘上，過程中也要避免被觸殺。要記住，你可以直接通過本壘不站在壘上，但是到三壘不能這麼做。一樣

151

的回壘策略也適用於當你是在三壘，飛球被擊出到外野很遠的地方。在這種類似的情況下，你不僅可以推進一個壘，你甚至可以得一分。

接下來的回壘訓練可以用不同方式進行，也可以改良成難度較低，適用於經驗較少的球員。例如：飛球可以是打擊投手投球、輕拋球、擊球架，或者使用投球機；又或者是用打者自打球或只是球員投擲球當飛球。依練習球員的水平高低來決定所使用的方法。需要明確

的是，此訓練的主要任務是回壘和飛球接殺後推進。為了訓練可以順利進行，擊出的飛球必須可以讓外野手接到。所以，教練或者老師必須要選出最適合的擊球方案來確保球員可以專注在練習回壘和推進上。兩個或三個跑者輪流練習跑壘可以讓訓練循環得更快些。跑者需要達到指定的跑壘次數才能下場換下一個跑者開始練習。如果所有球員跑壘和防守都練習，那麼需要安排角色交換。

回壘訓練 1. 二壘到三壘

在正式比賽狀況下，如果你是跑者在二壘，少於兩出局，一個飛球被擊到右外野手處，在球被接住後你應該回壘並且推進到三壘。正因你推進到三壘，如果另外一個飛球擊到外野任何一處，在少於兩出局的情況下，你便有機會得分，或者你可以輕鬆在安打上得分。

你需要至少四個人一起來完成訓練，最好六個人。一個人為跑者，從二壘作為起始點；另外兩個跑者站在遠離壘包的位置（左外野側並在跑者的路線外）。所有跑者必須穿戴頭盔。下一個跑者可以作為觀察者，檢查其他跑者的動作。第四個人是右外野手，第五個人是為三壘跑者。第六個人為打者，可以投擲的方式投出飛球，或者打擊輕拋球、使用擊球架、投手投球、使用投球機；再或者打者自打球。（如果是使用輕拋或者投手投球方式，那麼需要多一

個人做投手。）

右外野手站在外野比較深的位置，大約是正常右外野手守備位置與右外野邊線的一半。這個位置應能保證右外野手投球到三壘的時候不會打到跑者。三壘手站在快壘或慢壘中常在的守備位置（圖 6.9）。

打者（或投擲手）向右外野手擊出

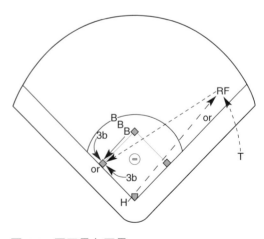

圖 6.9　回二壘上三壘

（或投擲出）一個飛球。球必須可以直接到達右外野手所在的位置。二壘上的跑者用適合自己的離壘姿勢做好準備。當飛球飛向右外野手時，跑者要向自己的左後方肩膀看去，注視著球的情況。然後跑者要根據右外野手接到球後所在的位置來選擇接下來是回壘還是跑壘。如果野手進入較淺的右外野，那麼跑者不要跑壘，打者應重複擊球。如果擊出的球很遠，一旦野手接觸到球，跑者就可以開始離開二壘跑向三壘。記住，跑者如果在野手接觸球之前離開壘包就會被判出局，並且不能直接跑超過三壘，必須停在三壘壘包上。如果你已經練習了你的滑壘技能，這個訓練將會是個練習滑向壘包（滑壘後站）滑壘技巧和勾住壘包等滑壘技巧的好機會。三壘手看著球往右外野手方向飛去並移動到跨立於三壘上的位置，這麼一來，三壘手有較好機會接到傳球並且完成觸殺跑者。右外野手接住飛球並且傳球到三壘，製

造雙殺。

重複此訓練，直到所有跑者都跑了5次。如果其他球員想要練習回壘，那麼野手需要轉換成跑者角色，跑者轉換成其他角色。此訓練的目的主要是練習做出正確選擇，所以不存在有難易程度上的變化。

檢查

- 注視球從被擊出或投擲到右外野手的手套中的整個過程。
- 在右外野手接觸到球之前不要離開二壘。
- 看到外野手接到球時，要計算好自己離開二壘的時間，用全速跑到三壘。
- 不要超過三壘，要在三壘壘包處完全停住。
- 如果是滑壘到三壘，使用「滑壘後站」或者「勾住壘包」等技巧到三壘左外野一側。

得分

根據在 5 次跑壘練習中你成功按照標準完成跑壘的次數來計算得分。

5 次 = 5 分
4 次 = 3 分

3 次 = 2 分
2 次或少於 2 次 = 1 分
你的分數_____

回壘訓練 2. 三壘到本壘

此訓練的設置與上一訓練相同，但是這回跑者在三壘回壘，擊球（或投擲球）可以到任意遠的外野位置，需要一個捕手來代替三壘手，因為球會傳到本壘處。多出來的跑者要站在三壘邊上的界外區。所有跑者必須穿戴頭盔。下一

位跑者為觀察者，觀察場上跑者的動作是否正確。捕手必須要穿戴完整的接球護具。

這個訓練應該比上一個訓練更像真正比賽。跑者在投手投球時稍微離壘（適用於快壘比賽）或者當球被擊出時（適用於慢壘比賽）。當飛球被擊出到外野手處，跑者必須返回到三壘，停在壘包上，等待野手接到球後開始跑向本壘。此訓練中，需要跑者滑壘到本壘。當捕手正要接球和執行守備時，跑者直接衝撞捕手是違反規定的。所有跑者有過 5 次回壘嘗試之後交換角色。此訓練的目的主要是練習做出正確選擇，所以不存在有難易程度上的變化。

- 在擊球之前一刻稍微離壘。
- 球被擊出後，返回壘包並停住。
- 注視球到野手手中。
- 當野手接到球的那一刻，離開壘包向本壘跑去。
- 滑到本壘，試著避開被觸殺。滑壘時不要頭部在前。
- 安全上本壘。

得分

根據在 5 次跑壘練習中你成功按照標準完成跑壘的次數來計算得分。

5 次 = 5 分

4 次 = 3 分

3 次 = 2 分

2 次或少於 2 次 = 1 分

你的分數_____

成功總結

跑壘得分是壘球比賽中進攻方（打擊）的最終目標。你高效率的跑壘能力將有助於整個球隊得分。在壘球中進入得點圈意味著安全上二壘，或是安全上三壘。在慢壘比賽中，如同棒球，一壘安打通常會送二壘上的跑者回來得分。但是，在快壘比賽中，由於外野距離比在棒球中的外野距離小，並且外野手沒有像慢壘的外野手一樣守得這麼深，使得要從二壘上靠著一壘安打回來得分變得更困難。跑壘是很有趣的！滑到壘包和避免被野手觸殺正是比賽中令球員和觀眾最激動人心的一部分。

滑壘是個人技能發展的最後一步。儘管我們在技能發展訓練中有提供幾次比賽模擬練習，我們在接下來的單元是專門教你在正式比賽中慣用的多種進攻與防守戰略。在下一單元中，我們將討論不同的防守球員在各種狀況下的責任。這些單元中也會提供繼續練習你之前所學的所有個人基本技能。現在，你應該著重練習如何在模擬比賽中綜合使

用這些技能。在進入單元七之前，先評量自己在這個單元做得好不好。將自己所得的分數寫入下列分數表格中，然後把所有分數加在一起計算出跑壘的成功率。

通過一壘訓練

1. 離開打擊區 　　　　　　　　　　　　　　_____ 滿分 10 分

2. 壘包處 　　　　　　　　　　　　　　　　_____ 滿分 10 分

3. 擊球架後跑壘 　　　　　　　　　　　　　_____ 滿分 10 分

4. 一壘手防守範圍 　　　　　　　　　　　　_____ 滿分 5 分

5. 安全上壘或出局 　　　　　　　　　　　　_____ 滿分 5 分

繞過壘包訓練

1. 向壘包外側偏移 　　　　　　　　　　　　_____ 滿分 5 分

2. 一壘安打、二壘安打、三壘安打、全壘打 　_____ 滿分 20 分

3. 對一壘教練的提醒做出反應 　　　　　　　_____ 滿分 5 分

4. 外野的二壘安打 　　　　　　　　　　　　_____ 滿分 5 分

5. 直接通過或繞過壘包 　　　　　　　　　　_____ 滿分 5 分

回壘訓練

1. 二壘到三壘 　　　　　　　　　　　　　　_____ 滿分 5 分

2. 三壘到本壘 　　　　　　　　　　　　　　_____ 滿分 5 分

總和 　　　　　　　　　　　　　　　　　_____ 總分 90 分

你的總分反映了你是否掌握了技能，是否可以進入下一單元的練習。如果你的總分在 68 分和 68 分以上，恭喜你！說明你已經熟練掌握了跑壘技巧，可以進入下一單元的練習。如果你的總分在 54 分和 67 分之間，你也可以進入下一單元的練習，但是還可以繼續此單元的練習來精進技巧。如果你的分數低於 54 分，你應該繼續練習跑壘來加強自己的技巧和提高最後總得分。

單元七　防守責任和戰術

防守球員們有著不同的責任，具體取決於他們的守備位置和當下比賽的情況。當你站在守備位置，你必須要瞭解場上的情形，並且能夠做出正確的應對——盡到自己守備位置的責任，包括壘手互相補位、要知道哪個位置有在處理高飛球時的優先性，並且執行強迫進壘和非強迫進壘狀態。你不僅要知道自己位置的責任外，還要瞭解每一個守備位置的責任，這樣你才能和隊友有默契的合作。隊裡的所有球員必須合作才會有勝算。如果你和你的隊友不瞭解對方的責任，則不會有完美的團隊合作。

除了每個守備位置有著不同的責任之外，不同位置上的球員還會有特定的性質。例如：投手需要有強壯的手臂、靈活的肩膀，和在壓力之下要能保持鎮定的特性。

一個快壘捕手必須有強壯的上手投擲能力，才能將試著要盜壘的跑者刺殺出局。捕手是球隊上唯一一個面向整個壘球場的球員，站在場上最好的位置，是

團隊的領導者。

一個身高較高，慣用左手的一壘手有助於場上的內野手，由於他對打向他右邊（手套邊）的球有較大的防守範圍，並且他會讓野手們傳球至一壘時，有較大的目標。

二壘手通常個子比較小；他們必須是速度快，左右兩邊的速度都快，有強壯的手臂來製造二壘發動的雙殺。

游擊手通常是內野手裡最強壯的人。他投球的力量一定要大，並且有很大的防守範圍，尤其是面對打向二、三壘之間的球。

好的團隊通常是離球場中心近的壘手較強，隊裡一定有技巧熟練的捕手、投手、游擊手和中外野手。在快壘比賽中的三壘手守著很重要的角落。因為他的起始位置距離本壘很近，往三壘方的平飛球來得非常快。所以三壘手必須要反應快速並且手臂強而有力。

所有外野手需要有強壯的上手投擲能力，因為所有外野手必須要有能力把球投到本壘。有些人會覺得最弱的外野

手應該在右外野的位置。恰恰相反，右外野手需要投擲長距離球到三壘，反而左外野手不用經常投球到一壘！此外，慣用右手的打者擊到右外野的球會由野手的右邊往界外的方向斜飛出去，不易被接到。在快壘中，許多球被擊到右壘是因為投手投的球。

好的守備要求瞭解適用於特定比賽和特殊情況的一些基本原則。兩個最主要的防守種類分為*補位*和*支援*。在本單元表格 7.3 中會列出每個位置的防守和補位的責任所在。接下來只講解基本原則和一些例子。

當在壘上防守時，你通常會執行觸殺或是封殺。你在處理這些防守程序時所用到的技能會在此單元中做講解。此外，此單元會包含一些練習封殺和觸殺的訓練，但不會有防守和補位的技能訓練；儘管如此，你到最後會在後幾個單元中的訓練應用到這些原則。

防守範圍的責任

每一個位置都有各自的名字（快壘中 9 個位置，慢壘中 10 個位置）、各自的號碼，和各自的管轄範圍。圖 7.1a 展示了在快壘中，一般防守深度的開始位置和各個位置所管轄的區域。圖 7.1b 展示了在慢壘中，一般防守深度的開始位置和各個位置所管轄的區域。

慢壘團隊會在兩個不同的隊列中，使用第 10 個球員（通常是外野手）。近來常見的是有四個外野手平均分布在外野，每個都與本壘的距離一樣。我們將使用這個隊列來做之後慢壘比賽的參考。另外一種比較少用到，是第 10 個球員為近外野手。這名球員將自己設置在靠近內野的外野位置，在其他三個外野手的前面和內野手後方的區域，具體位置要看進攻方的打擊能力來判斷。圖 7.1b 為近外野手的隊列圖，提供參考。

除了慢壘和快壘有不同的外野隊列之外，也要注意他們一壘手和三壘手

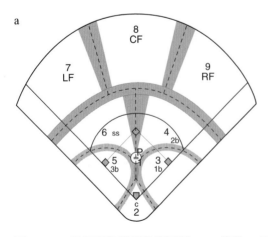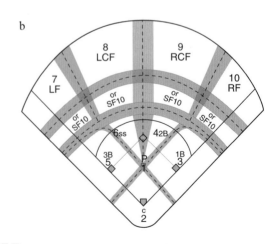

圖 7.1　一般深度位置和負責區域：(a) 快壘；(b) 慢壘

壘球

邁向卓越

的起始位置也不同（圖 7.1，a-b）。因為快壘比賽允許打者執行短打，所以一壘手及三壘手通常會站在距離本壘較近的起始位置（在自己所屬壘包旁的界內區裡）。在圖表中，用虛線標記的區域是每個位置的起始主要的防守範圍。陰影與虛線重疊的區域是兩個相鄰位置共同防守的區域。此圖表也顯示了這些防守區域間彈性區域，這個區域的大小、位置會針點隊友的防守範圍和能力而改變。

　　*範圍內防守*也是在壘上的內野手的責任（圖 7.2）。舉個例子，一個滾地球被擊到游擊手，一壘手踏住一壘，接住游擊手的投球並且將擊跑者封殺出局。第 6 區域是游擊手指定的負責區域

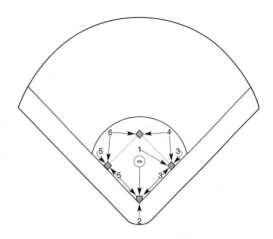

圖 7.2　壘包守備責任。與本壘最近的一壘手和三壘手位置就是快壘的守備起始位置。

（圖 7.1，a-b），讓游擊手可以在不干擾其他防守隊員的情況下去處理滾地球。

飛球的優先順序

　　任何一個進入主要守備區域的球幾乎都是指定位置上的防守球員的責任（圖 7.1，a-b）。一個團隊最初的防守是根據每個球員在自己的守備區域都有優先權的概念。舉個例子，一個高飛球被擊出到第 6 區域，三壘手、游擊手、二壘手和投手都可以在充裕的時間內移動到位置上去接球。如果他們全都去接球了，那場面就會很混亂。如果每個人都知道區域 6 是游擊手需要管轄的範圍，這樣的特定區域管理能大大減少混亂的可能性。

　　口頭信號或者手勢對於團隊合作防守很有幫助。你必須每次遇到飛球時都告訴隊友你要接這顆球，甚至有時候對多於一個野手能處理的滾地球也要這麼做。你給予隊友的信號例如「我接」或者「我的球！」必須要大聲且清楚，可以讓在附近區域的所有球員聽到。儘管球確定飛向你的區域，你也要喊出信號，讓其他隊員知曉你的信號，並且對其做出應對，例如「拿去」或者喊出你的名字。

　　要決定在兩個區域中應該讓誰去接飛球是個問題，有了優先體系之後就不再是難事了。通常外野手優先於內野手。因為外野手是向前跑動接球，比要向後跑動接球的內野手更容易有時間接

球和投球。當跑者在壘上,球被擊到兩個或多個外野位置之間,那麼站在最有利於投球位置上的野手優先接球。當需要跟進投擲時,那麼有著最強投球手臂的外野手優先接球。

在內野,三壘手在向左邊移動的同時需要試著攔截每一個滾地球。因為側向跑動要比向後跑動容易得多,游擊手應該在三壘手後方接任何內野高飛球。二壘手應該接一壘手後方的內野高飛球。

表 7.1 和 7.2 提供了球員位置的標號、相應的符號和對於大多數飛球的優先體系。

表 7.1　飛球管轄權,慢壘

位置編號	符號	位置	對於指定位置的優先權
1	P	投手	無
2	C	捕手	投手
3	1B	一壘手	投手
4	2B	二壘手	一壘手、投手
5	3B	三壘手	投手
6	SS	游擊手	一壘手、二壘手、三壘手、捕手
7	LF	左外野手	所有內野手
8	LCF	左中外野手	所有內野手、左外野手
9	RCF	右中外野手	所有內野手、右外野手
10	RF	右外野手	所有內野手

表 7.2　飛球管轄權,快壘

位置編號	符號	位置	對於指定位置的優先權
1	P	投手	無
2	C	捕手	投手
3	1B	一壘手	投手、捕手
4	2B	二壘手	一壘手、投手
5	3B	三壘手	投手、捕手、一壘手
6	SS	游擊手	一壘手、二壘手、三壘手、捕手
7	LF	左外野手	所有內野手
8	CF	中外野手	所有內野手、所有外野手
9	RF	右外野手	所有內野手

補位責任

補位的意思是另外一個防守球員向指定防守範圍的隊友提供幫助和支援。補位球員一開始都不會是去處理跑者或球的人。例如，左中外野手（慢壘）或左外野手（快壘）支援游擊手接滾地球。捕手支援一壘手接內野滾地且傳向一壘；捕手可以攔住一個傳向一壘手的暴傳，這樣能夠阻止跑者推進到下一壘。

補位需要你

- 瞭解你擔任的守備位置上所有的補位責任。
- 要快速對場上的狀況做出反應，尤其是需要自己負責補位的情況發生時。
- 移動到正確的補位位置。

可以說幫隊友補位是三分之二腦力加上三分之一體力！在此單元中會介紹每一個守備位置的補位責任 —— 模擬比賽的練習會在後幾個單元 —— 這將幫助你學習補位這方面的戰術。好的反應會讓你更快知道場上的情況且做出正確的動作。

圖 7.3 列出了補位責任和每個野手大概會去補位的位置。所要去補位的位置取決於球的路徑。補位的球員必須要和球的來向（傳球的野手或者打者），或接球的人（在壘上的壘手或是處理擊出球的野手；見圖 7.4）成一直線。補位球員要在距離主要接球者後方大約 15 到 20 英尺（4.5 到 6.1 公尺）的位置做準備。

要注意的是，作為補位球員要接住沒處理好的球，去阻止跑者繼續推進壘包，而不是嘗試著去做指定防守者一開始要做的事。如果你站在距離指定防守者很近的地方，沒處理好的球很有可能也會超過你，你將錯過接球時機。

當你是補位球員並且成功接到球的時候，要聽隊友的口令會告訴你接下來該做什麼。同時也要觀察跑者，尤其

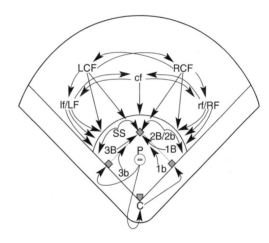

圖 7.3 補位責任。距離本壘最近的一壘手和三壘手位置代表了快壘開始和補位的位置。

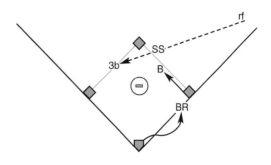

圖 7.4 在傳球的線上補位

單元七 防守責任和戰術

是第一個跑者，他們在做什麼。有時候跑者看到一個失傳或者失誤會自動衝向下一個壘包。這正是補位得到回報的時候，因為你的球隊在同一個對抗中得到第二次製造對方出局的機會。

計劃責任

每一個球員在每次對抗中都有各自的責任，守備位置責任取決於進攻情況和每個球員位置的作用。要想成為一個成功的壘球防守球員，你必須要在每個投球之前想一遍自己的責任。

瞭解守備位置責任也會讓你成為一個好的進攻球員。如果你完全瞭解防守方的佈局和他們的反應，那麼你可以針對防守佈局上的先天缺陷執行進攻策略，這就是知己知彼百戰百勝。

利用表 7.3 來幫助自己記住每一個守備位置要做什麼。請一位有經驗的觀察者按照表格來評估你在模擬比賽訓練、調整式的比賽中，或正式比賽中的防守情況。

防守轉移

特殊的狀況有可能會變換起初的守備位置和範圍區域的大小。例如：當對方是強壯的慣用拉擊方式的右打者（揮棒拉擊球到左外野），大多數的內野手，尤其是三壘手和游擊手，還有所有的外野手都會向左外野界外線移動，如圖 7.5（與圖 7.1，a-b 做比較）。左外野手和三壘手所需要防守的區域變小了。在快壘，中外野手的區域大小保持不變，但是位置向左方移動；這樣使得右外野手的區域變大了。在慢壘，左中外野手和右中外野手會向左外野區域移動，致使右外野手所需要防守的區域變大了。二壘手位置向二壘靠近會增大一壘手的防守區域。

另外一個帶有滿壘（跑者分別在一壘、二壘和三壘）和少於兩個出局的特

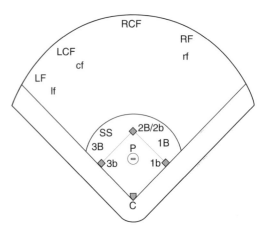

圖 7.5　對手是強壯拉擊方式的右打者時，守備位置的變換

殊情況下，在球手投出球之前，內野手向本壘稍移動一點（圖 7.6 和圖 7.1 相比較）。這個叫「*縮小防守*」守備位置。如果擊出的滾地球打向內野手，強迫進壘的情況下，傳向本壘封殺帶頭跑者，

表 7.3　防守範圍和補位責任

守備位置	數字	防守範圍責任	補位責任
投手 （P）	1	• 1 號區 • 一壘，打向 1B 的球 • 攔截由 LF、LCF、RCF、RF 傳向本壘的球（針對慢壘）	• 本壘，外野傳球時 • 二壘，外野傳球時 • 三壘，外野傳球時
捕手 （C）	2	• 2 號區 • 本壘	• 一壘，內野傳球時
一壘手 （1B）	3	• 3 號區 • 一壘 • 攔截由 LF、CF、RF 傳向本壘的球（針對快壘）	• 二壘，LF 傳球時
二壘手 （2B）	4	• 4 號區 • 一壘，在一壘手離開守備位置時 • 二壘，在雙殺情況和由 3B、SS 傳來的封殺情況下 • 二壘，在 LF、CF、LCF 傳球時	• 球打向 1B 時 • 二壘，球由 P 或 C 傳向 SS 時
三壘手 （3B）	5	• 5 號區 • 三壘	• 二壘，右外野手傳球時
游擊手 （SS）	6	• 6 號區 • 二壘，在雙殺情況和由 P、C、1B、2B 傳來的封殺情況下 • 二壘，在 RCF、RF 傳球時	• 二壘，球由 P 或 C 傳向 2B 時 • 球打向 3B • 球打向 P
左外野手 （LF）	7	• 7 號區	• 球打向 CF 或 LCF • 球打向 3B 或 SS • 二壘，當 1B、2B、RF 傳球時 • 三壘，當 C、1B、2B、RF 傳球時
左中外野手（LCF）	8	• 8 號區 （慢壘）	• 球打向 LF 或 RCF • 球打向 SS • 二壘，當 1B 或 2B 傳球時
中外野手 （CF）	8	• 8 號區 （快壘）	• 球打向 LF 或 RF • 球打向 SS 或 2B • 二壘，當 P、C 或 1B 傳球時
右中外野手（RCF）	9	• 9 號區 （慢壘）	• 球打向 RF 或 LCF • 球打向 2B • 二壘，當 3B、P 或 C 傳球時
右外野手 （RF）	9 （FP） 10 （SP）	• 9 號區 （快壘） • 10 號區 （慢壘）	• 球打向 CF 或 RCF • 球打向 1B 或 2B • 一壘，當 P 或 C 傳球時 • 二壘，當 3B，SS，或 LF 傳球時

或先傳向本壘，再傳向一壘的雙殺（針對進階的球員），會有更高的可能性。球飛往野手的距離越短，那麼投球到本壘的距離也會跟著變短，這也就是爲什麼縮小防守可以比正常防守有更高執行成功的可能性。

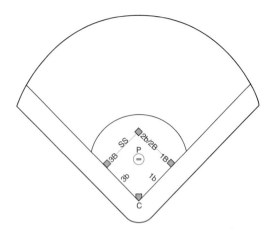

圖 7.6　縮小防守站位。與本壘最近的一壘手和三壘手位置表示快壘的守備起始位置。

強迫進壘和觸殺情況

一個進攻球員可以被防守球員用不同方法形成出局。大多數操作方式分爲兩類：強迫進壘情況和觸殺情況。強迫進壘情況是發生在跑者必須跑向下一壘，因爲打者變爲了跑者。打者在擊到球後，必須跑向一壘，而一個壘包上一次只能站一個跑者；所以，如果當打者向內野擊出一個滾地球，恰好一壘上有一人，那麼由一壘向二壘跑的跑者就處於強迫進壘的情況，擊跑者跑向一壘也是強迫進壘的情況。

在強迫進壘的情況下，當防守方在跑者到達壘包之前接到球，那麼跑者就被判出局。球自身不需要與壘包接觸，但是防守球員必須要接到球後，在跑者到達壘包之前用身體某處去接觸壘包，才能強迫跑者出局（圖 7.7）。

簡單的封殺守備是壘球防守的基礎。在初階的比賽操作中，最基本的防守策略便是一次製造一個人出局。當在強迫進壘的情況中，跑者在壘上並且少於兩個出局數，那麼基本的防守策略便是*製造帶頭跑者出局*（最接近本壘的跑者爲帶頭跑者）。如果已經有了兩次出局，通常會傳向一壘來製造第三個出局數，因爲這總會是一個強迫進壘的情況——除非遇到左打者，不然擊跑者會與一壘之間有很長的一段距離。

觸殺情況是另外一個基礎防守戰術。觸殺發生在跑者沒有和壘包有接觸，並且無法任意地回到任何壘。例如：一個跑者通過了二壘，但無法任意地回到壘包上；相反地，跑者可以在擊出界外滾地球後，任意地回到原本的壘上。想要用觸殺的方式使跑者出局，防守隊員必須在跑者不在壘包上的時候，用球或是抓住球的手套觸碰或者觸摸進攻球員（圖 7.8）。

圖 7.7　強迫進壘出局

圖 7.8　觸殺出局

　　由於封殺守備通常在內野出現（在壘上或者在壘與壘之間），所以內野手更常使用封殺守備。這些操作是使跑者出局的基本技巧，這樣就能阻止他們推進和得分。你需要瞭解觸殺和強迫進壘的原理，並且可以良好的運用它們才能成為一個成功的防守球員，從而幫助你的團隊阻止對手的攻勢。這兩項防守技巧對於在比賽中擔當內野手位置是相當重要的。

封殺守備操作方式

　　封殺守備操作可以在所有壘包上使用。基本技巧與原理都是一樣的，與在哪個壘上無關。

　　封殺守備操作的投球應該與胸部齊高。壘上的防守球員要移動到壘包離投球點最近的一側。這樣可以縮短球行徑的距離，也減少了球到達野手手套中所需的時間。投球越快到達野手手中，野手就越有機會製造跑者出局。

　　例如：在三壘上的封殺守備操作，球從捕手處傳過來，補位的球員移動到三壘的本壘側接球，如圖 7.9。如果球是從左外野手傳來，那麼保護壘包的球員就要站在三壘的外野側接球（圖 7.10）。

　　一旦球被擊出，並且防守球員已經知道球將會落在哪裡，他要將一隻腳站在壘包上，另一隻腳和戴手套的手向前伸展去接球。如果球偏離了目標飛到了另一側，那麼防守球員要邁出接球側的腳去接球，另外一隻腳在壘包上。例如：如果球偏離目標飛向你的左側，那你就用左腳向左邊邁出，右腳則是站在壘包上。如果球與跑者到達的時間接近，伸展到你能承受的最大程度，只用戴手套的手去接球。如果球與跑者到達的時間差得很多，伸展到一個舒適的程

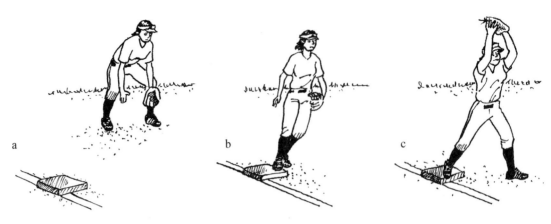

圖 7.9 在強迫進壘狀況下，球由捕手傳至三壘，三壘的補位動作

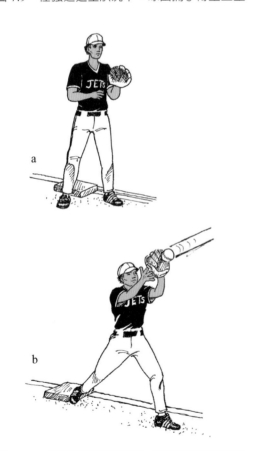

圖 7.10 在強迫進壘狀況下，球由外野傳至三
　　　 壘，三壘的補位動作

度，用雙手去接球。要注意的是，要縮短投球的距離和時間才能確保球在跑者到達壘包前到達你手套裡。

壘包上觸殺操作

觸殺操作需要在跑者沒有被強迫到下一壘的時候使用，有以下幾種情形：

1. 一壘沒有跑者，跑者在二壘上想要在滾地球擊向二壘手時上三壘。
2. 二壘跑者嘗試在安打時回到本壘得分時。
3. 跑者在飛球的情況下，回壘，再嘗試推進壘包。
4. 跑者超過二壘或三壘壘包。
5. 在快壘壘球中，跑者嘗試盜壘。

觸殺操作中的投球需要落在防守球員膝蓋以下的高度。跑者很有可能會滑壘，所以投球要夠低更貼近跑者。這樣會縮短防守球員接球後需要移動到觸殺跑者位置的距離。

有多個技巧可以應用在觸殺操作中。在此推薦的方法是讓你在壘包上的位置可以觸殺到跑者，又較不容易被妨礙或撞開。當你技巧熟練之後，你可以選擇更激進的方法，在觸殺的同時用身

體完全遮擋住壘包（當你手上拿到球之後）。但是在現在的練習中，我們先用推薦的方法，不遮擋壘包，讓跑者可以無阻礙到達壘包。

你在壘包上的位置要取決於跑者跑向壘包的路徑——例如：從二壘跑向三壘和本壘跑回三壘就有所不同。另外一個會影響你在壘包上位置的是，投球的起始點和球飛行的方向。要先弄清楚球是從外野還是內野飛向你，通常你應該跨站在壘包上或者只站在壘包的一側面向跑者來的方向。在任何情況下不要將腿放在壘包與跑者之間！要把壘包露出來給跑者。

站在一個可以讓自己輕鬆接到球的位置，並且讓手套低到跑者到達的壘包邊緣處。當跑者向你滑壘過來，讓他自己滑向你的手套而被觸殺出局，然後拿開手套給跑者讓路。即使跑者沒有選擇滑壘，但是跑者的腳必須要到達壘包上——所以碰觸跑者的腳（圖7.11）。不要去碰觸跑者胸部的位置，因為跑者很有可能在你碰觸到他之前，腳已經先滑進壘包。

壘包間觸殺

觸殺一個正在壘包之間跑壘的球員是相當容易的。跑者是站立著的，所以想要碰到他完成觸殺是有一點難度的。首先要雙手握緊球（球在你的手套裡）減小掉球的機會。用手套的背面觸碰跑者（圖7.12）。隨後要馬上將雙手收回，

圖 7.11　在壘包處，觸碰腳並拿住球

圖 7.12　壘包間觸殺

不要因為接觸球員而讓球掉出來。一定要拿住球！

綜合防禦技巧

在正式比賽中，一個球擊出，只有兩種方式進行方式：飛到空中（平飛球或者是高飛球）和在地上。但是在多數情況下，防守方不僅僅要接球，而且還要根據情勢需要執行後續動作。基本的防守操作需要球員使用綜合技能來獲得預期的效果。接住滾地球、平飛球或者飛球，然後使用上手或側邊或下手傳球到另外一個球員手中去製造出局，這些正是在一般比賽中常見的綜合使用各項技能。飛球被打擊到外野可能會讓跑者推進到得分位置，也可能會讓他們直接得分（犧牲飛球）。接住飛球或者接到安打，然後快速準確的將球傳給適當的球員或者到壘包處，使得進攻方的跑者更難移動或上壘。

典型的正式比賽中所需要的防守技能綜合包括如下幾項：

- 在五個不同的內野位置（包括投手）接各種速度，不同方向的滾地、平飛、高飛球，然後你將球傳到不同方向、距離的地方（各個壘包或本壘），完對觸殺或是封殺守備。
- 在不同的外野位置接滾地球、平飛球和飛球，然後由各個外野位置以上手投擲方式傳球至內野壘包或本壘，製造跑者出局。

接下來的封殺守備和觸殺訓練會給你機會練習在典型比賽中會使用到的綜合技能。除了會練習朝不同方向移動到滾地球前方和飛球下方執行特定操作方式，你還將練習接滾地球和飛球，然後依內野或外野的位置傳不同距離的球。利用這些訓練來加強在製造封殺守備和觸殺的團隊合作。完美的合作需要團隊中的每一個人能夠完成自己位置的責任。此外，你還會和一個隊友一起練習，他會和你做一樣操作或是幫你補位。這些基礎的防守戰略和綜合技能會在各個階級的壘球比賽中運用，所以你必須熟練掌握它們才能慢慢成為一個優秀的防守球員。

封殺守備和觸殺訓練 1. 假想練習

從內野手的起始位置移動到防守點執行封殺守備和觸殺，需要使用正確的步法。這個訓練主要是給沒有太多經驗的球員的基礎練習，但有經驗的內野手也可以使用此訓練來快速復習正確的防守技能。盡可能的在正規的壘球場地來進行此訓練。在二壘附近再放置一個壘包，這樣可以讓游擊手和二壘手同時練習。這個訓練在有搭檔在各個內野位置上一起練習時，最有效果。一個搭檔在壘包上執行每一個可能製造封殺守備和觸殺的步法操作。另一個搭檔則為觀察者，並且記錄正在參與練習的搭檔的分數。觀察搭檔需要站在距離壘包 10 英尺（3.0 公尺）的地方，然後對每一次操作都移動到正對來球的位置。

如果是一個人練習，在地上放置一個鬆動不固定的壘包（可以選擇的話，用本壘）。界外線可以幫助你根據壘包的方位來定位你接球位置。如果沒有任何指示線，那麼在距離壘包大約 15 英尺（4.5 公尺）的位置放置一個錐形筒來代表到本壘的方向。腦海裡假想一個從錐形筒到壘包的界外線。要注意壘包是放置在界內區裡的，所以界外線（真實或者想像的）在一壘的左側或在三壘的右側（當你所在的內野位置面向本壘的時候）。

當你是一壘手角色的時候，讓自己站在稍微靠慢壘的後方或是在快壘前方一點，並且與壘包右側（內野側）相距大約 8 英尺（2.4 公尺）。當你是三壘手角色的時候，讓自己站在稍微靠慢壘的後方或是在快壘前方一點，並且與壘包左側（內野側）相距大約 8 英尺。當你是游擊手或二壘手角色的時候，則是站在一般的接球位置。當你是捕手角色的時候，要站在壘包後方大約 2 英尺（0.6 公尺）的位置。

先不使用球，只練習在每一壘上封殺守備和觸殺的步法。表 7.4 列出了防守球員、大致方向，和可能和你練習封殺守備和觸殺的傳球者。

表 7.4　封殺守備和觸殺練習情境

防守球員	大致方向和傳球者
1B （圖 7.13）	RF, 2B, SS, 3B, P, C
2B （圖 7.14）	LF, LCF, 3B, SS
SS （圖 7.15）	RF, RCF, CF, 1B, 2B, C, P
3B （圖 7.16）	LF, LCF, CF, RCF, RF, SS, 2B, 1B, P, C
C （圖 7.17）	LF, LCF, CF, RCF, RF, 3B, SS, 2B, 1B, P

在每次練習重複之前回到一般的守備位置，然後再移動到壘包上的防守點去接假想球。最開始先進入封殺守備的位置。模仿在伸展接球的動作。然後練習接球的步法，稍微向目標左側和右側移動。要注意的是，如果來球在你的左側，你的左腳要向來球方向邁出一步，右腳在壘包上；如果來球在你的右側，則右腳邁出，左腳留在壘包上。

最後，按照以上步驟循環練習表

7.4 中的每一個位置。在每一個情境下都模仿真實觸殺動作。在每個位置上做兩次封殺守備，兩次右邊和左邊的失傳球，和兩次觸殺的步法練習。如果條件允許，每次練習循環都用不同的來球方向（表上註明）。如果是和搭檔一起做基礎練習，那麼在完成一個位置的重複訓練之後，雙方交換角色；雙方都要完成一個位置的練習後再變換下一個位置。有經驗的球員可以選擇自己特定的

位置練習。

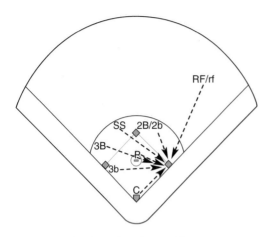

圖 7.13　傳球給守備一壘的一壘手

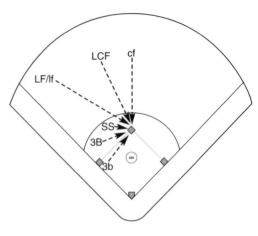

圖 7.14　傳球給守備二壘的二壘手

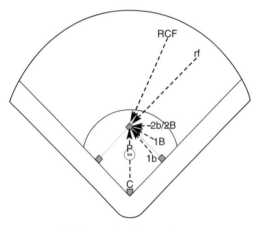

圖 7.15　傳球給守備二壘的游擊手

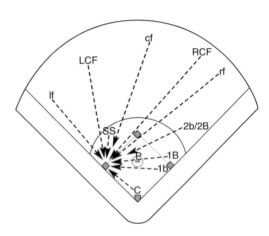

圖 7.16　傳球給守備三壘的三壘手

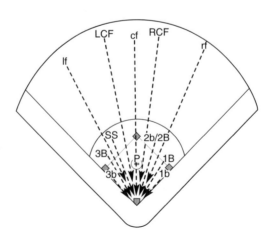

圖 7.17　傳球給守備本壘的捕手

- 從一般的守備位置開始。
- 移動到壘包上靠近來球的一側。

- 來球一側的腳邁出，另外一隻腳保持站在壘包上。

在每一個內野位置的 8 次練習中（兩次封殺守備、兩次右邊失傳球、兩次左邊失傳球和兩次觸殺），你可以成功按照標準完成的次數。

　　7 或 8 次＝ 5 分

　　5 或 6 次＝ 3 分

　　3 或 4 次＝ 2 分

　　1 或 2 次＝ 1 分

你的分數＿＿＿＿

增加難度

- 找一投手在你保護壘包的時候將球輕拋給你。

降低難度

- 只練習封殺守備或者觸殺，兩者不同時練習。

封殺守備和觸殺訓練 2. 模擬比賽

這個訓練會使用到自打球技巧。在開始之前，所有球員應該復習一下單元二中的自打擊球技能（頁 28）。準備兩組搭檔在正規壘球場地上，一組由自打球打者和一個在本壘的捕手組成；另外一組則是由一個在球擊出方向的野手和一個在壘包上執行封殺守備或觸殺的野手組成。剩下的球員當觀察者，幫忙在場練習的野手們打分數。捕手和打者可以相互觀察對方。

補位野手在表 7.4 中所列出的各內野位置上分別做出兩次封殺守備和兩次觸殺。野手在每一次操作之後將球投回給捕手。每一次循環中，接到擊球的野手移動到不同的位置（包括外野）將球傳給在壘上的野手。在每個內野位置完成 4 次循環練習後（兩次封殺守備和兩

次觸殺）之後，組內隊員互換角色。

自打球打者擊球給準備接球的球員。打者根據野手的能力來調整自己擊球的力度，從而變換接球者需要移動接球的距離。在兩個野手完成他們的循環練習之後，組與組互換角色（自打球打者和捕手轉爲守備球員，守備球員變爲自打球打者和捕手）。

- 從一般的守備位置，面向打者開始。
- 移動到壘包來球側去接球。
- 如果是方向正確的傳球，用雙手去接球。
- 如果是方向偏離的傳球，在來球一側的腳邁出，另外一隻腳保持在壘包上。

- 如果是方向偏離很多的傳球，只用 戴手套的手接球。

在每一個內野位置的 4 次練習中（兩次封殺守備，兩次觸殺），你可以成功按照標準完成的次數。

4 次 = 5 分

3 次 = 3 分

2 次 = 2 分

1 次 = 1 分

你的分數_____

增加難度

- 增加跑者到練習中。增加跑者，會有更多的因素加入到練習中。壘上

守備必須確保到達壘包的來球側，亮出他的手套作為野手的投球目標，且球要避開穿越跑者的路徑。由於跑者是衝向壘包上野手的，野手必須要對此非常冷靜並且做出正確的反應。要注意的是，跑者要全程穿戴安全頭盔。

降低難度

- 讓野手在你站定在壘包上位置的時候，向你拋出短距離的輕拋球。

封殺守備和觸殺訓練 3. 朝身體來的滾地球

三個人為一組 —— 打者、捕手和野手。打者和捕手在本壘處各自就位；打者在打擊區裡，捕手則是在其後方的接球位置。野手站在其中一個內野位置，做好內野手的準備姿勢。

打者直接向野手用自打的方式擊出滾地球。野手接到球後上手傳球給捕手。捕手從接球位置移動到守備本壘的位置去執行封殺守備或觸殺。隨後捕手將球拋給打者並且返回最初的接球位置。當球被擊出時，野手跟蹤球的飛行軌跡移動到球前方的位置去接球。守備本壘的捕手以手套提供野手傳球目標：執行封殺守備時傳與胸部齊高的球；執行觸殺時傳球至膝蓋下方。

如果在比賽中滾地球內野手沒接

到，那麼就外野手來接並且傳球給適合的人選。為了能練習類似的情況，讓野手站在其中一個外野位置，這樣就能增加野手上手投擲球的距離。訓練的基本設置和練習方法都不變，只是野手這回要站在距離打者和捕手 130 到 160 英尺（39.6 到 48.8 公尺）的地方（大約等於一般外野位置到達本壘的距離）。距離可以根據野手的投球能力作調整。野手做好外野手的準備姿勢 —— 膝蓋稍微彎曲，雙手與腰部齊高，重心在腳後跟，雙眼注視著打者。當球被擊出時，野手跟蹤球的飛行軌跡移動到球前方的位置去接球。如果條件允許，在野手必須在移動過程中接球的情況下，可以朝向面對捕手的方向移動。當野手把球帶

壘球

邁向卓越

172

到投球位置，做一個蹲跳的步法（戴手套一側的腳向目標邁去，在把球帶到投球位置的同時，以跳的方式將投擲側的腳往前跨），然後向捕手以強力上手方式傳球，傳球的同時手套側的腳要向目標邁一步。如果野手無法將球平直的投到捕手處，野手則需要投出一個一次彈跳球。野手瞄準捕手前方 10 到 15 英尺（3.0 到 4.5 公尺）處的地上投球。球應是直線飛行到地上的點。

在 10 次重複練習之後，交換角色。一個成功的封殺守備或觸殺練習需要球能夠被接住並且可以讓捕手在移動一步之內接到球。此練習的重點是接球和傳球來開始封殺守備或觸殺，最後再接球完成整個防守操作。打者是整個練習中的輔助者，其角色很重要。打者必須讓球在野手前方至少 30 英尺（9.1 公尺）處接觸地面，然後必須直直的向野手擊球。這個練習只記錄野手和捕手的成績。

檢查：野手

- 移動到球的正前方。
- 接球和傳球是一個連貫的動作。
- 向捕手精準投球。
- 當是外野手時，投球到捕手的時候要使用蹲跳步法。

檢查：捕手

- 從本壘後方的捕手位置快速移動到守備本壘的位置。
- 手套放置在胸部高度作為封殺守備的目標點，以及手套放在低於膝部做觸殺準備。
- 用雙手接球。

得分

適用於野手和捕手位置。根據在 10 次練習中，成功完成守備、投球和接球的次數來計算分數。

8 到 10 次 = 5 分

6 到 7 次 = 3 分

4 到 5 次 = 2 分

2 到 3 次 = 1 分

你的分數＿＿＿＿

增加難度

- 打者可以加大擊球力度。

- 打者擊出的球要使野手必須移動位置去接球（見下一訓練）。
- 打者隨機的變換球速和球的方向。

降低難度

- 打者減小擊球力度。
- 縮短投球的距離。
- 使用軟球，例如布球或者是練習用球。

單元七　防守責任和戰術

封殺守備和觸殺訓練 4. 朝向來球移動

和上一組訓練一樣是三人一組。自打球打者從打擊 10 個滾地球開始，5 個到野手的手套側，然後 5 個到其投球側。野手接球，然後用上手投擲方式傳球給捕手。

接下來，自打球打者打擊出 5 個慢速滾地球，迫使野手要趨前接到滾地球後傳球給捕手。最後，自打球打者打擊 10 個中等速度的滾地球，隨機選擇向野手戴手套側、投球側，還是直對著野手擊球。每一個野手在完成一整套滾地球練習後交換角色。

儘管自打球打者不會被記錄分數，其角色對於此訓練是很重要的。打者必須精準的擊出滾地球給每一位野手，讓其有機會完成接下來的動作。打者還必須精準的指引球的方向，且擊球動作不能洩露球的去向。

檢查：野手
• 當球離開球棒的一刻，開始移動到接球位置。
• 盡可能的在球的前方雙手接球。

檢查：捕手
• 在適當的時候用雙手接球，使用放鬆的雙手。
• 接球時，針對封殺守備或觸殺使用正確的技能。

得分

適用於野手和捕手位置。根據 25 次練習中所成功完成練習的次數來計算分數。

  20 到 25 次 = 5 分
  14 到 19 次 = 3 分
  8 到 13 次 = 2 分
  2 到 7 次 = 1 分
  你的分數＿＿＿＿＿

增加難度
• 打者隨機變換球速和每一個擊球的方向。野手不會事先知曉球的方向或是速度。這將給你練習在球被擊出那一刻判斷球方向和球速的機會。這項變化練習是模擬正式比賽情境的，更適用於比較有經驗的球員。
• 擊球到野手區域的最大限度處，但球不要飛過野手。
• 捕手隨機變換目標高度，從胸部到膝蓋高度之間變換。

降低難度
• 放慢球速。
• 減小野手的接球區域。

封殺守備和觸殺訓練 5. 三角練習

需要兩人組成一組，一共兩組（共 4 人）：一組為打者和捕手，在本壘就

位；另外一組爲兩個野手，一個在一壘，另外一個在三壘做好慢壘或快壘的準備。

打者交替向兩個野手打擊滾地球。其中一個野手接到球，然後上手傳球給另外一個野手，另外一個野手要守備他的壘包——一壘使用封殺守備技巧，三壘用封殺守備或觸殺技巧。在壘上完成適合的守備方式之後，第二個野手將球投給守備本壘的捕手做封殺守備或觸殺技巧。隨後捕手將球拋回給打者。

在每個野手都接過 5 個滾地球之後，打者和捕手相互換角色，兩個野手相互換位置。再經過一遍每個野手結束 5 個滾地球之後，兩個野手變爲打者和捕手，而打者和捕手變爲野手。持續重複這樣的順序練習。此訓練的重點在於練習守備，針對封殺守備及觸殺的接球和傳球綜合技能。當你是野手的時候，你必須能夠成功接到球，然後在同一個守備操作中，準確地將球投到適合的位置，才可以算是無誤差得分。打者在此訓練中是輔助者的角色，應該試著讓球

第一次接觸地面的地方在距離本壘 10 英尺（3.0 公尺）處。打者還需按照野手的經驗水平來調整擊球的難易度。只有野手和捕手記分。

檢查：一壘

- 雙手接球。
- 如果是慣用右手的野手，先接球，轉身讓手套側朝向三壘，然後向三壘邁進的同時上手傳球。
- 使用正確的技能在壘上完成封殺守備。

檢查：三壘

- 雙手接球。
- 傳球的時候，向一壘方向邁進，同時上手投球。
- 使用正確的技能在壘上完成封殺守備或觸殺。

檢查：捕手

- 雙手接球。
- 使用正確的技能在本壘完成封殺守備或觸殺。

得分

在 5 次練習中，根據自己成功完成無誤差操作的次數來計算分數。

5 次 = 5 分

4 次 = 4 分

3 次 = 3 分

2 次 = 2 分

1 次 = 1 分

你的分數_____

增加難度

- 打者變換擊球力度。
- 打者變換滾地球的方向（擊向手套側、投球側、短）。
- 打者*隨機*變換滾地球的方向（隨機選擇擊向手套側、投球側、短）。
- 打者隨機變換球的方向和擊球力度。

單元七 防守責任和戰術

降低難度

• 野手由手拋出滾地球（代替擊出的球）。

• 使用軟球。

• 縮短野手到壘包之間投球的距離。

• 加長打者到野手之間的距離。

封殺守備和觸殺訓練 6.　製造一個出局數

此訓練之所以叫做「製造一個出局數」是因為在真正的壘球比賽中，一旦當你接到滾地球，你就要傳球讓一個跑壘者出局。出局只能是一次一個人（即使是雙殺！），只有在野手俐落的接到球並且及時準確的將球傳出的情況下才有機會將對方出局。此訓練和上一個訓練一樣，需要兩組搭檔，一組兩個人。兩個野手分別在一壘和三壘。打者和捕手在本壘。

打者向游擊手位置上的野手擊出滾地球，野手要一口氣完成接球和上手傳球給在一壘的野手的完整動作。在一壘的野手移動到壘包處製造封殺守備。最後，球返回到捕手手中，然後捕手拋球給打者開始下一循環。若有需要，捕手可以在本壘處在一壘手投球過來後做觸殺動作。

打者應該根據野手的綜合能力來調整滾地球的方向 —— 手套側、投球側和直接朝著野手。打者還需要調整球速和球的力度（小力度擊球會使野手做趨前的動作）。所有球員在此訓練中都必須使用上手傳球。

在 10 次擊球之後，兩個野手之間互換位置，另一組打者和捕手之間互換角色。再 10 次擊球之後，兩個野手和打者捕手之間相互交換角色。然後重複一樣的練習模式。可以讓守備野手從站在游擊手的位置變換為站在三壘或二壘的位置，從而調整訓練模式。有經驗的快壘球員可以使用快壘站位和操作；一壘手接到球，二壘手補位一壘製造封殺守備。

檢查：野手

• 接球之前要快速移動到球的前方去接球。

• 接球和傳球是一口氣完成的連貫動作。

• 作為一壘手，要使用正確的技能完成封殺守備，並且要準確的將球傳給捕手。

檢查：捕手

• 從接球位置快速移動到守備本壘的位置。

• 雙手接球後做觸殺動作。

得分

根據自己在一個位置上的 10 次練習中所成功完成無誤差操作的次數來

計算得分。

　　8 到 10 次 = 5 分

　　6 到 7 次 = 3 分

　　4 到 5 次 = 2 分

　　2 到 3 次 = 1 分

　　你的分數 _____

增加難度

• 打者不能讓野手通過自己的擊球動

作，知道球將要飛行的方向和球速（見下個訓練）。

• 讓野手在球擊出後衝向來球。

• 讓捕手給出不同的傳球目標指示。

降低難度

• 打者減小擊球力度。

• 縮短投球的距離。

• 使用軟球，如布球或練習用球。

封殺守備和觸殺訓練 7.　快速打接傳練習

　　由於要考量安全問題，這個訓練只適用於有經驗的球員練習。要選擇在正規有壘包和界外線的場上進行訓練。

　　此訓練需要兩組隊員，每組由三人組成。一組中有一個打者，站在三壘界外線外大約 10 英尺（3.0 公尺）靠近本壘的地方，一個三壘手，和一個二壘手。另外一組有一個打者，站在一壘界外線外大約 10 英尺靠近本壘的地方，一個游擊手，和一個一壘手（圖 7.18）。在三壘邊的打者開始向二壘手擊出滾地球，二壘手接球，然後上手投球給三壘手。三壘手接到球後，在壘包上模擬封殺守備或觸殺，然後拋球給打者進入下一個擊球。

　　在一壘邊的打者向游擊手擊出滾地球，游擊手接球，然後上手投球給一壘手。一壘手接到球在一壘做封殺守備，然後將球拋給打者重複下一個擊球。由於兩個打者是同時擊球，兩顆球會同時在內野區域交叉飛行，所以打者必須要瞄準自己的野手擊球。野手必須待在壘

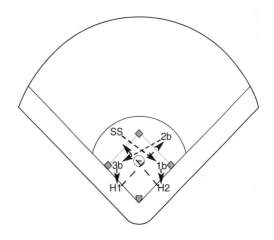

圖 7.18　快速打接傳走位圖

線後方接球。野手不可以搶接失打球，因為另外一組是在同一時間擊球的。重點練習接球和迅速投球。兩個球在一組練習內同時擊出恰好增加了訓練的難度。

　　在 10 次擊球過後，一組裡面的三個球員相互交換角色。在每一個球員都嘗試了三個位置之後，再做組與組之間的位置調換。這個訓練是重點訓練球員的快速反應，提高反應速度；所以，此次訓練沒有難易度增減，但是打者可以

單元七　防守責任和戰術

調節自己擊球的力度來配合野手的能力。

回到準備守備位置。
- 在壘上，以正確腳步造成封殺或觸殺；特別是對傳偏的球身體還能接觸壘包的情況。

檢查：打者

- 大力擊球。
- 向野手打擊滾地球。

得分

根據自己在一個位置上的 10 次練習中所成功完成無誤差操作的次數來計算得分。

8 到 10 次 = 5 分

6 到 7 次 = 3 分

4 到 5 次 = 2 分

2 到 3 次 = 1 分

你的分數_____

封殺守備和觸殺訓練 8. 空中

此訓練需要兩人組成一組，一共兩組（共 4 人）。一組為打者和捕手，在本壘就位。另外一組為兩個野手，一個在中外野，另外一個在二壘。

一個飛球向中外野的野手擊出。野手接住球，然後使用蹲跳方式，將球投給在二壘的搭檔（無彈跳）。二壘的野手接到球後，模擬對看到飛球就離壘過早的跑者做出封殺守備動作；隨後二壘的野手轉身，將球投回捕手。捕手向前移動到守備本壘的位置接球執行觸殺操作。這段過程的所有投球距離相對來說比較短，不能落地；要用上手投球。

在 10 次循環練習之後，組內的兩人互換角色。再 10 次循環練習後，組與組之間互相交換角色──即野手變

為打者和捕手，捕手和打者變為野手。

檢查：外野手

- 移動到球的後方，向二壘手移動的同時接球。
- 使用蹲跳動作，然後向二壘手投擲一個與胸部齊高的球做封殺守備動作。

檢查：二壘手

- 用手套作為目標物，將其放在與胸齊高的位置。
- 向手套側轉身，然後向捕手投擲一個膝蓋高度的球在本壘執行觸殺動作。

檢查：打者

- 打擊出高飛球。

壘球
邁向卓越

- 向野手擊球。

- 當球投出飛向二壘手的時候，大叫

「本壘」。

- 移動到壘包的前面接球，並且執行觸殺動作。

得分

根據自己在一個位置上的 10 次練習中所成功完成無誤差操作的次數來計算得分。

8 到 10 次 = 5 分

6 到 7 次 = 3 分

4 到 5 次 = 2 分

2 到 3 次 = 1 分

你的分數_____

增加難度

- 加長外野手與二壘手之間的距離。
- 打者變換飛球的遠近，使得外野手要移動去接球，從而也會改變投球給二壘的距離。
- 打者變換飛球的方向，使得外野手要移動去接球，從而也需要從不同地點投球給二壘。
- 打者隨機變換球的方向以及飛行遠近。外野手需要對擊出的球快速做出反應和判斷，然後根據球的方向以及遠近來調整自己的投球。

降低難度

- 使用軟球。
- 調整外野手的位置，使其比較容易投球給二壘手。

接力

我們已經練習了一些綜合技能和比賽狀況中會用到的概念。接下來會講解另外一個防禦技能——叫做*接力*。游擊手和二壘手的防禦責任之一，便是在外野手不能直接傳球至目標壘包或本壘時要擔當接力的人。接力並不是一個很難的概念，任何水平的球員都可以有效的使用這個技能。

在之前的訓練和步驟需要你做出強有力且準確的上手傳球和完美的接球。經驗不足的球員可能沒有足夠的時間練習到理想的投球標準，在某些比賽情境

中投球水平還是不夠有力。如果使用接力，球員就可以在隊友的幫助下傳球至目標位置。比較有經驗的球員已經有足夠的投球和接球經驗，所以他們可以成功完成接力。

接力正如其名，使用多個球員將球傳到目標位置。在投球距離過大，一個球員無法完成快速精準的投球的情況下，通常會使用接力技能。

接力通常是游擊手或者二壘手會使用到。當擊球飛過了在中外野和左外野的外野手，或者是當這些野手尋回球之

後發現需要投擲的距離太遠的時候，游擊手便可以接過他們的傳球後，將球轉傳到目標位置。相似的情形下，當球被擊到右野時，則二壘手擔當接力者。當在慢壘中的第 10 個球員是第 4 個外野手，而且所有外野手與本壘距離相同的時候，游擊手和二壘手雙雙都要擔起接力的責任，就如同在快壘一樣。

執行接力的球員從外野手到目標地的直線上移動到淺外野的位置。如果你是接力球員，你應該面向外野手並且抬高你的手臂讓自己成為一個醒目的目標。外野手投出的球應該到達你手套側，高度與胸部齊平。然後你要接住球，轉向你的手套側，投球到目的地（圖 7.19）。

圖 7.19　接力

準備

1. 面向拿球的外野手
2. 喊出「接力，接力」，讓球員知道你是接力者
3. 舉起雙臂，讓自己成為醒目的目標
4. 注意力集中在球上
5. 伸開雙手準備接球
6. 由手套側的腳向目標跨出帶動轉身
7. 接球

a

接球與投球

1. 完成轉身
2. 使用蹲跳步法
3. 重心在投球側的腳上
4. 戴手套側朝向目標
5. 戴手套側的腳邁向目標一步
6. 用兩指握球或三指握球法來投球

b

完成接力

1. 重心在手套側的腳上
2. 投球側的肩膀在前面
3. 投球的手指向目標

c

接力訓練 1. 接力轉身

此訓練需要三個球員一起完成。在開始之前，準備一個老將、教練或者指導員來觀察你完成圖 7.19 的三個階段。觀察者可以審核你的步法和旋轉動作，從而幫助你達到動作標準。

三個球員站在一條線上，每個人都距離另外一個人 30 英尺（9.1 公尺）遠。從最後的球員拿著一個球，中間球員（接力者）和另外一端的球員面向拿著球的球員。從拿著球的球員向接力者投球開始，球要落在胸部高度。接力者接到球，轉身到手套一側，將球投給另外一端的球員。再從另外一端拿球的球員投向接力者開始，按照這樣的順序重復

練習。訓練的重點是在接力者的轉傳動作和投球動作。在接力者嘗試了 10 次轉身和投球之後，交換角色。繼續練習直到所有球員都有嘗試過接力者位置。此訓練只有接力者有動作檢查和記錄得分，即便如此，兩端的球員也要可以精準投球給接力者，這樣接力者才能專注在接球、轉身和投球練習上。

檢查
• 抬高雙手，準備接球。
• 注意力集中在球上。
• 轉到手套側。
• 精準投球給尾端的球員。

得分	
根據 10 次練習中按照標準成功完成練習的次數來計算得分。 　　8 到 10 次 = 5 分 　　6 到 7 次 = 3 分 　　4 到 5 次 = 2 分 　　2 到 3 次 = 1 分 　　你的分數＿＿＿＿	增加難度 • 增加球員之間的距離。 • 接球的時候開始轉身。 降低難度 • 縮短球員之間的距離。 • 使用反彈網來練習接球、轉身，並且向牆投球。

接力訓練 2. 三人接力

和上一個訓練一樣，需要三個人站在一條直線上，這次每個人相距 100 英尺（30.5 公尺）。（距離可以根據球員的能力做調整。）一端的球員是外野手，另一端的球員是捕手；中間的球員

是接力者。接力者和外野手面向捕手。

捕手投一顆球，使球飛過外野手（在外野手身後放置一個攔網或牆來阻擋球繼續前進）。外野手轉身跑去將球尋回，然後轉身到手套側，投球給

接力者。這時的接力者已經轉身面向外野手，後背對著捕手，所以沒辦法看到有助於接力效率的與捕手的直線關係，也就是外野手與捕手之間的最短距離。所以，捕手要給接力者口頭指示，像是「右方」或者「左方」，讓接力者和外野手（外野手接到球的位置）和捕手在一條直線上。然後接力者向捕手的方向移動接球，轉身到手套側，最後投球給捕手完成練習。

　　按照此步驟做完 10 次練習之後，再互換位置。如果外野手接到球並且精準的投給接力者，接力者接到球後又精準的投給捕手，方可得 1 分。外野手和接力者是一團隊的，所以每完成一次無誤差的練習，雙方各得 1 分。儘管捕手角色很重要，但是在此訓練中並不記分。分數只有在連續完成無誤差才能累計，因為訓練目的在於成功的一致性，所以不管是接力還是外野手在練習中出錯，分數要從 1 重新累計。在三次交換角色之後，你應該回到最初的位置了，並且隊裡的每個人都有了最多得 20 分

的機會。將你在接力者和外野手位置上連續無誤差的得分加在一起來計算最終得分。在此練習當中，你會和不同的搭檔搭配各練習 10 球。檢查和得分只適用於接力者和外野手。練習期間，捕手必須給接力者清楚的口頭指示，讓其移動到正確位置。

檢查：外野手

• 當球滾走或者停下的時候，雙手合起變作勺狀來接球，讓手套一直在球的前方。
• 轉向手套側。
• 將接力者視為目標，注意力擊中在接力者上。
• 向目標強有力的上手投球。

檢查：接力者

• 抬起雙手和雙臂；使自己成為醒目的目標。
• 注意力集中在球上；在接到球的剎那間開始轉身。
• 轉身到手套側，使用蹲跳步法，同時向目標投球。

得分

　　根據你在外野手和接力位置上所得到的累計分數來計算最後得分。

　　　15 到 20 分 = 5 分
　　　12 到 14 分 = 3 分
　　　9 到 11 分 = 2 分
　　　6 到 8 分 = 1 分
　　　你的分數_____

增加難度

• 捕手投球，球超過外野手到其右方和左方，使接力者需要移動一段距離才能進入位置。
• 捕手隨機速度投球，球超過外野手，到達隨機位置。
• 讓一個跑者加入。當外野手向接力

者投球時，跑者（必須穿戴頭盔）開始向本壘慢跑過去。

降低難度

• 捕手降低投球力度，但還是需要讓球經過外野手。

• 縮短接力投球到本壘所需的投擲距離。

• 捕手固定投球速度和投球方向，外野手不需要移動（且接力者不用移動，已經在適合的位置）。

成功總結

一個團隊的防守成功與否在於球員對場上狀況掌握和反應的能力。除了要知道自己在團隊中的職責，也要瞭解其他球員角色的職責。你需要知道何時何地何種情況下，你是擔當在壘守備還是補位角色。你還需要知道當你是在壘守備的時候，發生的是觸殺還是封殺守備。這些都是比賽中一個球員需要瞭解的基本，也是最基礎的防禦戰術。

有些技能，像是接滾地球或飛球，和投球，都是個人防守技能。團隊防守是需要結合使用許多個人防守技能，用特定的順序完成，來達到最終的效果。在壘球中不同的防守計畫叫做*防守戰術*或者*戰略*。如果你想成為團隊中有用的、可以應對特殊情況的防守隊員，那麼你必須瞭解自己所在的位置職責，並

且對於場上變化可以及時做出判斷和選擇（例如跑者在壘板邊移動或被牽制等情況）。

在下一單元中，我們將介紹更高階的防守戰略和技能，例如在攔截、夾殺和不同的雙殺情況下所使用的技能。你將有機會進一步練習提升你的個人防守技能。但是訓練的主旨還是在於練習不同比賽情況下所使用的防守戰略和技能。你需要結合使用個人防守技能和你所學過的防守知識，來完成團隊合作防守。在進入下一單元之前，先花些時間回顧一下自己在這個單元中的表視如何。將你的分數填寫在下列表格相應的位置，然後把所有分數加在一起來評估自己在基礎防守戰略這一單元中的成績。

封殺守備和觸殺訓練

1. 假想練習 _____ 滿分 25 分

2. 模礙比賽 _____ 滿分 25 分

3. 朝身體來的滾地球 _____ 滿分 15 分

4. 朝向來球移動 _____ 滿分 15 分

5. 三角練習 _____ 滿分 25 分

6.製造一個出局數	_____ 滿分 20 分
7.快速打接傳練習	_____ 滿分 25 分
8.空中	_____ 滿分 20 分
接力訓練	
1.接力轉身	_____ 滿分 5 分
2.三人接力	_____ 滿分 5 分
總和	_____ **總分 180 分**

你的總分將反映出你是否熟練掌握的基礎防守戰術、概念和技能。如果你參與練習了這一單元中的所有訓練，並且得分在 135 分之上，那麼恭喜你！你已經熟練掌握了基礎防守技能和概念，你已經準備好進入下一單元的練習。如果你的總分在 108 和 134 之間，你也可以進入下一單元的練習，但是可以繼續練習自己不足或者有困難的地方。如果你的分數低於 108 分，你應該重新練習來增強自己的技能水平和對防守知識的瞭解。

如果你沒有參與全部的訓練，只是部分選擇性的練習，那麼將你參與練習所得到的分數加在一起，然後再將參與練習的總分加起來。如果你的得分是在總分 75% 或更高，那麼你已經準備好進入下一單元。如果你的得分在總分的 60% 和 74% 之間，說明你練習的成績不錯，但是可以根據自己不足或者有困難的地方再多加練習。如果你的得分少於總分的 60%，你需要重新練習直到能夠熟練掌握技能和概念才能進入單元八。

單元八　攔截、雙殺和夾殺

一個壘球運動員的發展，取決於在各種比賽中發生的進攻和防守的情況下執行適當的戰術。很少有一項團隊運動是像壘球一樣獨立展現一項技能。但也不同於跳水運動員或是體操運動員完成一項設定好的動作，壘球運動員必須能掌握滾地球或飛球，並且做出傳球。在進攻上，壘球員必須遵循打擊之後的跑壘規則。此外，你執行一個技能的能力會影響你執行後續技能的好壞。

你在這個單元中的重點是在較進階的比賽情況中執行守備的基本能力和投擲，如雙殺、攔截和夾殺。你知道如何在壘球比賽中執行這四個基本防守技巧：接球、上手投球、接滾地球、接高飛球。你也已經知道如何擊投手投出的球，用擊球架擊球、擊軟拋球和擊自打球等進攻技巧的技能。所有的這些技巧將在此步驟中的各種練習技巧一起使用。在單元九和十，你將有機會在設計好的情況或是模擬比賽情況下練習這些防守技巧。

攔截

攔截球 ——將還在空中飛行的球攔截 ——這是用在野手知道要製造跑者出局的傳球已經太慢，沒有辦法成功製造跑者出局，但有可能製造朝向另一個壘包跑去的跑者出局的情況。

像接力，攔截不是個困難的防守概念與技巧，適用所有程度的球員。在快速壘球中，由於一壘手離本壘較近，多數球隊讓一壘手為外野傳回本壘時的攔截轉傳者，投手則在本壘後方補位（圖8.1）。在慢壘場上，投手通常是回傳本壘時的攔截者，一壘或三壘手的責任是必須到本壘後方補位（圖8.2）。不管是快速壘球還是慢速壘球，所有外野手將球傳向三壘時，一律由游擊手當攔截轉傳者（圖8.3）。

攔截轉傳者，應該離原本的目標壘包約35英尺（10.6公尺），並面向

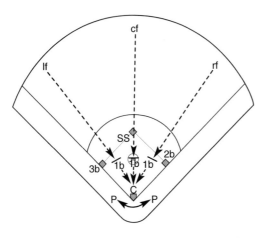

圖 8.1 從外野傳回本壘時，一壘手為攔截轉傳者，投手則到本壘後方補位（只有快壘）

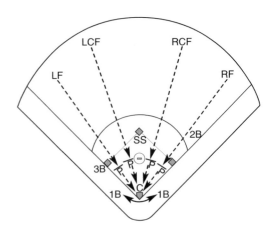

圖 8.2 回傳本壘時投手為攔截轉傳者，一壘或三壘則到本壘後方補位（只有慢壘）

傳球者。攔截者要對準球飛行的軌跡，並將手套側的位置對準球的路徑，這樣你就不會阻擋目標壘包上的守備者的視野。由於這個過程跑者必須被觸殺，所以外野手回傳至壘上守備球員的位置應該在膝蓋附近的高度。傳給攔截轉傳者則傳到頭部或肩膀高度。

在攔截轉傳須要求壘上守備者與攔截轉傳者有良好的溝通。壘上守備者須指揮攔截轉傳者。如果傳進壘包內的球還有可能製造跑者出局，傳球又在目標上，此時壘上守備不做任何指示，攔截轉傳者讓球通過，進入壘包。另一方面，如果跑者已經安全上壘或傳球已偏離目標，壘上守備指示「cut」並進一步指示攔截轉傳者下一個動作。「cut second」或「cut two」表示攔截轉傳者須接球後再將球傳向二壘，試圖製造向二壘推進的跑者出局。將偏離傳向本壘路徑的球攔截，並告訴攔截轉傳者傳向本壘「cut home」或「cut four」，是

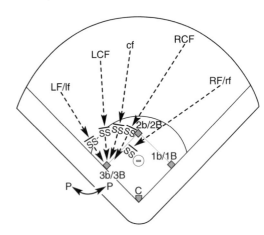

圖 8.3 外野傳至三壘壘包時，游擊手為攔截轉傳者，投手到三壘後方補位（慢壘、快壘通用）

因為還有可能讓跑者出局。「cut」並沒有再進一步的告訴攔截轉傳者傳的方向，只是需要攔截轉傳者去接，並將球停下來就可以了。

作為接力轉傳者，任何往本壘傳球的轉傳動作，都必須用攔截轉傳者的手套那一側。向你的手套側轉身，只需要四分之一圈，就能使你的身體至傳球的位置。

內野四名球員都必須練習這個技巧。在正規壘球場的外野區域會有給數組（一組四人）練習的空間。接下來的訓練如果在正規比賽場地上，會更像比賽時的狀況。

將四名球員中的三名球員擺在一個直線上。一端是外野手，另一端是捕手，中間則是攔截轉傳者。距離則是根據球員的能力而定。外野回傳球需要不超過一個彈跳的至捕手位置。攔截轉傳者須在捕手與外野之間的直線上，距離捕手約總距離的三分之一。第四個球員，壘上守備者，是在外野手和捕手之間的中間位置，但須在直線的左側。對於這個技巧練習，二壘手將是壘上守備者。

練習開始時二壘手擔任餵球者，他拋滾地球給外野手，然後轉身面向捕手和攔截轉傳者。捕手和攔截轉傳者面向外野手。外野手在區域的球接球後，用蹲跳步的方式，將球回傳給捕手。如果外野手無法直接將球回傳至捕手，可以傳一個彈地的球。回傳球應該通過攔截轉傳者約頭部或肩膀高度，使他有機會接到球。在球傳至攔截轉傳者之前，捕手指示「cut second」或「cut two」。攔截轉傳者將球接起，然後將球傳給二壘手。要確定的是外野手有直接回傳給捕手的打算，而只是不是傳球給攔截轉傳者，這個打算有助於讓球能一次直接傳至捕手。如果是這種情況，捕手則不須有任何指示。經過五個循環，輪轉位置——捕手至攔截轉傳者，攔截轉傳者至二壘手，二壘手至外野手，外野手回傳至捕手。經過四輪的轉換，你應該會回到原來的位置。

檢查

- 作為二壘手，準確拋出滾地球給外野手。
- 作為外野手，將球直線傳至捕手，使球一個彈地傳至捕手。
- 作為攔截轉傳者，聽捕手指示將外野手傳的球接起來。
- 作為攔截轉傳者，準確的將球傳至二壘手。
- 作為捕手，及時給予攔截轉傳者指示。
- 作為捕手，將回傳的球接起並模擬觸殺跑者的動作。

得分

對於每一個位置，在做到上述每一個檢查項目的情況下，以成功的次數（滿分 5 分）給自己做評分。

5 次 = 5 分
4 次 = 3 分
3 次 = 2 分
2 次或 1 次 = 1 分
你的分數＿＿＿＿

增加難度

- 讓捕手隨機喊「cut second」或是沒

有指示讓球直接通過。

降低難度

- 縮短距離和反覆練習，以提高你的

技能訓練。

攔截轉傳訓練 2　攔截傳二壘，攔截傳三壘，攔截傳本壘

在正規球場上，由外野手、攔截轉傳者、在壘包上守備者和捕手（如果需要，可以加自打球打者），來依下列每一個比賽中會出現的情況，練習攔截轉傳（沒有跑者或者擊跑者）：

1. 跑者在二壘，球打到左外野手：指示攔截傳二壘、攔截傳三壘、攔截傳本壘、沒有指示（直接讓球回傳本壘）。
2. 將球打到中外野手並重複練習。
3. 將球打到右外野手並重複練習。

對於每個比賽狀況，球員到達適當的位置。舉例來說，一個攔截的過程在左外野為「攔截傳二壘」變化中，外野手的位置是左外野手，壘上守備為二壘手，攔截轉傳的是投手（慢壘）或一壘手（快壘），本壘為捕手。捕手以拋滾地球的方式至左外野手（或是用打擊的方式）。左外野手將球攔下來並朝向本壘回傳。從他通常站的起始位置，攔截轉傳者要適當的移動位置。二壘手移動到二壘壘包的位置做補位。捕手指揮攔截轉傳者方向，並且需要在外野手與

本壘的直線上。當球接近攔截轉傳者，捕手指示「cut two」，那麼攔截轉傳者須將球傳至在二壘補位的二壘手。經過五個循環，重複球員的輪轉位置和練習，或是可以重複練習「攔截三壘」讓補位球員的補位責任移至三壘。

檢查

- 作為外野手，應確實將球接起來並以蹲跳步的方式傳球。準確傳球，球會通過攔截轉傳者的胸口高度，到達捕手。
- 作為壘包補位的野手，在指揮方向前應站在適當的補位位置。將攔截轉傳者回傳的球接起後進行觸殺動作。
- 作為攔截轉傳者，在球回傳前，迅速移動位置。接球後，並準確的傳至補位的野手。
- 作為捕手，對齊攔截轉傳者，適時的指揮「cut」。若決定讓球通過攔截轉傳者，接住球後，模擬觸殺的動作。

得分

對於每一個位置，在做到上述每一個檢查項目的情況下，以成功的次

數（滿分 5 分）給自己做評分。
　　5 次 = 5 分

4 次 = 3 分
3 次 = 2 分
2 次或 1 次 = 1 分
你的分數_____

增加難度
• 接力者加入練習。

• 使外野手橫向移動並去接球。
• 增加多位跑者。跑者必須戴頭盔。

降低難度
　　將球由較短的距離拋給已經站在適當的攔截位置的攔截轉傳者。攔截轉傳者將球拋給已經站定位的壘上守備者。

雙殺

　　如果你想在更高的層級的比賽獲得更多的經驗，你必須提高你的知識和體能並成功執行更高級的防守戰術。對於慢速壘球和快速壘球來說，如果有經驗的球員想當內野手，必須能夠執行雙殺。除了一個新的步法外，還有兩個新的傳球技能——側傳和低手拋球——會在這一節介紹，因為當野手在執行雙殺時會使用到這些動作。

　　對於經驗比較少的球員，基本的防守策略是第一時間抓到一個出局數。當出局數少於兩出局，跑者在一個強迫進壘的情況下，這個防守需先抓前面的跑者。現在，你要專注於雙殺，在進階的防守戰術上，對於防守的要求必須在連續動作下拿到兩個出局數。

　　當一壘有人且出局數不超過兩出局，是最常見的雙殺機會。打者擊出滾地球至內野手，內野手傳至二壘使一壘跑者出局，接者二壘壘包的接球員將球傳向一壘使擊跑者出局。內野雙殺守備也可以從三壘傳一壘，就是當跑者在一、二壘以及由本壘向一壘跑的跑者是

滿壘的情況。

　　除了內野雙殺外，只要在連續過程中出現兩個出局數，就是雙殺。這裡有些例子：

• 跑者在平飛或高飛球接殺後，來不及回壘。
• 高飛球接殺後，跑者有回壘，但在推進到下一個壘包前，被觸殺出局。
• 在快速壘球中，打者被三振出局，跑者試圖盜壘被阻殺出局。

　　然而，在本節中，你的重點是球被擊成內野滾地球後，雙殺是一壘有人，一、二壘有人，或者是滿壘情況下執行。這個技巧你將會學到雙殺有側傳、低手拋球、游擊手跟進踩壘步法和向內轉傳動作，和二壘手交叉步踩壘和腳掌為軸心的轉傳動作。

　　雙殺是很重要的，因為可以讓兩個球員在一次防守下使二人出局。不光是前面的跑者已經出局了，擊跑者也是在連續的過程中出局。

　　在比賽中，成功地執行雙殺可以在打擊攻方的士氣，同時可以成功的激勵

自己的團隊。因此，在比賽中雙殺會造成氣勢互換的結果。

滾地球雙殺一般通常由內野手往二壘、三壘或本壘傳。內野手在靠近自己的壘包完成一個出局數，然後再將球傳向一壘。第一個出局者是前面那個跑者，是封殺守備；第二個出局者是擊跑者，在一壘被出局，也是封殺守備。在快速壘球中，跑者能在投手投球時離壘，唯一能夠抓到第二個出局數的方式就是擊跑者出局。即便在慢速壘球中也是，打者通常會比其他跑者慢至少一步，因為打者必須在打擊區完成揮棒並且起動跑出打擊區。右打者，比其他跑者跑壘的距離更遠，因為他站在本壘側距離一壘最遠的地方。建議快速壘球和慢速壘球，雙殺總是先傳二壘出局後再傳一壘。

你已經有過執行雙殺中某部分的經驗，像是上手傳球、接球和強迫進壘的步法。側投方式傳球，是游擊手在中等距離的情況下，傳球給二壘手或是三壘手執行雙殺中第一個出局數時會使用的方式；以及當游擊手到二壘壘包補位時，二壘手傳球給游擊手，執行雙殺中的第一個出局數時使用。當短傳或拋球在同樣的情況下可以使用的時候，你應該使用低手拋球。只有在距離較長的雙殺，才使用上手傳球。這時你應該已經具備了這項能力。在練習執行雙殺之前，你會有機會學習側傳或是低手拋球等技能。

低手拋球

當游擊手在距離二壘 8 到 10 英尺（2.4 至 3 公尺）的位置接到滾地球，最快把球傳至二壘手的方法就是低手拋球，拋至野手的胸口高度。在這種情況下，側傳會力道過強使二壘手較難處理。同樣的，二壘手接到滾地球距離二壘較近時，使用低手拋球傳球給移動至二壘補位的游擊手。

低手拋球沒有特定的練習模式。練習時，可以三個人為一組。三個人彼此約距 10 英尺，形成一個三角形的站位。第一個球員拋滾地球給第二個球員。第二個球員將球接起來，轉身，低手拋傳給第三個球員。第三個球員接球後拋一個滾地球給第一個球員接，不斷重複這個練習過程。三個球員都有機會拋滾地球、接球和低手拋傳。你可以加上一些球場的物件，像是可移動式的壘包。第二人和第三人為游擊手和二壘手，距離壘包約 10 英尺。第一人在站壘包的直線上，與其他兩個球員距離相等。第一人拋滾地球給游擊手，游擊手接球後並且低手拋傳給在二壘補位的二壘手。接下來，第一人拋滾地球給二壘手，二壘手接球後並且低手拋傳給二壘補位的游擊手。不斷重複將球交替滾給兩名球員。三個球員不斷的輪轉位置，且都有機會練習接球和低手拋球給補位的野手。記住拋球的目標要在胸口的高度。

側傳

經驗較少的球員儘量少用側傳的方式，因為比起上手傳球，側傳較難在同樣用力的情況下準確的傳球。在頂尖的壘球中，有時游擊手和三壘手會用到側傳，像是在情況緊急的時候要讓擊跑者出局的時候。但是，有時候中等速度側傳也會在比賽中應用。大多數的球員會在短距離使用側傳，如二壘手在接到滾地球後傳向一壘或其他壘造成一位跑者出局，或是在雙殺中造成的第一個出局跑者。

側傳的軌跡是水平或是由低到高。多數的傳球應傳至野手的胸口高度。短距離使用上手傳球往往會從高到低，從而傳至接球員的腳而不易接球。短距離的側傳會保持水平或小幅度的往上升，到達理想的胸口位置。雖然上手傳球比側傳更為準確，但短距離側傳較能減少失誤的機率。側傳能更迅速的傳至預定的壘包，因為傳球者在守備位置接球後以蹲的方式傳球，而不用再花時間站起來用上手傳球的姿勢。

當你接滾地球時，背要打平，膝蓋彎曲，軀幹平行地面，接球後就是傳球位置。如果你是右手投球的二壘手要傳向一壘或是右手投球的游擊手要傳向二壘，你的手套側已經朝向你的目標，所以你不需再轉身。你投球的手臂保持與平行地面（圖8.4），讓球通過你身體前方。其他傳球的技巧都跟上手傳球一樣。

圖 8.4　側傳，手套側目標

準備傳球

1. 球在手套裡
2. 背是平的
3. 重心轉移到傳球側
4. 手套與傳球的手舉到肩膀高度，使用兩指或三指握法
5. 保持重心低，彎腰
6. 將球帶至預備傳球位置
7. 手套側的手肘對準目標

a

圖 8.4 側傳，手套側目標（續）

傳球

1. 朝目標踏一步
2. 重心轉移至手套側
3. 髖部正面對準目標
4. 傳球的手平行地面
5. 出手時，手腕扣球

完成傳球

1. 重心在手套側的腳
2. 膝蓋彎曲
3. 傳球那隻手水平的移向目標
4. 手套側的手肘收回來

錯誤

球傳到目標的左側或右側。

修正

手腕直接對準目標扣球，而不是之前或之後。

錯誤

球的軌跡是高或低。

修正

不要站起來傳，保持低重心。彎曲你的身體，軀幹與地面保持平行。

當你用側傳方式傳向你投擲側的方向——例如，二壘手傳向二壘給游擊手或是三壘手——接到球後，以腳為軸心轉身，所以你的手套側會對著目標（圖 8.5），然後像之前所說的方式傳向你的手套側。利用下列練習側傳的方法來讓你在製造雙殺前段的動作更完美。

圖 8.5　側傳，投擲側目標

傳球

1. 朝向目標踏一步
2. 將重心移至手套側
3. 髖部正面對準目標
4. 傳球手臂平行於地面
5. 出手時，手腕扣球

準備傳球

1. 球在手套裡
2. 背部打平
3. 重心放在傳球側的腳，向傳球邊開始旋轉
4. 手套與傳球的手舉到肩膀高度，使用兩指或三指握法
5. 重心保持低；彎腰
6. 將球帶到傳球位置
7. 手套側手肘朝向目標

完成傳球

1. 重心在手套側那隻腳
2. 膝蓋彎曲
3. 投球的手臂水平的朝目標移動
4. 手套側的手肘收回來

錯誤

你是推球而不是傳球。

修正

用肘部帶動你的球經過身體前方出去。

錯誤

當你由投球側傳至目標的時候，球偏離目標。

修正

保持低重心，但是由腳為軸心轉動你的身體，讓你的手套側朝向目標。

單
元
八

攔
截
、
雙
殺
和
夾
殺

接下來三個練習可以分別在室內或室外進行，用牆壁和圍欄當作傳球目標。因為球不會從圍欄反彈回來，所以當你在室外練習時，你要有一個搭檔拿一籃子的球從短距離拋滾地球給你。如果沒有搭檔拋球給你，拿 10 顆球放在一條直線上，每顆相距 1 英尺（30.4 公分）的地方。向前移動接球並側身傳球至圍欄，請記住，這些都不是要求準確度的練習，你的目標僅僅是牆壁或是圍欄。如果你的側傳能力較好，想要訓練準度，在牆壁或圍欄做一個小目標，並傳球至目標。

側傳訓練 1. 傳至手套側的牆壁

這個練習在體育館做的效果最好。位置在體育館的角落，牆與自己距離 30 英尺（9.1 公尺）。面對一面牆，另一面靠你的手套側。球投擲至前方的牆壁，球向你回彈時，將球接起來並使用側傳至手套側的牆壁，利用在圖 8.4 描述過的技術。轉到手套側的牆，接起反彈球，移動並直接回到傳球動作，但不要傳球；相反地，恢復到你原來的起始位置，重複這個順序。

這個練習的主要目的是讓你練習側傳。不過，你可以藉此機會練習你滾地球守備的技能。請有經驗的球員或教練來觀察你完成練習並且依照下列檢查項目來評分。

檢查
- 接球時用兩隻手。
- 重心低，彎腰，你的背部要打平。手臂移動到水平的傳球位置。
- 朝目標踏一步。
- 讓你傳球的那隻手臂在投擲及跟進的時候保持與地面平行。

得分

每次達到全部檢查標準的練習，得 1 分，總分 10 分。

你的分數＿＿＿＿

增加難度
- 由搭檔以不同速度拋出滾地球給你。
- 由搭檔拋出滾地球給你，讓你必須橫向移動。

- 使用目標，以提高準確性。
- 由搭檔打出不同方向和不同的速度的自打球給你。

降低難度
- 球一開始放在地上不動。
- 使用較軟的球或滾較慢的滾地球。
- 練習、練習再練習！

側傳訓練 2. 傳至投擲側的牆壁

站在跟上一次一樣的地方，只是現在側壁是前壁（或者是反彈壁）而側壁（或傳球目標牆）現在在你的投擲側。面對新的牆壁並把球投擲向牆壁，這樣的反彈形成一個滾地球。把球接起來，轉向你的投擲側，那麼你的手套側就會對準傳球目標的牆壁，並且使用側傳的方式將球送到牆壁。把反彈球接起來，回到你的起始位置，重複動作，總共做10次。

側傳訓練 3. 四個球員

現在你將練習接球並且側身傳球給你的搭檔。在這次的練習有個重要的考慮點是，用適當的力量（力量不要太多），以便球可以被接到。

這個練習需要四個人。無論你是在室內或是室外，安排都是一樣的。主要的野手在游擊手的位置。自打球球員站在本壘並且有一桶裝著10顆球的籃子。第三個球員是二壘手，第四個球員是三壘手。

打者以不同方向、不同速度打10個滾地球給游擊手（手套側或投球側）。在一個流暢的動作當中，游擊手接到每顆球並側身傳球到球來的那一邊的壘包。例如：如果球擊到慣用右手球員的左側（手套側），他接球後側身傳

球至二壘；如果球擊到他的右手側（投球側），他接球後，轉身並側身傳球至三壘壘包。游擊手接 10 球並側身傳球到正確的壘包。首先要先確實接球，然後再傳球。確保你的傳球不會太大力而壓迫到壘包上的守備者。壘包上的守備者接球後將球滾回打擊區。

計算好成功傳接球次數。經過 10 次的嘗試，交換位置並重複練習。持續練習，直到每個球員都完成 10 次的接球和傳球到壘包守備者的練習。你傳向哪一邊的成功次數較多？你傳球的力道是適中的嗎？在那些你較不擅長地方多下點功夫，這樣你才能穩定地發揮側傳能力。

壘包的守備者必須先假設球打向游擊手的那一側是一個強迫進壘的局面，並補位到壘包上。打滾地球的打者必須打得準確，那麼每個當游擊手的人才可以傳到每一個壘包至少各四個球。

檢查：游擊手

- 到達球的路徑前方，並用雙手接球。
- 接球和傳球的過程中，重心放低，背部保持水平。
- 確保在每一個傳球和後續動作中，你的手臂保持水平移動。
- 接球、轉身、側傳，以一個流暢的動作側傳到三壘。

得分

依據你成功接球和傳球的次數給自己打分數（作為游擊手的 10 次），確認你達到每一個檢查標準。

　　7 到 10 = 5 分

　　4 到 6 = 3 分

　　1 到 3 = 1 分

　　你的分數＿＿＿＿

因為這是一個比賽情況的練習，沒有必要來增加難度或減少難度。那些之前練習提到的調整。在下一個敘述段落後的雙殺練習，將會有更多組合練習，其中，有機會進一步的練習側傳。

製造雙殺

正如這個單元的介紹，雙殺是一種進階的防守戰術，在防守中，一個連續動作造成兩個人出局。當執行從本壘到一壘或從三壘到一壘的雙殺，你需要在之前已經練習過的，在本壘和三壘封殺的動作中（在強迫進壘的情況下），在步法上做出些許附加的技巧。為了造成雙殺的第二個出局數，需要強而有力的傳球，當你傳球時，你需要將腳往一壘方向踩一步。因此，從本壘或三壘的雙殺，對於第一個出局者，不需要像強迫進壘情況下那樣延展身體去封殺。你需要在一個平衡的狀況下，能夠一個墊步傳向一壘造成第二個出局數。如果你

用單腳伸出來製造第一個出局數，你會用掉很多的時間讓你的身體恢復到位並朝向一壘踩一步。你會因此變慢並且在你傳一壘的時候削弱傳球力道。另一方面，雙殺時為了抓到第二個出局數，一壘手必須延伸去接球以便縮短傳球的長度（以及傳球時間）。在壘球中，在一壘雙殺的局面，通常是非常接近的。

到目前為止，你還沒嘗試過雙殺時，第一個出局數在二壘的情況。在這個情況下，二壘的步法與本壘或三壘有很大的不同。在你的練習當二壘手和游擊手的時候，你已經學會了如何強迫進壘的情況下封殺二壘，但還沒練習接著傳向一壘製造雙殺的情況。這個在二壘開始製造雙殺的動作叫做「轉身」。基本上就是在二壘封殺跑者時轉身，讓你能擺脫跑者的情況下，能夠傳出強而有力的球到一壘造成第二個出局。

壘球中，不像棒球，雙殺時第一個出局數在二壘，跑者幾乎都很靠近壘包。為了能夠強而有力的傳向一壘造成第二個出局數，你必須有一個無阻礙的傳球路徑，而且在你傳球前不能被跑者撞倒。跑者別無選擇，只能朝壘包的方向跑。因此，你必須在離開壘包時找到一個無阻礙的傳球路徑。接下來的段落提供二壘手和游擊手在二壘雙殺時所使用的轉身技巧。除了你已經學過的側身傳球外，你將練習以不同方法，在接球後將球傳給要執行「轉身傳球」的人來執行雙殺。所有游擊手和二壘手會用到的雙殺技巧，都會在這敘述段落的最後呈現。基本練習安排就是由游擊手或二壘手在二壘上開始執行。當你完成每個技術教學材料後，去練習那些會帶給你特定技巧機會的訓練。例如：在學習第一個敘述段落提到的有關游擊手的拖曳步法後，做雙殺訓練 1「模擬步法」，練習步法技巧；然後進行雙殺訓練 2「模擬打擊」，這是用來訓練游擊手的拖曳步法（參見慢壘和快壘的第一個變化方式，和慢壘的第二變化方式）。

在每個教學段落後，當內野手製造雙殺時，選擇特定的雙殺訓練來練習。以不同的距離練習此技巧，需要因距離而選擇使用短拋還是側傳。然後你將能體會壘球比賽策動雙殺的興奮感。做一個經驗較豐富的游擊手或二壘，應該依照防守位置，選擇較類似比賽時的練習來復習所需的技巧，如訓練 3「自打球雙殺守備」。讓練習更有挑戰性，你可以嘗試其他內野手的技術。例如：如果你是游擊手，嘗試二壘手的交叉和腳掌為軸心的技巧。

注意：在技術說明中，說明由游擊手（之後為二壘手）在二壘完成雙殺中的第一個出局數，是以慣用右手球員呈現。慣用左手球員有較高的難度進入到壘包位置接球，而且也更難避開跑者，同時還需要找到無阻礙的傳球路線到一壘。除了這個問題和其他因素，慣用左手球員通常不會當游擊手或是二壘手。

單元八　攔截、雙殺和夾殺

游擊手的拖曳步法

*拖曳步法*是一個轉傳動作，在強迫進壘狀態下，由游擊手接到球，同時與二壘接觸封殺跑者並將球傳向一壘造成第二個出局數。這項技術讓游擊手離開壘線，避免碰到跑者，且提供無阻礙傳球路線到一壘。這個拖曳步法是當一壘手或二壘手在一、二壘之間，壘線外的外野區接到球後傳給游擊手所用。

當滾地球打到內野一壘側的位置形成雙殺情況，游擊手開始移動他原先的守備位置到二壘後方。他跨立在壘包的後方角（朝向中外野的角），以右腳內側輕輕地觸碰壘包的角。他的肩膀是平行於一壘和三壘之間的一條假想線上。如果沒有足夠的時間到達壘包並跨站在

壘包後角上，游擊手只能以不停止的方式做完動作。當他接到球，要製造封殺守備時，游擊手的左腳朝向右外野踏一步（圖 8.6a），右腳用拖的方式使腳趾帶過壘包後角（圖 8.6b）。持續移動，他的右腳往左腳方向靠近（圖 8.6b），然後再次以左腳跨步將球傳向一壘造成第二個出局數（圖 8.6c）。為了完成這個目標，且不受到跑者的干擾，你要朝向右外野移動，而不是朝向一壘的壘線上移動。

現在去雙殺訓練段落，選擇跟你經驗等級差不多的訓練方式，練習游擊手的拖曳步法。當你能夠很輕鬆的完成操作，再回到這進行下一個段落，學習游擊手的內轉動作。

圖 8.6 游擊手拖曳步法

靠近壘包
1. 跨立在後角
2. 重心在右腳
3. 面向傳球者
4. 注視來球

a

b

腳的位置與離開壘包
1. 接住球
2. 左腳超過壘包
3. 右腳以拖曳的方式通過壘包後角
4. 右腳靠近左腳

壘球

邁向卓越

圖 8.6　游擊手拖曳步法（續）

完成傳球

1. 跨出左腳
2. 將球帶到傳球位置
3. 傳到一壘
4. 重心在手套側的腳
5. 膝蓋彎曲
6. 傳球的手臂是水平的
7. 手套側手臂往內收

游擊手的內轉動作

在單元七中，你瞭解到當球打到捕手或投手時，游擊手負責到二壘補位進行雙殺。這樣做的原因是因為當這顆球要傳向二壘時，游擊手比二壘手有較好的執行補位的動作。從正常守備位置移動到二壘，游擊手在這個執行上，動能已經向一壘移動準備進行雙殺的第二個出局數，所以較為流暢。而二壘手進行補位二壘的動作是朝一壘的反方向行進，所以動能也是離開雙殺的第二個出局數方向，因此比較不流暢。

相似的原則對於雙殺時，進行壘包補位的封殺守備也適用於任何封殺守備。如你所知，當你進行封殺守備來球是從壘線的內野側來時，補位的位置是在壘包的內側角。在雙殺的情況下，當球擊到中間方向，由投手或是捕手接到球，游擊手到二壘的內側角補位，

並使用內轉動作進行封殺並完成傳球到一壘製造雙殺。另一方面，如果球很明顯擊向一壘或三壘且在壘線的內野側，適用一般的守備位置準則（滾地球擊向一壘，游擊手補位二壘；滾地球擊向三壘，二壘手補位二壘）。

當球擊到中間方向，游擊手來到二壘，他用左腳踩著壘包內側角，臉朝向傳球員（圖 8.7a）。當他接住球封殺後，游擊手將膝蓋彎曲，讓重心完全的放在在他的左腳並朝向投手板由左腳彈跳起來，右腳落地閃避跑者（圖 8.7b）。游擊手的左腳朝向一壘踏一步並傳球至一壘，嘗試造成第二個出局數並完成雙殺（圖 8.7c）。

同樣的，去練習雙殺訓練的段落，並選擇練習方式，練習游擊手的內轉動作。當你能夠很輕鬆的完成操作，再回到這進行下一個段落，學習二壘手如何在二壘完成轉傳動作。

單元八　攔截、雙殺和夾殺

圖 8.7　游擊手內轉動作

靠近壘包

1. 左腳踩在壘包內角
2. 髖部正面對著傳球者
3. 注視球

a

b

腳的位置與離開壘包

1. 接球
2. 重心完全放在左腳
3. 膝蓋彎曲
4. 由左腳起動彈跳
5. 右腳著地
6. 左腳對著一壘踏一步
7. 把球帶到傳球位置
8. 傳向一壘

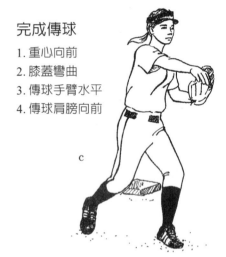

完成傳球

1. 重心向前
2. 膝蓋彎曲
3. 傳球手臂水平
4. 傳球肩膀向前

c

二壘手通過並轉身

　　對於二壘手，在二壘策動雙殺時需要真正的轉動身體或改變方向。二壘手必須很確實的在壘包上封殺後離開壘包，停止往一壘反方向的動能，回來朝一壘踏一步並傳球。二壘手使用*通過並轉身*，當傳球是由二壘到三壘間的界內區傳過來時，或是需要縮短傳球的距離時以減少傳球所需時間（即任何傳球從三壘手傳來，或者游擊手的長傳）。

　　從他原先的守備位置，二壘手應該開始移動並到二壘補位，以便他可以通過二壘並正面朝向傳球者。如果有足夠的時間，他移動到差壘包一步的位置，並面向傳球者的方向（圖 8.8a）。當傳

球接近時，他的左腳踩在壘包上，通過壘包，在壘包的較遠端側接球（三壘壘包側），同時他的腳仍然在壘包上完成封殺（圖 8.8b）。

二壘手馬上利用右膝彎曲並著陸來停止他前進的動力。這右腳的一步應該可以讓他避免在跑者的路線上。二壘手將重心轉移到他的左側。他朝向左側踏一步並將球傳向一壘（圖 8.8c）。

大聯盟風格的二壘手到二壘會垂直跳在空中，避開跑者，在半空中做出轉傳動作，並在空中做出傳向一壘動作，但這個技巧超出了這本書對你的期望！

回到雙殺訓練的段落選擇訓練，練習二壘手通過並轉身。當你能夠很輕鬆的完成操作，再回到這進行最後的轉傳動作，二壘手的前腳轉身。

圖 8.8　二壘手的通過並轉身

靠近壘包
1. 重心在右腳
2. 面向傳球者
3. 注視球

a

腳的位置與離開壘包
1. 左腳踏在壘包上
2. 雙手舉起來到球的高度
3. 身體向前移動通過壘包
4. 接球
5. 離開壘包並用右腳停住

b

完成傳球
1. 左腳踏向目標
2. 重心移動到左腳並傳球
3. 膝蓋是彎曲
4. 髖部正面朝向目標
5. 傳球肩膀向前

c

二壘手的前腳轉身

當游擊手傳球距離非常接近壘包時，二壘手*前腳轉身*。二壘手移動到壘包上，用右腳腳趾接觸壘包靠近外野的那一側。重心在他的左腳，當二壘手接到球時（封殺後），右腳往後退一步，左腳朝一壘跨步並傳球。以這種用右腳退一步的方式，稱為*深落*（圖8.9），這能讓二壘手能離開跑者的路線。

另一個前腳轉身技術涉及你的重心要放在你的右腳，用左腳踢壘包進行封殺，然後踏出左腳傳球。這個移動叫做*淺落*，更快了一步，但是讓你留在壘線上。你應該根據跑者當時與壘包的相對位置選擇適當的步法技術：當跑者很近的時候使用「深落」，當跑者離你還很遠的時候用「淺落」。圖8..9和8.10呈現出如何執行前腳轉身中的「深落」和「淺落」。

圖 8.9 二壘手前腳轉身：深落

a   b   c

靠近壘包與腳的位置

1. 靠近壘包；重心放在左腳
2. 雙手舉球到球的高度
3. 注視球
4. 右腳接觸壘包
5. 接球

離開壘包並傳球

1. 重心在左腳
2. 右腳退一步到左腳後面
3. 把球帶到傳球肩膀的位置
4. 左腳向目標踏一步
5. 右髖部向前移動
6. 左手肘朝向目標，傳向一壘

完成傳球

1. 重心在手套側的腳
2. 髖部正面朝向目標
3. 傳球的手放低
4. 傳球的肩膀在身體前方

圖 8.10　二壘的前腳轉身：淺落

a　　　　　　　　　　b　　　　　　　　　　c

靠近壘包與腳的位置	離開壘包與傳球	完成傳球
1. 靠近壘包，重心在右腳	1. 重心在右腳	1. 重心在手套側的那隻腳
2. 雙手抬到球的位置	2. 左腳向目標踏一步	2. 髖部正面朝向目標
3. 注視球	3. 把球帶到傳球的肩膀高度	3. 傳球的手放低
4. 左腳接觸壘包	4. 重心轉移到左腳	4. 傳球的肩膀在身體前方
5. 接球	5. 右髖部向前移動	
	6. 左手肘朝向目標，傳向一壘	

雙殺訓練 1.　模擬步法

　　這次練習適合的球員是剛開始學習二壘雙殺轉身的球員。與一個搭檔，分別以正常守備位置擔任游擊手和二壘手。不使用球，在二壘傳一壘的雙殺情況下，每個人都會練習各種游擊手和二壘手的步法技巧。當你的搭檔正在壘包上進行步法的技巧練習時，作為一個觀察者並回饋給你的搭檔，針對他特定的技巧，以檢查項目來檢視並評分。

　　首先，游擊手移動到二壘，執行正確的拖曳步法。二壘手可以模擬傳球給游擊手；但是，他主要的工作是觀察游擊手的表現，並給他在腳步移動的技巧上正確的回饋。游擊手返回游擊的守備位置並重複拖曳步法的練習，總共重複5 次的練習。

　　接下來，二壘手執行前腳轉身，深落和淺落都要，這時，游擊手擔任觀察者。游擊手這時完成了他的內轉動作，二壘手完成了通過並轉身練習。不要忘了在每一次重複之間，都要回到開始的守備位置。

單元八　攔截、雙殺和夾殺

如果你在學習擔任游擊手及二壘手守備，在每一位球員練習一種轉身步法之後，交換守備位置。

拖曳步法

- 雙手舉起，準備接球。
- 由左腳向右外野方向踏一步，稍微超過本壘。
- 面向傳球者，並拖曳右腳，滑過壘包。
- 右腳向左腳靠攏，左腳踏一步，模擬傳球至一壘。

內轉動作

- 雙手舉起，準備接球。
- 左腳踩在壘包的內角上。
- 由左腳施力跳起，並離開壘線。
- 右腳著地，向一壘踏一步，模擬傳球。

腳掌轉身，深落

- 雙手舉起，準備接球。
- 重心放在左腳，右腳與壘包接觸。
- 右腳後退到左腳後方。
- 左腳踏一步，模擬傳球到一壘。

腳掌轉身，淺落

- 雙手舉起，準備接球。
- 重心在右腳，站在壘包後方。
- 左腳往前延伸接觸壘包。
- 轉移重心回到右腳，左腳踏一步，模擬傳球到一壘。

通過並轉身

- 雙手舉起，準備接球。
- 在壘包後面出發，向三壘方向移動。
- 左腳踩在壘包上，繼續向前，超過壘包。
- 右腳停住，左腳踏一步，模擬傳球到一壘。

針對游擊手及二壘手的每一種雙殺轉身，根據檢查項目判斷成功次數（最多 5 次）。

5 次 = 5 分
3 或 4 次 = 3 分
1 或 2 次 = 1 分
你的分數_____

增加難度

- 加上球，在接到短傳的同時轉身（接後不傳）。

降低難度

- 再次嘗試每一個分解動作，加強步法技巧。

雙殺訓練 2. 模擬打擊

這個練習是設定給所有內野球員進行二壘傳一壘的雙殺。如果球員只擔任一個守備位置，為球員選擇適合的變化。這個練習需要三組人：一個餵球人

壘球

邁向卓越

和一個轉身球員（游擊手與二壘手）；一壘守備者和打者；捕手和投手或三壘手（一個人扮演兩個角色）。這個練習與之後的練習都可以用在慢壘及快壘中。圖 7.1 有正常深度守備位置圖。

所有的人都站正常深度的守備位置（圖 8.11，變化 A）。打者拿著一個有 5 顆球的籃子，離目標球員（被餵球的人）約 20 英尺（6.1 公尺）的地方。

捕手拿一個空籃子。

打者拋出滾地球給目標球員（1）。這個目標球員依據距離使用側投或是低手拋球，傳給二壘準備做轉身的球員（2）。這個球員，用正確的步法踩壘之後，上手傳球至一壘完成雙殺（3）。一壘手傳球給捕手（4），捕手再短拋給打者。

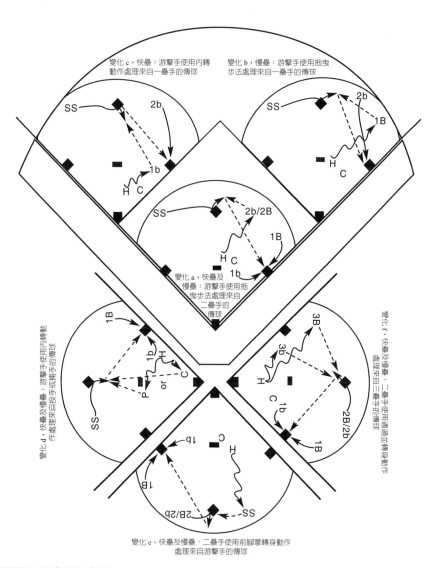

圖 8.11 模擬打擊練習示意圖

重複表 8.1 的變化各 5 次。在完成五個變化後（快壘或慢壘），組內二人互換位置。搭檔們都完成了雙殺的各種變化後，組間進行輪轉。打者和一壘手交換成游擊手和二壘手。捕手和投手（或三壘手）交換成打者和一壘手。游擊手和二壘手交換成為捕手和投手（或三壘手）。

更有經驗的球員可以在每一次操作加入一壘到二壘的跑者來增加複雜性。如果你要這麼做，讓跑者確實戴上頭盔，以防暴投。

表 8.1　變化並模擬打擊練習的變化

變化	餵球者	轉傳動作球員	一壘補位
A	二壘手	游擊手（拖曳步法）	一壘手（快壘或慢壘）
B	一壘手（慢壘）	游擊手（拖曳步法）	二壘手或三壘手（慢壘）
C	一壘手（快壘）	游擊手（內轉動作）	二壘手（快壘）
D	捕手或投手	游擊手（內轉動作）	一壘手（快壘或慢壘）
E	游擊手	二壘手（前腳掌轉身）	一壘手（快壘或慢壘）
F	三壘手	二壘手（通過並轉身）	一壘手（快壘或慢壘）

檢查

• 針對球的來源，使用適合轉傳動作。
• 針對各種不同的轉傳動作，使用正確的腳步。
• 成功的接住傳球或拋傳。
• 準確的傳向一壘。

得分

儘管很多球員參與這項練習，但是因為這個訓練著重在轉傳動作，分數只給游擊手和二壘手（基於他們是否成功的在二壘上執行轉傳動作，並且準確的傳向一壘完成雙殺）。但是，要成功的完成訓練，在每個操作中，每個球員好的守備、接球和準確的傳球，都是必須的。

根據檢查項目，檢視每個位置上的每個動身動作，依照成功的次數打分數（5 次的練習）。

5 次 = 5 分
4 次 = 3 分
3 次 = 2 分
1 或 2 次 = 1 分
你的分數（游擊手）＿＿＿＿
你的分數（二壘手）＿＿＿＿

增加難度
• 餵球的力道上做變化。
• 餵球的方向做變化。

降低難度
• 每次只練習一種變化。

• 讓一個搭檔在你要做轉身動作的時　　候，提醒你的腳步要注意的事項。

雙殺訓練 3. 自打球雙殺守備

　　這個練習的方式跟上一個練習很像，不同之處除了有一個自打球打者在本壘，還有就是防守者（餵球者）是內野的每一個防守位置，包含投手。（雖然有自打球打者是比較好的，但是擊球架也是一種選擇，將球打給目標球員。）自打球打者從本壘打滾地球給目標球員。目標球員傳球給在二壘準備要做轉傳動作並傳球至一壘補位完成雙殺的球員。一壘手再將球回傳給捕手。為了幫助加快練習的節奏，捕手應該在打者打出第一顆球前拿著第二顆球並在球擊出後短拋給打者。此外，第四組球員當跑者。

　　這個練習比上一個練習更接近比賽的情況，因為是從打擊出來的球開始執行雙殺。此外，每個變化中（參照之前的練習）的最後三次的操作（一組 5 次），加入跑者。一個跑者在擊出滾地球後從本壘到一壘，另一個跑者則是從一壘跑向二壘。跑者必須戴著頭盔。在這個練習，餵球者和轉傳者都要記錄分數。計分系統是設計給球員輪轉每個位置的練習，並依照位置而計分。

　　因為這個練習是為了比賽情況的練習所設計的，所以不需要提高或降低難度。如果這個練習太難，回歸到之前的練習，進一步瞭解雙殺的基礎知識。

檢查：餵球者

• 確實的接球。
• 依傳球距離，使用適當的傳球技巧。
• 準確的傳給轉傳球員。

檢查：轉傳球員

• 用適當的腳步完成轉傳。
• 成功的接到餵球者的傳球。
• 重複三次閃避跑者。
• 準確的傳向一壘。

得分

　　當你是餵球者，根據餵球者的檢查項目在成功的次數上（共 5 次操作）打分數。當你是一個轉傳球員，根據轉傳球員檢查項目在成功的次數上（共 5 次操作）打分數。

　　5 次 = 5 分

4 次 = 3 分
3 次 = 2 分
1 或 2 次 = 1 分
你的分數（餵球者）＿＿＿＿
你的分數（游擊手）＿＿＿＿
你的分數（二壘手）＿＿＿＿

單元八　攔截、雙殺和夾殺

雙殺訓練 4. 本壘到一壘的雙殺守備

到現在你應該熟練轉傳球員和餵球球員所有從二壘到一壘包的雙殺組合。表 8.2 呈現可能的本壘到一壘的雙殺組合。

表 8.2　本壘到一壘的雙殺

餵球者	轉傳者	一壘補位者
三壘手	捕手	一壘手
游擊手	捕手	一壘手
二壘手	捕手	一壘手
投手	捕手	一壘手
一壘手（快壘）	捕手	二壘手（快壘）
一壘手（慢壘）	捕手	一壘手（慢壘）

所有之前的練習都可以用在當第一個出局數發生在本壘的時候。在本壘補位的球員是捕手，在一壘補位的是一壘手（或是二壘手，當一壘手為餵球者時）。

設定捕手、一壘手、自打球打者和一個野手在各個位置上移動並餵球。當球打向一壘手時，在二壘上的內野手補位一壘。兩個跑者的位置在三壘（一個在壘包上跑壘，另一個則在旁邊的等待跑壘）。另外兩個跑者的位置在本壘跑向一壘；這些跑者必須站在本壘旁界外區等待，不要擋到打者。所有跑者一定要戴頭盔。

打者打兩個球給不同位置的內野手，讓內野手有機會練習在不同的距離上餵球（上手傳球）給捕手。打者一定要將球打到內野手合理的守備範圍內。

為了安全考量，打者在打擊之後一定要往後退，不要擋到跑者和捕手。捕手練習在適當的位置接球，在本壘進行封殺，同一時間閃避跑回本壘的跑者並將球傳向一壘。球打出去後，沿著三壘線跑回本壘的跑者到本壘後方的跑者區排隊，跑向一壘的跑者到三壘的跑者區排隊。在兩個守備位置完成兩個雙殺後，四個跑者跟野手和打者交換。野手和打者再次換回野手和打者時輪轉位置。總共需 4 次才會擔任過每一個位置。

跑者在練習裡面，目的是讓練習更像比賽情況。然而，因為打者是擊出自打球，而且不是自己跑向一壘，操作的成功與否不是在於讓跑者出局，而是整個過程是否順利的進行並完成（打出去的球是否確實的被接到；準確的傳向本壘；捕手接到球；使用適當的腳步踩著本壘板，並且準確的傳向一壘；一壘補位的球員在與一壘接觸的情況下，接住從捕手傳來的球）。

檢查：餵球員（接傳者）
- 從縮小防守的守備位置開始。
- 向前衝接被擊出且較弱的球。
- 確實的接住球。
- 強且準確的傳向本壘。

檢查：捕手
- 在一般的守備位置開始。
- 當球被擊出去時，移動到本壘板前面。

壘球

邁向卓越

208

- 確實接住球，並用正確的步法接觸著本壘。

- 向一壘跨一步並傳出強而有力且準確的球到一壘。

你參與且成功完成的過程，可以得到一個團隊分數。當你在接球或打擊的輪轉時，在你守備和打擊各 10 次的輪轉中記下你成功完成雙殺的分數。在總數 40 次的嘗試中，你在同一個守備位置會有 4 次。

　　8 到 10 次成功雙殺 = 5 分
　　5 到 7 次成功雙殺 = 3 分
　　4 次或更少成功雙殺 = 1 分

你的分數＿＿＿＿＿

增加難度

要增加接球或打擊的挑戰性，讓打者以不同速度和不同方向的球打給野手。

降低難度

如果你接球及打擊團隊感到這個操作太困難時，取消加入跑者。

雙殺訓練 5. 三壘到一壘的雙殺守備

三壘到一壘的雙殺是非常難成功的，除非是球打到內野的游擊側、球直接打到投手，或是球直接停在本壘的捕手面前。除非跑者速度非常慢，球從一壘手或二壘手傳向三壘再傳向一壘的距離讓這個雙殺非常困難。另外，若是左打者打擊，這個雙殺過程更是難以完成。在其他雙殺，第二個出局數應該在一壘完成。記得，右打者跑壘的距離比一壘到二壘跑者的距離更遠。

雖然這個練習也可以在慢速壘球中使用，但是還是比較適合有經驗的快速壘球員團隊練習。無論是哪一種情境，參與者都是在正常的守備位置。這個練習需要有兩個團隊，一壘手、投手、三壘手、游擊手和捕手。防守隊在他們各自的守備位置，另一個團隊是進攻隊。

進攻隊的跑者分別站在一、二壘。一個在打擊區，其他的在預備區。

這個練習的進行就如同真實比賽一樣。這個比賽的情況是一、二壘有人的情況下無人出局或一人出局。捕手要穿戴完整的捕手裝備，跑者要穿戴頭盔。投手幫忙投球給打者，讓打者可以將球擊向游擊手、三壘手、投手或是在本壘板前的捕手，那麼防守隊可以練習完成三壘傳一壘的雙殺守備。快速壘球的投手則是專注於練習投好球，並且練變速球。

在這個開始的期間，進攻隊的打者，嘗試將投手投過來的球打給游擊手或是投手，或者將球打到捕手前面的位置。在快壘中，球打到三壘手時會要求游擊手到三壘補位，這是一個比較

難處理的局面，所以我們會在之後再練習這個情況。球打擊出去後，打者跑向一壘。跑者離壘（快壘）並且對擊出去的球做判斷。如果打出去是高飛球，那跑者就回原來的壘包。如果打出去滾地球，跑者則往下個壘包推進。在每一個操作後，往三壘的跑者到三壘的預備區排隊，其他球員和擊跑者向前推進。

進攻隊持續打擊直到成功將球擊出兩個滾地球到游擊手、投手和捕手，總共成功 6 次擊球。防守隊每完成一次三壘傳一壘的雙殺守備，得 1 分。在這個情況下，因為是打擊投手投出的球，並擊跑者在擊到球後要跑向一壘，所以成功的防守是指兩個跑者都出局。所以，進攻隊在至少一個跑者安全上壘的情況下，得 1 分。在完成 6 個成功操作後，攻守互換。在快壘中可以再增加二球，練習球打到三壘手，游擊手到三壘補位的情況，總共 8 個操作。

在這個類似比賽的情況下，不需要增加或降低難度。

檢查：防守隊

- 餵球者確實接住球。
- 餵球者準確的傳向三壘。
- 三壘手移動到三壘內側角。
- 三壘手在與三壘相接觸的情況下接住餵球者的傳球。
- 三壘手朝向一壘跨一步並且準確的傳向一壘。
- 一壘手在與一壘相接觸的情況下，接住球。
- 跑者在三壘出局，擊跑者在一壘出局。

檢查：攻擊隊

- 快壘的跑者在投手投出後離壘。
- 打者確實的將球擊成滾地球給指定的野手。
- 跑者對打擊出來的球做出正確的解讀和反應。
- 跑者和擊跑者各自安全上壘。

得分

在進攻或防守隊中，你的團隊在場上 6 次（或 8 次）嘗試中，成功得分的次數。

6 次（8 次）= 5 分
5 次（7 次）= 4 分
4 次（6 次）= 3 分

3 次（5 次或 4 次）= 2 分
2 次（3 次）或更少 = 1 分
你的分數（防守隊）_____
你的分數（進攻隊）_____
你的一局總分_____

雙殺訓練 6. 投手投球雙殺比賽

這個段落的最後一個練習是讓你有機會在投手投出球後，練習所有雙殺守備的變化。為了這個練習能成功執行，準確的投球是必要的，因此我們需要多

一些有經驗的球員。如果參與者投球的準確度還在發展階段，也可以使用發球機。

這個練習的設置如同上一個練習，除了團隊是由所有的內野手組成（包含投手，就算使用發球機也要有投手）。一隊進行守備，另外一隊進行攻擊。按照下列指示練習。

1. 這個比賽是一局一局進行的。每半局的攻擊持續到每一個隊員都上場打擊，不計出局數。

2. 攻方決定打擊名單。在每一個半局，上一位打者到一壘當跑者。可以增加跑者讓防守隊練習三壘傳一壘和本壘傳一壘的雙殺守備（或是見第8項）。

3. 投手必須在第一顆或第二顆球就投出好球。否則，打者將保送一壘。

4. 打者必須在第一個好球時，就打出一個界內的內野滾地球，要不然打者就出局。

5. 打擊出去後，打者跑向一壘。

6. 野手嘗試做適當的雙殺。

7. 如果防守方只想做二壘傳一壘的雙殺守備，跑向二壘的跑者再從二壘回去他原來的打序裡，繼續比賽。

8. 如果防守方想練習三壘傳一壘或是本壘傳一壘的雙殺守備，在下一個打者打擊時，擊跑者留在一壘或是其他跑者留下來跑壘。

得分

在這個練習中是算團隊分數。你的團隊分數是在雙方同意的局數中，基於結合防守和攻擊的得分。當你是防守隊，每一個跑者出局得1分。在場上每一個失誤則扣1分。當你是攻擊隊，打出一次界內滾地球得1分，打出去的不是界內滾地球則扣1分。

團隊勝利 = 10 分
團隊第二名 = 5 分

夾殺

這一單元的最後一個防守情況是夾殺。夾殺是發生在守備者在兩個壘包之間抓到跑者（當跑者無法任意回壘的時候）。記住，跑者衝一壘或本壘時可以任意地直接衝過去，但二壘和三壘不行。如果跑者繞過壘後朝向下一個壘包前進，這時防守方就可以對跑者進行防守，企圖將跑者夾殺出局。

防守方想要利用跑者任何的錯誤跑壘並從中取得優勢製造出局。然而跑者不想在夾殺中被抓住，除非這個跑壘可以製造得分。跑者若在無法得分的情況下被夾殺，就是犯了想法上的錯誤——由於跑者不夠專心在兩個壘包之間被夾殺。防守球員在夾殺時需要很機警地觀察跑者的情況，當有其他跑者

在三壘時，他會試圖引開防守者的注意力讓跑者回本壘得分。守備者必須同時將注意力放在三壘上的跑者上。

夾殺防守

事先的計畫和練習才以能須確保跑者在離開壘包後被觸殺出局。如果沒有設定一套做法，跑者會比較容易逃過這種情況，安全回到壘包上。球隊可以從幾個選項中選擇設定防守操作。這個段落最後的練習，將會有機會讓你練習這些選項。

更多的支援可以使夾殺守備更有效地執行，尤其是當跑者閃避了起初負責追逐的防守球員。離跑者最近的防守球員為起初追逐者，又稱為*主要守備者*。其他次靠近跑者的壘手負責支援起初追逐者，又稱為*支援守備者*。支援守備者開始在自己負責的壘包前面。當夾殺出現時，支援守備者應該在主要守備者的後方約 10 英尺（3 公尺），除非這個防守非常接近壘包（圖 8.12）。表 8.3 標示了野手在夾殺守備裡的職責。

主要守備者可以自行執行夾殺，除非他已經被跑者超過。當被跑者超過時，主要守備者靠邊，讓支援守備者接球。原本主要守備者轉換到正在夾殺的支援守備者後面並擔任支援的角色。原

圖 8.12　二、三壘間夾殺

表 8.3　野手在夾殺情況中的職責

跑者遭夾殺處	主要守備者	支援守備者
一壘和二壘	一壘手、二壘手	投手、游擊手
二壘和三壘	游擊手、三壘手	二壘手、投手
三壘和本壘	三壘手、捕手	游擊手、投手

本支援守備者現在擔任主要夾殺角色。只要主要守備者一被跑者超過就繼續這樣的輪轉方式。當然，如果這個跑者在沒有傳球或一次傳球就被觸殺出局了，就沒必要做輪轉。所有參與夾殺的人，必須維持在壘包前面的位置。支援守備者切記不能站在壘包的後面，因為跑者在躲過主要守備者後，可以在碰到支援守備者前就已經安全回壘了。

除了剛才的描述外，還有幾個可能的輪轉方式，可以使用在執行夾殺的防守中。然而，某些原則可以應用在任何夾殺的情況中，不論是使用什麼方法讓跑者出局。

1. 盡可能試著在最少次的傳球，讓跑者出局。最理想的是不用傳球；傳一次也很好，傳兩次還可以，傳兩次以上就太多了。

2. 持球的球員（不一定是主要守備者或支援守備者）拿著球直接跑向跑者，直到跑者做出朝向下一個壘包推進或回上一個壘包決定後，起動夾殺。如果距離跑者夠近，這個防守球員其實可以直接嘗試觸殺跑者。如果持球的球員來不及觸殺跑者，就將球傳給跑者朝向的壘包的野手。

3. 不要讓跑者靠近壘包，但讓跑者靠近上一個壘包比起靠近下一個壘包要好。

4. 在跑者的旁邊來回傳球，而不是在跑者的頭上。在頭部的位置以擲球手持球，用短而快速的手腕扣傳（如同射飛標的動作），傳給補位球員。

5. 當你要觸殺時，赤手握住球，再將球安全的放在手套裡，用手套背部觸殺跑者。

夾殺的失誤

跑者一定會看著持球的球員。一旦開始傳球，跑者將會決定是否全力朝球的反方向衝刺或是持續被追逐的情況。如果傳球距離較長並且跑者距離傳球者相當近，那跑者安全上壘的機會就比較大。如果前面的跑者有機會得分，而防守球員又正也追逐跑者，那跑者應該留在被追逐的情況，並且試著在得分之前不要被觸殺出局。

因為接下來的練習是以漸進式的方式增加難度，因此不需要增加難度或降低難度。每一個練習都會讓參與者感到難度增加，重複的練習或回到前一個練習會讓參與者感到難度降低。

夾殺訓練 1.　模擬輪轉

這個練習需要四個球員分別站在兩個壘包之間——兩個為主要守備者，另外兩個為支援守備者。不用跑者。一個持球的主要守備者傳給另一個主要守備者後，練習開始。在傳球後，模擬的情況是，跑者閃過了傳球者。因此傳球者的角色轉換到支援的角色，而另一個球員從支援的角色上來準備接下一個傳

球。在 30 秒的時間內，每個準確的傳球、成功的接球、適當的輪轉動作，得 1 分。

檢查

- 以手套為目標，放在手套側的肩膀旁，而不是在身體前面。

- 在假想跑者的旁邊傳球，並傳到目標手套。
- 作為主要守備者，在每次傳球後都要轉換位置變成支援守備者。
- 作為支援守備者，一定要在壘包前面。

得分

在 30 秒中得的分數。

20 或更多 = 5 分

15 到 19 = 3 分

10 到 14= 2 分

9 或更少 = 1 分

你的分數_____

夾殺訓練 2.　加跑者夾殺

使用之前設置的練習，加上跑者，並且只有在跑者確實閃過主要守備者後再進行輪轉。跑者一定要戴頭盔。在 30 秒後換一個野手到跑者的位置。

- 在跑者旁邊傳球。
- 當你被跑者閃過，輪轉變成支援守備者。

檢查：守備者

- 嘗試不超過兩次傳球，就讓跑者出局。

檢查：跑者

- 注視持球守備者。
- 在 30 秒內安全抵達壘包，或是持續夾殺狀態，不要被觸殺出局。

得分

作為跑者，以你停留在夾殺狀態的秒數打分數。

30 秒或更多 = 5 分

20 到 29 秒 = 3 分

10 到 19 秒 = 2 分

9 秒或更少 = 1 分

你的分數_____

作為防守者，以你用在觸殺跑者出局的秒數打分數。從四個紀錄中取最好的一次。

9 秒或更少 = 5 分

10 到 19 秒 = 3 分

20 到 29 秒 = 2 分

30 秒或更多 = 1 分

你的分數_____

壘球
邁向卓越

夾殺訓練 3.　起動者夾殺

這個練習需要有三組搭檔。第一組作為主要守備者，第二組作為支援守備者。這四個球員分別站在兩個壘包前方。第三組作為跑者和起動夾殺的球員。夾殺起動者持球站在距離跑者 20 英尺（6.1 公尺），跑者的位置在兩個壘包中間的壘線上。跑者一定要戴頭盔。夾殺起動者直接朝跑者跑去。夾殺起動者試著觸殺跑者，但是跑者一旦決定了前進的壘包時，傳球給在壘包的主要守備者。從此，這個練習照著上一個練習的方式進行。經過 3 次 20 秒的夾殺，三組內的角色互換。再經過一個 3 次 20 秒的夾殺，三組角色輪轉。在壘包 1 上的組別成為跑者和夾殺起動者；跑者和夾殺起動者成為壘包 2 的野手；

壘包 2 的野手到壘包 1。繼續這個練習直到所有組輪完一個循環。雖然只有為跑者和守備者做檢查和記分。但是，夾殺起動者在任何夾殺的情況中都是非常重要的，要拿著球並直接跑向跑者，在傳球前試著觸殺跑者出局。

檢查

- 作為主要守備者，當被跑者閃避後，。轉換到支援守備者的位置。
- 作為主要守備者，在跑者旁邊傳球。
- 作為支援守備者，保持在壘包前面。
- 作為支援守備者，及時的轉換成主要守備者。
- 作為跑者，注視持球者。
- 作為跑者，安全上壘，或是在 20 秒內不被觸殺。

得分

根據練習次數中（6 次主要守備者、6 次支援守備者、3 次打者），按照以上檢查標準成功完成擔任主要守備者、支援守備者和跑者的次數來計算得分。

主要守備者和支援守備者

　　6 回合 = 5 分

　　4 或 5 回合 = 3 分

　　3 回合或更少 = 1 分

跑者

　　3 回合 = 5 分

　　2 回合 = 3 分

　　1 回合 = 1 分

　　你的分數＿＿＿＿

夾殺訓練 4.　夾殺競賽

這個練習需要的裝備包含兩個角錐、手套、頭盔和壘球。比賽是在規定的壘球場上進行。

全部的人分為兩組人數相等的球隊（一隊約大概 8 到 10 人），一組為守備者，一組為跑者。守備者平均分在三

個壘包和本壘。夾殺發生在一壘和二壘之間還有三壘和本壘之間。壘包上的守備者擔任主要守備者和支援守備者。一個持球野手從內野中間，投手板附近的位置開始。一個角錐放置在一壘和二壘中間，外野側的壘線外約 10 英尺（3.0 公尺）的地方。另外一個角錐放置在三壘和本壘中間，壘線外界外區約 10 英尺的地方。跑者隊平均分在兩個角錐後面準備跑壘。一個跑者開始在一壘和二壘的壘線之間跑壘，另一個跑者開始在三壘和本壘的壘線之間跑壘。

當守備者開始拿著球往跑者的方向追，這個操作便開始執行，要造成跑者停止朝向下一個壘包或是回到原來的壘包的行進方向。在守備者持球未穿過內野的中間（投手板）之間，也許沒有跑者會停止朝向下一個壘包前進。一旦追逐開始，守備者自由發揮直到跑者被觸殺出局或是安全上壘。只要，跑者被觸殺出局或是安全上壘，持球的守備者立即轉向反方向的壘包，開始下一個夾殺。一開始的夾殺發動者去補該守備者的位置。持續下去直到結束（通常 2 到 3 分鐘）。觸殺跑者出局，防守方得 1 分。這個練習的目的是讓防守方在固定的時間內觸殺愈多的跑者愈好。守備者應該完成任何發生的狀況，包含暴投。一旦分配的時間到了，兩組交換。跑者要盡可能的留在追逐的局面愈久愈好，迫使野手多次傳球——可能造成失誤——並且嘗試安全上壘。只對守備方算分。守備組中得最多分的是第一名。二到四名也有分數。

檢查：接球員

- 將球拿出手套，在手上並舉高，讓接球者可以清楚地看見。讓球保持在一個你可以使用四分之三投擲方式位置，讓你投出有速度，但在短距離內又可以被接到的球。
- 盡可能的讓跑者回去原來的壘包。
- 不做假傳球動作，因為有可能會騙到接球員。
- 作為接球員，如果你想要傳球者傳球，你可以喊「現在」。
- 作為後面壘包上的接球員，在喊「現在」之前，盡可能拖長時間，那麼讓你有更好接到球並觸殺跑者的時機。
- 作為前面壘包上的接球員，當跑者決定向你補位的壘包跑來時，喊「現在」，可以早一點，因為這樣就能將跑者逼回原來的壘包。
- 盡可能減少傳球次數並觸殺跑者。
- 向另外一個守備者移動，造成跑者可以跑動的區域變小，進而縮短距離（通常被稱為「擠壓酸黃瓜」）
- 作為壘包上的支援守備者，給予足夠的距離，所以傳偏的球也不會超過你的守備範圍，但是當前方球員傳球給你時，你要能隨時進入。
- 留一個空間在你和另一個野手之間，這樣一來傳球時才不會打到跑者。
- 當你要接球時，往接球方向前進，

壘球

邁向卓越

使跑者更難以轉換方向。

- 當你在追逐跑者時，拼命地跑，讓跑者無法在你傳球時輕鬆地改變方向。
- 在球出手後，一種是離開壘線並返回到你原來的壘包上支援，或者是跟著你傳球的路線到傳球方向的壘包支援。

得分

守備方的每個球員的分數，來自於你的組別的名次。

獲勝的球隊（最高分）＝ 5 分

第二名的球隊 ＝ 3 分

第三名的球隊 ＝ 2 分

第四名的球隊 ＝ 1 分

你的分數_____

增加難度

- 如果觸殺是傳球少於三次，加分。
- 如果觸殺是在原來的壘包，加分。

成功總結

從本書的第一個單元起，我們一直強調的觀念就是壘球比賽中堅固的防守是比賽勝利的關鍵。在壘球比賽中，某些情況會不斷的重複。跑者在壘上且不到兩出局，如果球打出內野滾地球，通常有可能形成雙殺。如果你的目標是當在慢壘或是快壘中成為一名內野手，面對出現的變化執行雙殺的能力是必須也是必備的。

夾殺的出現，是當防守者抓到跑者離壘過遠。如果你想成為一名內野手，你必須瞭解主要守備者和支援守備者的概念，以及正確執行這兩個角色的技巧。當跑者在壘包上，攔截轉傳應用在外野手打算讓跑者在壘包上出局而傳

來的球。如果你想成為一名游擊手、快壘的一壘手，或是慢壘的投手，你必須瞭解和能夠在比賽中扮演攔截轉傳的角色。你在這一單元已經有了用在這些情況下的知識和防守戰術。你也已經有了練習和建立這些技巧的機會，並在各種不同的比賽情況應用適合的策略。

在接下來的單元，你將有機會不僅是增加快壘和慢壘比賽中使用的各種進攻戰術和技巧，還要學會應對這些進攻戰術的防守策略。你會在比賽的情境下練習，這需要你會解讀防守，針對進攻情況，現場做決定並執行最適合的技術，比如說推進跑者。雙盜壘和延遲盜壘是下一個單元中會學習到的新的進攻

戰術中的兩個例子。但是，在我們到下一單元之前，讓我們看看你將攔截轉傳、雙殺、夾殺這些防守戰術和技巧掌握得如何。在下列的圖表中輸入每個練習的分數。總合一下，評斷你是否是一個成功的防守球員。

攔截轉傳訓練

   1. 攔截轉傳二壘 _____ 滿分 20 分

   2. 攔截傳二壘，攔截傳三壘，攔截傳本壘 _____ 滿分 20 分

側傳訓練

   1. 傳至手套側的牆壁 _____ 滿分 10 分

   2. 傳至投擲側的牆壁 _____ 滿分 10 分

   3. 四個球員 _____ 滿分 5 分

雙殺訓練

   1. 模擬步法

     游擊手 _____ 滿分 10 分

     二壘手 _____ 滿分 15 分

   2. 模擬打擊

     游擊手 _____ 滿分 20 分

     二壘手 _____ 滿分 15 分

   3. 自打球雙殺守備

     餵球者 _____ 滿分 30 分

     游擊手 _____ 滿分 25 分

     二壘手 _____ 滿分 15 分

   4. 本壘到一壘的雙殺守備 _____ 滿分 20 分

   5. 三壘至一壘的雙殺守備 _____ 滿分 10 分

   6. 投手投球雙殺比賽 _____ 滿分 10 分

夾殺訓練

   1. 模擬輪轉 _____ 滿分 5 分

   2. 加跑者夾殺

     跑者 _____ 滿分 5 分

     守備者 _____ 滿分 5 分

   3. 起動者夾殺 _____ 滿分 15 分

   4. 夾殺競賽 _____ 滿分 5 分

總和 _____ **總分 270 分**

你的總分表示你是否已經掌握足夠的防守戰術和技巧，並進行到下一單元。如果你的總分超過 203 分，恭喜你！你已經掌握了攔截轉傳、基本雙殺和夾殺的防守戰術和技巧，也已經準備好進入到下一個單元。如果你的總分為 162 到 202，你可以前往下一個單元，但是如果你能在對你來說較難的訓練上，再多一些練習可能會比較好。較有經驗的球員如果在最後兩個雙殺訓練得分低於 6 分以下，會需要在進行到下一單元之前在這兩個訓練上再多一點練習。

單元九　進攻戰略和防守反應

對於一個壘球團隊來說，進攻的目的是得分。你的球隊必須在七局中得到比對手多的分數才能贏得比賽。防守方的主要任務是阻止對方得分比自己球隊多。這個單元會提供你進攻和防守的知識以及經驗，來幫助你打好壘球比賽。

要想得分，打者必須先上壘，然後推進壘包，最後安全的通過本壘。打者在安全上一壘後角色變為跑者，可以是利用安打、四壞（保送）、守備失誤、觸身球（快壘），或是野手選擇，也就是野手選擇讓跑者先出局，而不是擊跑者先出局。想要阻止對方跑壘得分，防守方必須對進攻方在場上的所有舉動做出正確的反應和對策。

出局數、在壘上跑者的位置、局數、比分、好壞球球數、打者的優點和弱點、投手或其他防守球員的優點和弱點，都是塑造不同進攻與防守情境的關鍵要素。這些要素也會影響教練和球員對場上情況的戰略選擇，這類情況在快壘中尤為顯著。

舉個例子，進攻中，七局上半主場隊領先比數 1 比 0，投手保送第一位打者，這個打者是隊上的第九棒。下一個打者——第一棒，將球短打到一壘方向。慣用右手的一壘手接到球將球傳給二壘，要讓帶頭的跑者強迫出局。但是傳出的球稍微偏離目標，讓游擊手離開壘包，造成了跑者攻占一、二壘，無人出局的狀況。

比賽到了這個階段時，主場隊的投手只讓對方擊出一支軟弱的內野安打和三個外野飛球——一個由第三棒打者擊出（慣用左手的打者），兩個由第四棒打者擊出——而且還三振了 10 位打者。下一個打者是第二棒，他要是一個很會跟球的打者，並且又是一個很好的短打者。根據對方投手的表現、跑者的位置、沒有出局數，和接下來三個打者的能力，教練決定使用短打來推進跑者。教練指示打者早點擺出短打姿勢，看看防守方對短打情況的佈局，然後再指示打者叫暫停（以及退出打擊區），或者如果沒有機會叫暫停的情況下，

不要打第一個投球。看看三壘手是否留在後方守備三壘，如果是就表示投手會來接短打出去的球。或者，如果三壘手往前，而游擊手補位三壘，讓二壘空出來？知道對手如何處理短打情況可以幫助打者設定短打球要去的位置。

如果一壘手是慣用右手的，那麼他就必須在接到短打之後向一壘側轉身，這樣將會稍微延遲傳球到三壘。慣用右手的投手在三壘側接短打球時會有同樣的問題。如果這兩個球員是慣用左手的，球將會更快的被傳出來，這將會是影響之後決定的一個因素。通過犧牲短打推進跑者到三壘和二壘，將追平分送到三壘——一出局，跑者在得點圈——製造一個以高飛犧牲就可以追平比分的機會。

*高飛犧牲球*是在少於兩個出局的情況，打者用高飛球或平飛球讓跑者得分。打者不會因為打了高飛犧牲打而被認為是一次打擊失誤。因為第三個打者是慣用左手並且善於拉擊到右外野，一個到右野的飛球不僅會讓三壘的跑者回來得分，還會讓在二壘的跑者到達三壘。顯然的，第三個或第四個打者如果擊出一個安打，至少會得到追平分。在快壘中，犧牲短打是很好的選擇，經常會用它來推進跑者到得點圈。但是，在慢壘，短打是不允許的，所以要將球擊到右外野跑者的身後來推進打者們到二壘和三壘。在一個有教練在場的比賽，教練通常會決定執行哪一個策略。如果在比賽中是球員做決定，那麼球員需要

經過和教練一樣的思考流程，針對場上狀況做出最好的決策。

從防守角度來看，在一開始的情況，跑者在一壘且沒有出局的情況下，教練會有多種選擇。根據投手在比賽中的能力表現，在快壘中進攻方會嘗試以犧牲短打讓帶頭跑者上二壘，這是很容易預料到的。以防守來說，教練可以讓一壘和三壘手提早向前衝準備接球，強迫打者去試著砍打或推打這兩個技巧難度比較高的打擊方式。如果打者擺出要短打的姿勢，提早向前衝的野手會在比較好的位置接到球，那麼也將會有更大的機會抓到跑向二壘的跑者（假設野手傳球準確）。或者，教練可能會選擇先抓一個確定出局數，這將排除短打者到三壘且少於兩個出局的可能性，這樣也可以消除進攻方用高飛犧牲來得分的顧慮。如果進攻方決定要先傳一壘，那麼防守方可能就會用不同的方式處理短打，讓一壘手待在後方，投手接一壘側的短打球。但是，不管防守使用哪種方式處理，在少於兩個出局情況下讓跑者到得點圈（二壘）是非常冒險的，尤其在下個打者又是比賽至目前為止，唯一在投手手上打出過安打的打者。一支安打很有可能會讓跑者得分或至少推進跑者到三壘且少於兩個出局，這樣就又可以用高飛犧牲來得分了。

在慢壘中，防守的選擇比較沒那麼複雜，但是教練仍需要決定是否要在無人出局的狀況下試著讓帶頭跑者出局，還是先搶一個確定的出局數（一壘）。

向跑者後方打擊，在慢壘中是個很重要的戰略；所以，外野區域要向右外野區域移動，打者擊球就需要更精準。

球員和教練對於壘球的認知是很複雜的，這也正是壘球比賽吸引人之處。他們喜歡挑戰預測對手的想法。你需要先徹底瞭解壘球比賽的規則和戰略技巧，才能應對任何情況做出最正確的選擇。當你的水平提升後，作為打者或野手可選擇戰略也增多——結果會是你和你的團隊讓對手更難防守或得分。在這一個單元中介紹的進攻和防守戰略會包括從基礎易懂的到複雜的。你和你團隊要根據自己的水平和對比賽知識的瞭解程度來選擇適合的戰略。從學生做起，才能幫助你成為更出色的壘球球員，讓比賽更刺激更具有挑戰性。

在每一次投球之前，你腦海裡要先分析一下進攻方和防守方的現場情況。你第一眼看圖 9.1 和 9.2 的時候會覺得它們很長。但是當你在調整式或正規的比賽中做分析的時候，你會覺得這些任務其實沒那麼困難。打者和跑者需要知道是第幾局、幾人出局、跑者在哪、打者的職責時什麼、防守者的站位，和在打擊進行時，球數是多少。在每一次投球之前，防守球員應該清楚出局數、壘上跑者的位置，和打者的好壞球數。要養成在打擊之前和打擊當中回顧這些問題。

快壘還是投手的比賽。儘管快壘的大學女子壘球投球距離向後延長到 43 英尺（13.1 公尺），大學男子壘球投

1. 第幾局？
2. 比分是多少？
3. 幾出局？
4. 是否有跑者在壘上？在哪個壘上？
5. 在壘上的跑者速度有多快？
6. 打者接下來要做什麼（上壘、推進跑者、犧牲短打〔快壘〕、讓跑者得分、高飛犧牲）？
7. 球數是多少？
8. 外野如何站位（直直的向後；向左偏；向右偏）？
9. 最大的間隙在哪裡（左外野邊線、左中外野、右中外野、右外野邊線）？
10. 哪一個外野手臂力最強（左外野手、左中外野〔慢壘〕、中外野、右中外野〔慢壘〕、右外野手）？
11. 哪一個外野手臂力最弱（左外野手、左中外野〔慢壘〕、中外野、右中外野〔慢壘〕、右外野手）？
12. 內野如何站位（正常深度、內野驅前、雙殺守備深度）？
13. 三壘手向游擊手移動，還是向邊線移動，是深還是淺？
14. 游擊手是向二壘移動，還是向三壘移動，是深還是淺？
15. 二壘手是向二壘移動，還是向一壘移動，是深還是淺？
16. 一壘手是向二壘移動，還是向邊線移動，是深還是淺？
17. 哪一個內野手臂力最強（投手、捕手、一壘手、二壘手、三壘手，還是游擊手）？
18. 哪一個內野手臂力最弱（投手、捕手、一壘手、二壘手、三壘手，還是游擊手）？
19. 在快壘中，內野是防守短打的站位嗎？如果是，哪一個（一壘手和三壘手向前；一壘手向前，三壘手在後；一壘手在後，三壘手向前）？

圖 9.1　解讀進攻情況

球距離向後延長到 46 英尺（14 公尺），

1. 第幾局？
2. 比分是多少？
3. 幾出局？
4. 是否有跑者在壘上？在哪個壘上？
5. 在壘上的跑者速度有多快？
6. 打者是慣用右手還是左手？
7. 打者跑步速度？
8. 在本壘上的打者是什麼類型（強拉打者、平飛球打者、長打者，還是擊中球率高的打者）？
9. 打者可以將球打擊到反方向的區域嗎？打者可以將球強力地打擊到反方向的區域嗎？
10. 打者是好的短打者嗎（快壘）？
11. 球數是多少？
12. 投手會投怎樣的球給打者（內角、外角、高球，還是低球）？

圖 9.2　解讀防守情況

但是在頂尖的水平中，增加距離看起來並沒有如同想像中那樣，讓壘球變成打者的比賽。因為快壘外野手的位置是正常深度，一個直接到外野手的一壘安打通常不會讓二壘上的跑者回來得分。如果球被擊到外野手們之間的區域或經過外野手的頭頂，通常會讓二壘跑者回來得分。所以，在快壘比賽中讓跑者到三壘且少於兩個出局是非常有利的，從而跑者可以利用一壘安打或是高飛犧牲打得分。由於投球仍主宰快壘比賽，所以犧牲短打和自殺推進是推進跑者和得分的主要進攻武器。此外，擊球至跑者身後；拉回短打、犧牲打、突擊短打、推打，和砍打；打帶跑和跑帶短打；和盜壘，是推進跑者至得點圈和得分最常用的方法。在此單元中將介紹快壘進攻策略如短打、跑打、打帶跑、跑帶短打、盜壘，和應對這些進攻的防守策略。

犧牲短打，突擊短打，推打，砍打

在快壘中，在少於兩次出局數的情況下推進跑者到得點圈增加了跑者在安打、高飛犧牲打或失誤出現時得分的可能性。犧牲短打（見單元五）是推進跑者到得點圈成功率相對較高的方式。通常在沒有出局或一出局，且一個跑者在一壘上，或一個在一壘、另一個在二壘，再或者在某些情況下，一個跑者在二壘時都會使用。突擊短打、推打和砍打是成功率較低的方式，但是這些打擊方式也同樣的讓防守方更難猜到進攻方的戰略。所以，一個可以使用多種短打進攻策略的球隊更難被預測，讓短打進攻的效果更好。

短打者要負責注意防守的舉動，這樣才能確定將球擊到最好的位置，從而成功推進跑者。防守方很積極地向前衝？如果是的話，短打者則需要利用擊球位置迫使野手往側邊移動，阻止野手有好機會讓帶頭跑者出局。或者，如果條件允許的話，打者可以選擇使用推打或者砍打（見單元五）讓球通過或越過野手。防守方留在後方？如果是的話，打者可以打擊出軟弱的短打到一壘或三壘側。

如果一個或多個隊友在你之前已

經嘗試過短打了，你應該已經看過並瞭解防守方在短打時都是怎麼做的。如果你是第一個嘗試犧牲短打的球員，你應該要擺出短打姿勢，但不要擊球，為的是要試探防守方的動作。要記住，你的工作是推進跑者到下一壘。如果你可以在完成這個工作的同時讓自己也安全上壘，這將增加團隊的勝算。

在慢壘中短打是不被允許的，因為在角落的內野手和本壘的距離。如果一壘手和三壘手在快壘的距離和在慢壘是一樣的深度，那麼無論至一壘或三壘的任何滾地短打大多都會成為安打。在慢壘如果一壘手和三壘手要離本壘很近來防守短打，大力的擊球會讓他們陷入危險。所以，在慢壘中短打或者在內野故意削弱擊球（全揮擊動作的短打）是違反規定的。

快壘中大多數應對犧牲短打的方式都是避免犧牲，儘量讓帶頭的跑者出局。當一分就能得到勝利時，防守方需要阻止任何跑者進入得點圈。激進的短打防守是高階快壘球隊成功的關鍵，對於經驗不多的球隊來說也是至關重要的。

要對付犧牲短打戰略取決於以下幾點。第一是要看比賽的情形——帶頭跑者可能得到的分數對比賽的勝負來說重不重要？第二，在壘上跑者的位置決定讓帶頭跑者出局的方式。如果只有一個跑者在一壘上，那麼讓帶頭跑者出局的戰術會設定在二壘。如果一個跑者在一壘，另一個在二壘，那麼戰術將會設定在三壘。這樣一來，防守除了要守備一壘，還需要守備帶頭跑者要到達的壘。儘管最終目的是要將帶頭跑者殺出局，如果戰術沒有辦法成功，那麼擊跑者必須在一壘被封殺。第三，打者的短打能力和防守者的防守能力可以幫助防守範圍的設定。一壘手和三壘手是否有足夠的反應時間？他們能否在衝向本壘之後對推打或砍打快速做出反應？若是後方的野手們都決定留在後方守備他們自己的壘包，投手是否能夠快速地離開投手板去接一壘側或三壘側的短打？帶頭跑者和擊跑者的速度有多快？進攻方接下來要做什麼？他們是用跑帶短打的戰術，還是他們會犧牲安全性，也就是跑者在球投出後離壘一段距離，看到球落地後直接向下一壘進攻？打者會不會因為受到角落的防守者們快速移動的影響而放棄短打？另外，打者是善於砍打還是推打？這些問題都是一個團隊需要針對特定對手，準備防守短打戰術時必須回答的問題。

進攻方也會問自己一樣的問題，然後才去判斷到底是否使用犧牲短打，打向哪裡，是要跑帶短打還是使用犧牲安全性戰術。如果打者具備技巧（他應該要有），他也需要決定是使用砍打還是推打來越過向前衝的防守者。如果預計要用犧牲短打，那麼投手會試著讓投球落在好球帶上方，迫使打者將球打向空中。打者必須有紀律地只短打好球，不要打偏高的球。

球隊中有多數經驗不多的球員會在

225

單元九　進攻戰略和防守反應

進攻選擇上有限制。對於經驗較少的球員，想要讀懂防守方的計畫並且馬上做出是短打、推打還是砍打的選擇，然後進行適度調整，是難度很高的。有經驗的球員可以從防守方的動態來瞭解他們下一步的計畫，並且可以對其做出最適合的進攻應對。進攻方法的選擇要根據防守方的動態來決定，而打者要負責進行適度調整。對於經驗少的球員，無論防守站位教練會提供使用的戰略。這樣可以讓經驗少的球員在場上不必做任何抉擇就能使用正確的技能。這也讓防守方無法確定對方會使用哪個進攻戰略。

在快壘，有完整針對短打的攻擊、防守策略是很重要的。以下根據每一種短打狀況，提供可能的攻守策略。

跑者在一壘

進攻戰術選擇 1. 如果跑者在一壘，那麼打者擺出短打姿勢並將球打成滾地球。跑者會離壘，當看到滾地球後向二壘跑去。跑者會準備直接滑進二壘，然後馬上站起來，做好跑到三壘準備。這個選擇是在防守方沒有積極地向前衝的時候最有效。

進攻戰術選擇 2. 打者擺出短打姿勢，同時注意防守動態。如果防守表現積極並且奮力向前衝，打者就要試著推打或是砍打來通過防線。如果防守方沒有向前衝，打者則將球短打成滾地球（見進攻戰術選擇 1）。

進攻戰術選擇 3. 跑帶短打是更激進和冒險的選擇。跑者在投球的一刻離開壘板，打者則是負責將球短打成滾地球。跑者看一下本壘，不要慢下來，只有在球飛到空中的情況下再刹車，並嘗試回到一壘。如果球沒有被擊中，那麼跑者繼續前進到二壘 ，就當是盜壘。如果球被短打出去，球最可能傳向一壘，那麼跑者應該有一直跑到三壘的準備。速度快的球隊用此方法最有效。

防守方會有三個防守選擇來應對跑者在一壘的情況，但是第一種方案被廣泛使用，被視為最好的選擇。

防守戰術選擇 1. 在投球之前，一壘手和三壘手移動到距離本壘一半的地方。二壘手向一壘方向稍微移動，游擊手向二壘方向稍微移動，到他們的指定責任範圍。當打者擺出短打姿勢，一壘手和三壘手衝向本壘，然後重心放低停在一個接球位置，大約距離打者 15 英尺（4.5 公尺）。壘手需要將手套拿到肩膀高度來保護他們的臉部。如果球被短打出去，他們有足夠時間降低自己的手套，但是如果球是被砍打出去，他們抬高手套就可以護住自己的臉。二壘手和游擊手開始向要補位的壘包移動；但是，他們必須在決定向壘包移動前，看到球被短打出去。也必須要做好打者將球推打或砍打到空檔的準備。中外野手向二壘補位。左外野手補位游擊手位置，準備接砍打或是一般揮擊出來的球，尤其是看到游擊手在球被打擊出之前就向壘包移動的時候。如果球被短打出去，左外野手從補位游擊手的位置移動到補位三壘手的位置，去阻止跑者利

用傳球到一壘的空檔一口氣跑到三壘。當三壘手接到短打的球時，這個尤為重要。有些團隊在這種情況下會讓捕手或投手去補位三壘，但是左外野手還是應該在三壘預備，萬一補位壘包的球員沒有及時到達，左外野手可以支援。讓左外野手為主要補位者是比較危險的，因為傳向三壘的球一旦暴傳，將沒有人在三壘後方補位接球，結果會是讓對方至少得到一分。如果三壘手沒有接到短打的球，他需要回去守備三壘，然後左外野手支援壘包上任何的操作。

當這種狀況發生時，右外野手要離開自己的防線，到二壘後方的空檔就位，不要太深。右外野手要有接球的準備，球可能以砍打或一般揮擊球的方式被打到空檔，因為二壘手可能在球被短打之前就已經向一壘移動。一旦球被短打出去，右外野手必須移動到一壘後方支援的位置，為傳向一壘的球做準備。投手設定的接球位置在 8 英尺（2.4 公尺）圓圈的前沿。他不需要衝向本壘，因為他需要防禦推打或砍打。捕手準備接直接掉落在本壘板前方的球，並且——更重要的是——捕手還要喊出球應該要去的壘包來指引完成操作。捕手是唯一一個面向比賽全場的防守球員，他可以看到跑者、擊跑者和其他防守球員的相互位置。捕手應該在野手剛開始準備接球時就要下決定，讓野手儘早知道要往哪傳。這樣就可以讓野手從接球位置轉移到傳球位置的動作更順暢。防守球員要預期向二壘投球，並且

在捕手喊出傳一壘時儘快做出調整。

防守戰術選擇 2. 儘管防守戰術選擇 1 是積極性和防守性最好的結合，且更常被防守者使用，但有些時候球隊會決定讓一壘手留在後方守備一壘，讓投手去守備一壘側的短打。往往會在一壘手比較慢或者沒辦法移動時選擇第二個戰術。戰術 2 除了二壘手要保持在位置上不動，不需要補位一壘以外，其他的地方都與戰術 1 相同。這讓他可以在球打向游擊手時，守備二壘。使用此戰略的危險點是內野的中部會有空檔，讓打者可以用推打或砍打。投手必須要預期可能的短打，並且在投球之後及看到打者擺出短打姿勢時，向一壘側移動。這時，如果球打到中間偏高時，投手可能來不及變換方向接球。這個戰術不應用在已知推打和砍打能力很好的對手上。

防守戰術選擇 3. 這個戰術可以用來對付那些推打和砍打能力非常好的對手。這個戰術會保證防守方製造一個出局數，但是，這個出局數通常在一壘。一壘手和三壘手在各自的壘包前，但在球被擊出之前不往前衝。因為這個延遲接球，通常球只能來得及傳一壘。打者的速度會影響一壘手和三壘手要在哪裡出發。防守方可以防止跑者多跑一個壘包，並且跟戰術 1 比較起來，更能有效避免對方使用推打或砍打。

跑者在一、二壘

進攻戰術選擇 1. 打者擺出短打

姿勢。跑者離壘，看到球短打成滾地球，跑向下一壘。跑者準備直接滑向壘包。如果防守方將三壘手留在後方，打者應該試著將球短打到三壘邊線附近。

進攻戰術選擇 2. 打者擺出短打姿勢，解讀防守站位。如果守備很積極地向前衝，打者應試著以推打及砍打的方式擊出越過防線的球。如果三壘防守者沒有向前衝，打者以犧牲短打方式將球擊到三壘邊線附近（進攻戰術1），或是將球以推打或砍打的方式擊到投手和一壘手之間並越過他們防線的地方。如果投手到三壘方向補位，打者將球以推打或砍打的方式擊到中間方向投手離開所造成的空檔。

進攻戰術選擇 3. 跑帶短打是一種比較激進也比較冒險的戰術，特別是在這樣的情況下，因為有可能會造成三殺打。但是，如此激進的戰術也可能會嚇到防守者，以至於造成傳球失誤，因為一次太多事情同時發生了。在這個戰術中，跑者在投手投出球後離壘，然後打者有責任將球短打在地上成為滾地球。跑者瞄一下本壘，但不能慢下來、停下來，或是回到原來的壘包，除非球被短打成飛球。如果球沒被短打到，跑者繼續跑到下一個壘包，就當是盜壘。這可以是一種很有效的方式，特別是由腳程很快的球隊來執行。

在防守上，範圍和防守戰術1（跑者在一壘）一樣，除了下列的例外。當跑者在一、二壘時，第一個防守戰術是游擊手補位三壘，讓二壘空出。因為守

備傳球比較有可能出現在針對三壘的帶頭跑者，或是針對一壘的擊跑者。中外野手移動到二壘補位，以防因為一壘跑者激進地通過二壘而傳來的球。第二個防守戰術就是三壘手留在後方守備三壘，投手補位三壘邊線的短打球。

跑者在二壘

進攻戰術選擇 1. 打者擺出短打姿勢將球短打成滾地球。在二壘的跑者離壘，看到短打落地，往三壘跑。跑者應該準備好往壘包的外野側滑壘，那麼野手就必須轉身才能完成觸殺。記住，這是一個觸殺狀態，所以對防守方來說比較難讓跑者出局。如果防守方將三壘手留在後方，由投手補位三壘邊線，打者應該試著將球短打到三壘邊線附近。

進攻戰術選擇 2. 這個戰術選擇和進攻戰術選擇 1 一樣，除了跑者離壘，讓防守者看著他，等到球被傳到三壘之前傳到一壘。一樣的，跑者應該要滑向壘包的外野側。

進攻戰術選擇 3. 打者擺出短打姿勢解讀防守站位。如果防守方很積極地衝向本壘接球，打者嘗試用推打或砍打的方式越過防守防線。如果防守方沒有衝向本壘接球，打者將球短打成三壘邊線附近的滾地球或嘗試用推打或砍打的方式將球打到越過一壘手及投手的地方。如果投手到三壘邊線補位接球，打者將球以推或砍的方式打到中間因投手離開產生的空檔。一旦看到球落地，跑

者離壘並往下一壘跑去，滑向壘包的外野側。如果球傳向三壘，擊跑者應該試著要跑向二壘。

進攻戰術選擇 4. 在跑帶短打的情況下，跑者在投手投出球後離壘，然後打者有責任將球短打在地上成為滾地球。跑者瞄一下本壘，但不能慢下來、停下來，或是回到原來的二壘，除非球被點成飛球。如果球沒被短打到，跑者繼續跑到三壘，就當是盜壘。這個方式有一點冒險，因為有機會形成雙殺。如果球沒有被擊到，而捕手又有強而有力的手臂，跑者可能會在三壘被觸殺出

局，那麼沒有跑者在得點圈了。

跑者在二壘的防守戰術選擇跟跑者在一、二壘的時候一樣，只有些許的不同。因為在二壘的跑者不一定要跑向三壘，中外野手的補位二壘非常的重要。野手必須記得，中外野沒有支援，所以到二壘的傳球必須準確。如果跑者在短打的情況下，沒有要前進三壘，防守者應該要觀察跑者動向後傳向由二壘手補位的一壘。二壘手這時要有回傳三壘的準備，因為跑者很有可能在野手傳球至一壘的同時跑向三壘。

犧牲、突擊、推、砍打訓練 1. 防守應對，交替使用

防守方在每個投球都交替使用積極衝接或是留在後方。打者交替著將球往下點（防守者留在後方）和推或砍球（防守者向前衝）。利用各種進攻情況：跑者在一壘；跑者在一、二壘；跑者在二壘。全部九位球員可以在自己的位置練習適合的防守責任（防守範圍和支援），或是只有內野手、投手、捕手參加。

犧牲、突擊、推、砍打訓練 2. 防守應對，隨機

這個練習很像訓練 1，除了防守策略改變成隨機以及打者在球投出來之前都不知道防守者會做什麼。短打者要對防守方做出反應，嘗試在防守留在後方時將球短打在地上，或防守向前衝時推或砍球到空檔。防守戰略選擇可以由老師、教練或是球員來決定。

犧牲、突擊、推、砍打訓練 3. 壓力點

這個練習活動是設計來增加打者在短打、推打和砍打時的壓力，迫使打者打第一球。這個活動，將球員分為三組──打擊組、守備組和練習組──一組最少六人。如果你沒有足夠的人分成三組，去掉練習組。一個組裡要有投手和捕手。如果你沒有足夠的投手和捕手，你可以讓他們在守備組中輪替，或

是用教練當作投手。防守者站定內野守備位置。因為這個活動主要的注意力是放在短打者是否成功執行任務，所以防守者可以在接到短打出來的球以後繼續完成守備，或是接完球後交給投手。

　　每個在打擊組的人會在輪替前有二次短打的機會。只有打擊組可以得分。每一次打第一球的成功短打、推打、砍打得 1 分。如果打者好球沒打、打出界外球、飛球，此打席結束，打擊組沒得分。不管打擊出去的結果如何，打者都要認真跑，一定要儘快跑到界外區並直線跑向一壘。

　　練習組在場邊以三個為一組練習（拋球者、野手、短打者）。這些球員只加強短打，除非有設置保護網。打擊組進行二輪之後移動到守備組，守備組移動到練習組，而練習組移動到打擊組。

擠壓短打

　　快壘球隊必須在跑者在三壘且少於兩出局的進攻情況下捉住機會。推進跑者球隊就能得一分。快壘比賽中得分有時非常不容易，所以跑者在三壘必須想盡辦法也要回來得分。很會跟球的打者或是長打者在場上打擊的時候，用安打或高飛犧牲打來得分是很可行的戰術選擇。另外一個會用在快壘的戰術選擇就是*擠壓短打*。

　　擠壓短打，不像執行犧牲短打那樣的明顯的進攻情況，優勢在於突擊。如果打者表現出要用短打的時候，防守方的一壘手和三壘手會想要向本壘衝接球。因為球會在本壘附近，當你將球短打在地面上時，野手離本壘的距離愈遠愈好。當對手使用擠壓短打時，投手也會是一個野手幫忙守備。球員離本壘的距離是受到投手投球距離的限制的，只有在投手投出球以後才可以解除限制。要保持擠壓短打的突發性，打者在打擊區延遲變換到犧牲短打的位置。不像犧牲短打那樣在投手舉高手時就擺出短打姿勢，打者等到球離開投手的手之後再擺出姿勢。打者必須快速轉身讓球棒進入短打位置，這樣才能看清楚球。就像是犧牲短打那樣，打者的責任是要將球擊成滾地球，讓防守方不容易製造往本壘的跑者出局。要增加成功完成擠壓短打的機率，打者要看準球，就像犧牲短打那樣。但是，在執行擠壓短打的時候，打者並沒有很長的時間可以好好看球。而且，因為打者被賦予的任務，會因為跑者被付與的工作而變得更複雜。防守方應該要預測到在這個情形下進攻方可能會用擠壓短打，特別是腳程很快的跑者在三壘，加上打者是一個打擊率不高的飛球打者。

　　每一個擠壓短打的進攻戰術選擇的最重要因素就是要出其不意。如果擠壓短打的戰術已經下達，但第一個球並沒

壘球

邁向卓越

有執行擠壓短打，出其不意的效果就沒了，那麼打者可能會收到在下一球正常揮擊的指令。

進攻戰術選擇 1. 自殺性擠壓，三壘跑者在球投出後往本壘衝，打者必需點擊到這個投球，爲了保護跑者，至少要將球點出界外。跑者應試著向本壘後方滑壘，讓捕手的觸殺比較沒那麼容易完成。如果打者沒短打到球，跑者應該刹車並準備夾殺情況，期望防守方可以出現傳球失誤，這麼一來跑者才有機會回到原來的壘包，甚至得分。

進攻戰術選擇 2. 安全擠壓，跑者在球投出後離壘一大段距離，如果打者點擊得很好且跑者也覺得有機會回到本壘，這時跑者才衝回本壘。打者不需要嘗試去點擊太難的投球或是離好球帶太遠的球。這個戰術比較沒那麼冒險而且非常的有效，特別是三壘的跑者腳程很快的時候。

防守戰術選擇 1. 如果比分很接近，跑者在投球後已衝向本壘（自殺性擠壓）。唯一的戰術就是一壘手和三壘手要能預測到進攻方可能使用擠壓短打，所以偷偷地向本壘移動。當打者擺出短打姿勢時，一壘手和三壘手向本壘衝，此時投手也要在球投出後向本壘衝。捕手要站好位置準備接來自野手的拋傳球並嘗試觸殺跑者。游擊手要補位三壘，爲了可能的夾殺情況做準備。防守方也要防止擊跑者在此時跑向二壘，所以中外野手也要回來補位二壘。

防守戰術選擇 2. 如果進攻方決定用安全擠壓方式 —— 跑者在球投出後離壘一大段距離，如果打者點擊得很好，跑者才衝回本壘 —— 防守方在這個情況下有較多的時間可以將球傳回本壘。一樣的，在大多數的狀況下，傳回本壘守備是第一選擇（見防守戰術選擇 1）。

防守戰術選擇 3. 如果防守球隊領先很多，目標應該放在容易的出局數。在這個情形下，一壘手和三壘手應該衝向短打球並傳球給在一壘補位的二壘手。

跑動短打

跑動短打可以是很有效的進攻武器，特別是由腳程快的球隊來執行時。跑動短打提供進攻球隊更多的攻擊層次並且增加防守球隊守備的挑戰。

進攻戰術選擇 1. 跑動短打者的目的是將球擊到防守方的空檔，所以，第一個選項就是將球擊出滾地球到內野的左方，且讓防守者左右移動。因爲這個技巧是設計用來給腳程快的打者，防守者在接球前用掉的時間應該可以讓打者安全上壘。

進攻戰術選擇 2. 比較有經驗的跑動短打者的第二個選項就是將球擊出並越過內野防守者。這個戰術迫使防守

者要針對二種可能球路進行守備，讓跑動短打更難防守。

　　進攻戰術選擇 3.　　這個戰術也是給經驗較豐富的跑動短打者所用，或由左右開弓球員或是左打者來執行。在這個選項中，打者交替使用正常揮擊與跑動短打動作。如果防守方的站位是針對跑動短打，打者就用正常揮擊。當防守方是正常站位，打者就用跑動短打。這個進攻戰術非常難守備，技巧好的跑動短打者一般來說非常有效率。

　　防守戰術選擇 1.　　對跑動短打最常用的防守戰術就是防止跑動短打守備站位（圖 9.3）。在這個防守站位，一壘手往後移，到一壘壘包甚至壘包之後。二壘手往前移動到投手板與一壘線之間。三壘手趨前至剛好在線前。游擊手移動到壘線上且在投手與三壘手的空隙間。在外野手和中外野手守得淺一些。右外野手正常深度來守備可能的正常揮擊。這個戰術的目標是讓打者在一

壘出局。如果有另一個跑者在一壘，這個戰術會迫使防守者傳一壘，讓跑者推進到下一個壘包。

　　防守戰術選擇 2.　　這個戰術也是防止跑動短打守備站位，跟防守戰術 1 比較，只有些許小變化。所有的野手站位都和戰術 1 一樣，除了一壘手和二壘手交換位置（圖 9.4）。這讓一壘手趨前，二壘手退後。在這個站位，讓這兩個野手守備他們比較習慣的深度。

　　防守戰術選擇 3.　　第三個防守戰術是內野手趨前，有點像是在滿壘情形的站位：二壘手和游擊手在壘線上；三壘手和一壘手在壘線中間。這樣的佈局可以有效的防守可以正常揮擊的跑動短打者。這是一個有弱點的佈局，因為這讓速度非常快的跑動短打者有優勢（因為防守較戰術 1 和戰術 2 更靠後方），但是這可以幫助防守正常揮擊。當有跑者在壘上時，這個戰術也可以讓防守方能捉到帶頭跑者。

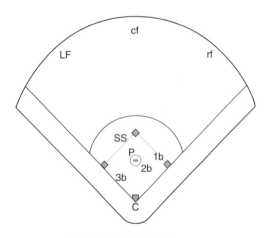

圖 9.3　防止跑動短打守備站位

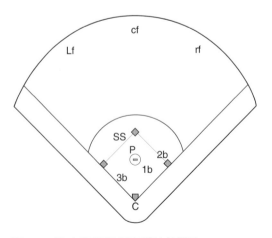

圖 9.4　防止跑動短打守備站位變化

棒球
邁向卓越

盜壘

有能力利用盜壘推進打者的球隊，比起其他球隊有非常大的優勢，因為他們不用浪費出局數在犧牲短打或其他可能產生出局數的戰術。盜壘其實也有可能產生出局數。但是像 Coco Crisp 這樣在棒球運動和 Natasha Watley 在美國奧運壘球代表隊的跑者有著很高的盜壘成功率，這表示他們在大多數的盜壘當中，可以安全上壘。成功的盜壘跑者不但要腳程快，也要能解讀投手和投手的投球動作，當然也要熟知有關起動時機的規則。

在快壘中，跑者在投手投出球前不能離壘。對在一壘的跑者來說，右投手的手部動作是會被投手的身體擋到的。但是熟知投手投球動作的就會知道大多數的投手在左腳（右投手）踏出的時候就是出手時間，而這個動作是可以在一壘就看見的。大多數的盜壘跑者會捉準投手踏腳的時間來作為他的起步時機。

跑者在一壘，盜二壘

這是一個最常見的盜壘情況。通常，教練會決定一個跑者什麼時候盜壘，但是有時候，跑者會下這個決定。要讓盜壘發揮最大的效用，打者要是球數領先的狀況下（2 個壞球，1 個好球；2 個壞球，沒有好球；依此類推），這樣打者就可以用一個好球沒揮棒或揮棒落空好保護跑者。跑者要根據投手動作，儘量抓到好時機盜壘。如果是教練

決定要盜壘而打者知道不能這次的投球，跑者應該直接跑向二壘，用勾式的滑壘方式。如果是跑者自己要盜壘，在起步二到三步之後，瞄一下本壘確認一下球沒有被打到空中。

防守戰術選擇 1. 面對盜二壘，最常見的防守戰術就是讓游擊手假裝要去二壘補位；但是游擊手在球通過本壘前，要守住他自己要防區。游擊手需要防守球擊到空檔的可能性，這個空檔就是因為游擊手過早補位二壘所造成的。當跑者開始往二壘跑時，二壘手要大喊「走了」，要通知捕手和游擊手跑者已經盜壘。游擊手此時補位二壘，利用在單元七所提到的技巧。二壘手則要到二壘後方去支援可能的暴傳。

防守戰術選擇 2. 這個防守戰術在棒球比賽中比較常見，但是有時也會在壘球比賽中看得到。看打者是慣用右手或是慣用左手來決定是由游擊手或是二壘手補位。如果是右打者，二壘手補位二壘；左打者，則由游擊手補位二壘，這樣可以避免在打者的強邊露出空檔。

跑者在二壘，盜三壘

這個進攻戰術非常的有效，特別是由一個有很好的短打技巧的球隊來執行。當防守方球隊要針對短打或跑動短打來守備的時候，游擊手和三壘手會被迫要趨前防守，讓三壘空出來。而且，

在比賽的情況下，右打者在打擊時，會擋到捕手傳三壘的路徑。所以捕手在接到球以後，必須往前或往後走一步閃避打者之後才能傳球。這樣的延遲傳球通常讓跑者有足夠的時由二壘盜上三壘。跑者在二壘或是教練應該觀察這種防守佈局，一旦打者球數領先，跑者就開始盜壘，接近壘包時滑向壘包的外壘側，迫使野手要伸展後才能完成觸殺。

防守戰術選擇 1. 因為這是一個潛在的短打情況，三壘手通常會趨前。所以，游擊手可以假裝要往三壘補位，要確認二壘手可以趕在跑者之前到三壘。

防守戰術選擇 2. 投手補位三壘側，以防短打。三壘手留在後方守備盜壘。

跑者在一、二壘，雙盜壘

就算是很有經驗的防守球隊，這個進攻戰略還是有可能對他們造成很大傷害。在這個情況下，可以說是不可能造成兩個跑者都出局，如果雙盜壘執行得宜，瞬間造成防守方的困惑，還有可能造成兩個跑者都安全上壘的結果。一樣的，盜壘者應該要在打者球數領先執行盜壘並且尋找對自己有利的防守佈局（野手趨前或是防止跑動短打守備）。

跑者在一、三壘，雙盜壘

這個進攻戰術的目標是要得一分。這個雙盜壘可以在少於兩出局時，或是兩出局時使用。進攻和防守戰術會因為出局數有所不同。

少於兩出局

在少於兩出局數時，目標是要得分或是至少讓一壘跑者可以上得點圈。一壘跑者盜二壘，在投手球出手後離開壘包開始盜壘，接近壘包時滑向壘包的外野側。三壘跑者些許離壘，是要避免捕手傳三壘。在盜本壘之前，三壘跑者應該觀察下列項目：傳向二壘的球過高，超過攔截轉傳的球員，直接到二壘；傳向二壘的球碰到地面；或是傳向二壘的球偏離。三壘跑者要確認傳球不是往三壘方向來，還是不是為了要騙跑者，其實是傳給投手，或是其他的野手。打者應該不要揮棒，什麼都不要做，不要干擾捕手傳球。

在少於兩出局的情況下，防守方會非常的積極想要出局數以及阻止得分。當一壘跑者開始往二壘跑，捕手很快的看一下三壘，確認跑者不是離三壘太遠，不會造成牽制出局的機會。之後捕手傳球到二壘，這時，二壘手切進來到投手板和二壘的中間，游擊手補位二壘守備盜壘者。二壘手必須在球要超過自己的位置的瞬間做出決定 —— 三壘跑者是不是離壘夠遠，遠到有牽制他出局，或是造成夾殺的機會？如果是，二壘手攔截球並轉傳到三壘或是本壘，又或是直接拿球去追逐三壘跑者，強迫他做出選擇。之後球要傳到適合的壘包，形成夾殺。

如果二壘手覺得三壘跑者沒有離壘很遠，就不要去攔截傳球，讓球到二壘

嘗試讓盜壘者出局。如果三壘跑者這時開始往本壘跑，游擊手應該先嘗試將一壘來的盜壘者觸殺出局，再傳回本壘。如果游擊手認為他可以抓到往本壘跑的跑者，他可以不去觸殺跑往二壘的跑者，直接將球傳回本壘。但是，在這個選擇當中，他要確定他可以抓到一個出局數。

在一個比較沒那麼激進的戰術，也可以得到一個出局數並且阻止得分。捕手假裝傳二壘，然後快速傳三壘。這個選擇放棄了讓跑往二壘的跑者出局的機會並希望可以抓到三壘上的跑者出局，阻止得分。這個戰術在兩出局或是少於兩出局的情況下都可以用。

最不激進的戰術會被用在防守方已經不能再失分的情況下。這個戰術也可以被使用在兩出局或是少於兩出局的情況下。這個戰術就是捕手快速地站起來，好像要傳向二壘製造二壘跑者出局，其實將球直接傳給投手。希望三壘跑者認為傳球會到二壘而離壘加大，導致被牽制出局。但是，通常不會有牽制傳球，都是三壘跑者留在三壘，一壘跑者在沒有被挑戰的情況下，盜上二壘。

兩出局

兩出局的情況下，在投手投出球之後，一壘跑者開始跑向二壘，但是是以慢跑的速度。一旦捕手傳球到二壘，跑者停住，讓自己處於被夾殺的狀態。同時，三壘跑者慢慢的沿三壘邊線往本壘移動，尋找對的機會向本壘衝。三壘跑者等到夾殺起動，觀察下列項目衝向本壘：

- 如果一壘手是慣用左手，三壘跑者在二壘手傳球給一壘手的時候衝向本壘。慣用左手的一壘手必須在接到球後轉身回來才有辦法將球傳向本壘。

- 如果一壘手是慣用右手，三壘跑者在一壘手傳球給二壘手的時候衝向本壘。二壘手必須在接到球後旋轉一整圈才有辦法將球傳向本壘，而且傳球的距離較長。

如果防守方選擇不去理會三壘跑者，想要夾殺一、二壘間的跑者。處於夾殺狀態的跑者的工作就是在三壘跑者通過本壘之前不要被觸殺。事實上，一壘跑者是犧牲得一分的戰術。如果他在三壘跑者通過本壘前被觸殺，這算第三個出局數，得分不算。如果三壘跑者先通過本壘，他才被觸殺，得分算。

如果防守者什麼也不做，一壘跑者可以輕鬆上二壘，讓二個跑者在得點圈。在這個情況下，打者不要揮棒。

兩人出局時，防守方的目標是在得分前，抓第三個出局數，或是最少防止一壘跑者推進。如果一壘跑者進入夾殺狀態，野手應該儘量讓一壘跑者回到一壘，同時注意三壘跑者的動態。如果三壘跑者衝向本壘，球要馬上傳給捕手守備本壘。如果野手在夾殺時可以減少傳球次數，就可以降低失分的可能性。

延遲盜壘

延遲盜壘可以在任何情形下使用，一壘跑者在球投出時做一點離壘並在球通過本壘後回一壘（此時打者要揮棒）。如果捕手沒等到一壘跑者回壘就將球回傳給投手，那麼此時一壘跑者就可以抓準時機在球從捕手手中出手的剎那盜向二壘（在投手準備接球的時候，一壘跑者要是已經是面對二壘的方向且是離壘的狀態；如果跑者是在回壘後才又發動盜壘的話，此時投手已經接到回傳球，那麼跑者勢必會出局）。這麼做的意義是要擾亂守備，如果投手轉身將球傳向二壘，那麼三壘的跑者，在出局數少於兩人的情形下，應該要發動攻勢盜回本壘。如果是兩出局的情形下，那麼一壘的跑者就必須在球傳向二壘時停下並試著迫使守備員展開夾殺，此時就變成前述提過的 ——一、三壘有人時的狀況。

為了避免「延遲盜壘」的發生，捕手必須專注在一壘上的跑者並確保他有回壘。然而，若在面對延遲盜壘戰術的情況下，投手必須迅速轉身並將球傳給守候在二壘壘包的游擊手，而游擊手每球都應該守候在二壘壘包以預防盜壘的發生。那麼游擊手不僅可以逼迫一壘跑者回壘，也能看管住三壘的跑者使其不敢輕舉妄動。

盜壘訓練 1. 一壘盜二壘

這個練習需要六個人：一壘要一名跑者，另外兩位預備跑者在界外區等候；然後需要一名投手與一名捕手，最後則是一名游擊手或是二壘手。在一個標準的壘球場，所有球員站到他們平常守備位置。而所有的跑者必須戴頭盔，捕手必須穿上整套的捕手護具。為了要在捕手傳二壘這個訓練技術增加其經驗值，二壘手和游擊手輪流在二壘區域做守備練習。

在這個練習開始之前，每位球員都必須確保有復習過「在盜壘情況下處理壘包的方式」（圖 6.5、圖 6.6）。已經擁有較多經驗的球員可能會有他們自己喜歡的處理方式。然而，像這樣非正式比賽的訓練提供球員們更多的機會練習許多不一樣的方法。而跑者也必須在訓練過程中以滑壘的方式進入二壘，所以參與訓練者必須對滑壘的方式都很熟悉以達到訓練目標（圖 6.7、圖 6.8）。

這個練習隨著投手將球投向捕手來開始，當球離開投手的手時，跑者開始盜向二壘。此時野手開始移向二壘準備接球保護壘包。球員們可能會發現由游擊手進入二壘的範圍做觸殺跑者的動作難易度會比二壘手跑進壘包做觸殺來得容易許多。從以上兩個不同守備位置做這樣子的練習，可以增加選手全面性的技巧提升，而且能使球員變成球隊中功能性很強又具價值的一員。不管是用什

麼技巧來保護二壘壘包的，確保防守員沒有在跑者來時將他的左腳放在二壘的一壘側，也就是在壘包與跑者之間。

跑者應該要滑壘進二壘。較希望是以勾式滑壘的方式進行，並朝向二壘壘包的外野側滑過去，此時試著以左腳去觸碰壘包來增加野手觸殺的難度。在滑壘前，跑者必須確認野手是否確實接到球了；若確實接到了，則應該做出立即起身滑壘動作，為了推進三壘做準備。當一名球員嘗試完他的盜壘訓練後，就回到等待區等待。

如果是團隊練習，將每位選手排到他們期望的位置，例如：投手就去投球，捕手就當捕手，其他也如此分配。如果球員在練習所有的位置，那麼就在跑者練習完 5 次之後做守備位置的交換，以達每個球員都有練習盜壘的經驗。

雖然，投手、捕手與野手們在這個技巧訓練都是重要的角色，但主要練習任務還是在盜壘。因此，跑者的任務就是好好確認情況並試著得分。預備區的選手則肩負著觀察者的角色與確認跑者得分的工作。

<table>
<tr><td>檢查</td></tr>
</table>

- 投手出手和起跑時機。
- 起跑時運用你喜歡的技巧。
- 依照野手位置和傳球，運用適當的滑壘方式。
- 執行適當的滑壘。

盜壘訓練 2. 二壘盜三壘

將這個練習設定是在比賽進行的過程中，並與之前的練習一樣。三壘手在三壘到本壘路徑之間三分之一的位置，大約 20 呎（6.1 公尺）的距離做守備站位。游擊手、投手和捕手則就正常守備位置就行。一位右打者就打擊位置，並站在打擊區中間或較深的位置。跑者可以選擇是要從一壘盜二壘還是二壘盜三壘。在打擊預備區的選手則同時擔任觀察者與裁判的角色。每位跑者有 5 次機會嘗試盜三壘。游擊手和三壘手輪流進三壘來接捕手的傳球。而打者可以選擇擊中球或揮棒落空來完成揮棒。但打者不可以藉著離開打擊區來干擾捕手的傳球。

<table>
<tr><td>檢查</td></tr>
</table>

- 勾式滑壘方式滑向三壘的外野側。
- 成功盜上三壘。

盜壘技巧 3. 雙盜壘（一、三壘有人）

這個訓練的設定跟先前提過的兩個技巧是一樣的。跑者在一、三壘，而且有打者在準備擊球。打者必須記住不能做出任何動作影響捕手將球傳向二壘，

所以他不應該揮棒或是假裝觸擊短打。但他還是必須看好每顆球。跑者將會視出局數以及教練或老師所下的暗號來決定是否要跑。所有跑壘戰術都要練習。防守方必須下工夫注意任何防守可能要做的動作，依跑者的動作，做出應對。在交換練習前，每位跑者在少於兩個出局數的情況下至少從不同壘包出發練習二次，另外在兩出局的情況下練習二次。

打帶跑戰術

打帶跑戰術是一個需要由較具備打擊經驗的打者來嘗試才能成功。這位打者必須是善於跟球而不是常常揮棒落空遭到三振的打者。這個戰術通常在一壘有人的時候使用，但在二壘有人或是一、二壘有人的情況下也是被允許的。

跑者當投手投出球後就離開壘包嘗試推進到下一個壘包。打者有必要為了掩護跑者不論是好球或式壞球都必須碰到球的職責。因此，這位打者必須要有適當的球數領先之優勢（壞球多於好球），製造較能輕鬆擊中的投球。除非是一顆大壞球連捕手都沒辦法接住（暴投）。打者要試著將球往地上擊，最好是可以打在跑者的後方，也就是打者的右方。但即使球被擊到左方也是非常有效的，特別是若游擊手為了要進二壘接捕手傳球而離開自己的守備區域時，這時球就能輕易地通過沒有人看管的游擊區。如果成功了，那麼這個打帶跑戰術不但能免於製造雙殺打，更可能讓一壘的跑者上三壘，亦或著是二壘的跑者回壘得分，這個戰術可以非常有效的運用在壘包上的跑者速度不足的狀況下。

而對防守方來說，要破解對方使用打帶跑戰術就是比打者多想一步，讓投手投出打者難以擊中的球。如果攻擊方很明顯地就喜歡打投手投出的第一顆球，投手可以試著投出較高的快速直球誘使打者擊中高飛球或界外球。又或者可以在第一球投偏離本壘的球來查看壘包上的跑者在打什麼主意。對防守方來說，游擊手必須死守在他的守備範圍以免因為游擊手進二壘補位而造成一支安打的產生。如果球被擊中，由於球是擊到跑者後方，防守方要預期跑者會嘗試多跑一個壘包，並應迅速的將球回傳到跑者前方的壘包試著抓出局數。

跑帶打戰術

跑帶打戰術將減少一點打者的壓力，但這也讓跑者多一些風險。在跑帶打戰術中，跑者基本上就是盜壘，但打者擁有決定要不要等好球來才出棒，而不是盲目地追打壞球。這戰術是用在當壘包上的跑者具備優秀速度，可以靠自己盜上壘包的條件下。跑者可能在打者不知情的情況下接收到此戰術之執行指

令。這戰術的執行必是打者具備絕對球數領先的情況下才能執行。這可以讓打者專心擊球不用顧慮壘包上的跑者。但也是有造成雙殺打的風險，因為打者可能會將球擊成高飛球造成雙殺。但如果戰術執行成功，這將可以使跑者多推進一個壘包並預防形成雙殺打的可能性。

而防守方對跑帶打的應對策略則和面對一般盜壘時差不多。當一壘有人，游擊手必須預測發生盜壘的可能性。游擊手必須在球通過壘包前死守他的崗

位。他也要具備能迅速進二壘補位的能力。如果擊出安打了，那野手們必須意識到跑者可能會想多前進一個壘包。

一個偏離本壘的投球可以對於想執行跑帶打戰術的球隊有所警惕，如果攻擊方認為接下來有機會出現偏離本壘的投球，那麼攻擊方會對於是否下此指令更加小心判斷。當打者的球數領先投手時，正是此戰術使用的可行時機，因此投手更應該努力在與打者之間的對決中取得球數上的領先。

打帶跑或跑帶打訓練 1. 發球機

這類的打擊機器是為了投出球的穩定性並增加更多優質的打擊機會所設置的。在一壘放置一名跑者並有完整的內、外野守備。而打者從沒有好球、兩壞球的情況下開始他的打席。老師或教練可在接下來的這兩球間選擇要下達打帶跑還是跑帶打戰術。主要目的是希望

打者能將球往地上擊，如果球滾到跑者後方更好。跑者起跑的時機是當球投出的瞬間（發球機發出球的剎那）離開壘包，而萬一這球是安打，跑者要極盡所能地試著跑上三壘。防守方也要預測到這個情形並做出應對。每位打者有 4 次機會做此練習。

打帶跑或跑帶打訓練 2. 投手投球

這個設定跟前一個練習一樣，但這次是以投手來投球，而不是機器。這樣具備比賽臨場感的練習方式是為了逼迫

打者面對投球做出應對，有些投球可能不要打比較好！

角下戰術

角下戰術通常是在二、三壘有跑者，且出局數少於兩人時所使用的。像角下戰術這樣的進攻戰術涵蓋了許多壘球的基本觀念。當壘包是二、三壘有跑

者且出局數少於兩人時，打者將球擊進內野，三壘的跑者要等到內野手將球傳向一壘時才可以起跑，衝回本壘（如果這球是在右邊方向的緩慢滾地球，跑者

當然可以選擇直接衝回本壘）。在角下戰術中，如果跑者們認為這球會是一支安打，那三壘的跑者勢必要衝回本壘而二壘的跑者也必須推進到三壘。此時，若內野的目標是處理掉本壘這位跑者，那打者也必須要盡全力的奔上二壘。實施這樣攻擊性的戰術的好處就是，即使本壘這位跑者不幸的出局了，那麼進攻方還是能在一人或兩人出局的情況下搶占得點圈，為下一次擊球做準備，並給防守方壓力。這樣的情形也會發生在當三壘有人的時候。這樣的進攻模式會給防守方在本壘製造很大的壓力與難度。

當攻擊方使用角下戰術時，防守方會被強迫要嘗試抓到這個三壘往本壘跑的跑者。當這樣的情況發生時，防守方要像平常處理三壘有跑者的方式來傳這顆球，但跟平常不同的是，在角下戰術的情況下，內野手一拿到球就該直接向本壘傳球而不需要再確認一次三壘跑者的位置。好的溝通顯得特別重要，尤其是內野必須隨時保持清醒去注意三壘上的這個跑者在打者擊到球之後的行動。當在本壘的攻防戰結束之後，不論結果如何，捕手應該立即預期一壘跑者會嘗試盜向二壘。這時就變成 ——一、三壘有人的局面，那防守方也會有相對應的方式來處理。

角下戰術訓練 1. 發球機

一台發球機是在為了製造成功的練球模式而設置的。因為發球機可以保持每次投出相當的球速，並精準地投到差不多的位置。這可以增加打者將球擊成內野滾地球的機會，並讓內野手與跑者有更多的機會做戰術的練習。設置完整的內外野守備，投手可以幫忙餵球進發球機，而捕手可以接發球機發出的球，或是站在攔球網後方等到打者擊到球後再移動到守備位置。不管是哪種方式，捕手都應該穿好整套的裝備。跑者在球從發球機發出來的時候，做一點離壘的動作並等到打者擊中球後做應變。一旦球被擊出，跑者認定這球會擊成滾地球，跑者就應該跑向下一個壘包。而打者若擊出安打，且這球是傳向本壘，那打者就應該試著跑上二壘。

角下戰術訓練 2. 投手投球

設置和前一項訓練相同，除了發球機替換成投手，且捕手必須蹲在本壘後方（全副武裝）。

成功總結

練習這些進攻戰術並站在防守方的角度瞭解如何破解,對於能不能夠打好一場壘球賽是十分關鍵且重要的。球員們必須瞭解球隊在不同的進攻情況下,比方說:幾人出局、比數以及現在第幾局等,有什麼不一樣的戰術選項可選。試著在每堂課前、練習前或比賽前重新看看這些戰術列表,確認你是否準備好進行比賽,是否可以在場上做出好的進攻和防守的決定。珍惜練習的機會以確保你已經具備打壘球的能力。

最後兩個小單元,多種的調整式的壘球,可以讓你用來增進你的技術。快樂地打球去吧!

單元九　進攻戰略和防守反應

單元十　調整式壘球

進行調整式壘球比賽的目的有兩種。第一，你可以知道自己在模擬比賽中的表現如何。例如：在正式比賽中，如果打者向內野手擊出球之後，內野手只有一次乾淨俐落接球，並準確的將球傳出去的機會。此外，在正式比賽中你並不知道球何時會向你飛來，只有在球被擊出去之後才能判斷其飛行方向。調整式壘球可以按照你的需求來進行調整，讓你瞭解自己在比賽中解讀、反應和使用技能的熟練度。第二，調整式壘球可以幫助你進一步增強你對技能和比賽策略的理解和執行力。

在這一單元中，會從最基礎的調整式壘球開始介紹起，然後漸進到更複雜的階段。經驗不多的球員應該按照順序從最基礎的練習開始。有一定經驗的球員可以瀏覽所有練習，然後按照自己的需求來挑選有幫助的練習。

擊球架，僅限滾地球

調整式壘球主要針對於特定的技能練習，有時候排除其他技能。就如名字的意思，「擊球架，僅限滾地球」，提供以擊球架擊出滾地球的練習機會。使用擊球架比較沒有實際比賽臨場感，但是它卻能確保在練習中每一次揮棒都能擊中球，這樣可以保證在短時間內有最多的接球機會。儘管從擊球架上擊球和打擊投手投出的球是不一樣的，但是調整方法可以隨時練習擊球技能，不用等待投手投出好球。此外，球員還有機會練習跑壘。然而此練習的主要目的是接滾地球和讓跑者出局。

在練習中，你被要求要聚焦在技術執行力和將能力和知識應用在實際操作上。想要成為一個成功的壘球運動員，你不僅需要好技術，還需要知道何時何地該如何使用這些技能。一個好的「四點鐘打者」是在說一些球員在比賽前熱身時可以擊出很多全壘打，但在比賽中卻一個安打也打不出來。

對於防守方來說，知道如何製造強

迫出局很重要，但是如果在正式比賽中可以讓跑者向你跑過來製造出局數，則是壘球高手的標誌。參與調整式壘球練習可以幫助你練習特定的技能，從而成為更高階的壘球員。練習中會使用到的技能在接下來的介紹中會一一列出。每一個技能也包括給教練的指導建議；這些建議主要是為了讓教練可以專注在要點上，給經驗較少的球員技能指導並提供建議和反饋給所有球員。儘管是給教練的指導建議，但是球員也需要在開始練習前瀏覽這些建議。它們可以作為球員的*檢查標準*，也可以快速回顧練習中所用到的主要技能和戰略。

基本技能

「擊球架，僅限滾地球」練習中所需要的基本技能包括從擊球架上擊球、接滾地球、上手傳球到不同距離、接球和跑壘。

- 擊球架上擊球時，使用從高到低的揮棒方式擊出滾地球。保持你的頭部向下，並且注意力集中在球上。調整你在擊球架旁的位置，從而變換球到達內野的位置。防守球員要專注於這種在同一個擊球點擊出的球，並且訓練預測及反應球的路線。
- 接滾地球的時候，移動到讓球在自己的身前並接球。保持你的頭部向下，並且注視著球到手套中。請記住接球和傳球是一個連續動作。
- 上手傳球到不同距離時，使用適合

的手法上手投擲，並且移動身體到傳球方向。避免側傳，除非是在必要情況下，例如由二壘手傳到一壘，或者拋球到二壘策動雙殺。
- 接球的時候，注意力擊中在球上。雙手順勢收回接球。
- 跑壘時要注意用全速跑過一壘，然後向左轉，轉向球的方向，最後直接返回到壘包上。回顧什麼情況構成要做通過一壘後試圖朝二壘推進的動作。要注意的是，向二壘邁出一步也算作是試圖。為了完美完成連續跑壘，要加強練習勺子技巧繞過壘包。要記住壘上教練的責任，和他們所使用的口頭及動作指令。

內野守備

守備區域、壘包補位和支援職責是調整式壘球中，重點中的重點。當練習守備區域時，球員應該定義好超出範圍的區域和重疊的區域。著重在喊出要求接飛球，即使是自動出局的狀況下。復習壘包補位和支援的責任，回顧關於滾地球到內野右側和內野左側的一般準則，討論一下各種情形下所對應的補位方式。教練可以在打者擊球之前口頭提點有經驗的球員接下來的步驟。但是當經驗較少球員出現疑惑時，教練應該暫停練習，並設定場上狀況。

防守和進攻戰略

調整式壘球可以包含所有比賽情

境，其中包括強迫進壘狀態、觸殺狀態、跑壘和打點。

　　進行強迫進壘狀態時，主要復習所有補位的職責。強調補位野手移動到壘包較靠近球的那一邊接球的重要性（可以縮短投球的距離）。復習腳如何放和無論傳球偏與不偏都要伸展身體。經驗較少的球隊應該專注讓帶頭打者出局，有經驗的球隊可以直接練習策動雙殺。

　　觸殺狀態主要練習正確的步法（從接球姿勢轉到保護壘包）。回顧如何根據跑者的路徑和來球的方向來決定在壘包上的位置。強調要將球放置在手套中，並將手套位置在壘包邊緣處，當跑者跑向壘包時可以讓他自己來碰手套形成出局，然後可以輕鬆將手套移開，避免跑者將手套中的球衝撞出來。

　　跑壘則是回顧被強迫進壘或非強迫進壘狀況。提醒跑者在內野飛球時要離開壘包幾步提前做準備。在此練習中，內野飛球被設定為是自動出局並且為死球狀態；沒有任何操作可以繼續進行，所以跑者必須返回壘包。跑者應該隨時注意壘上教練給予的指令。

　　練習打點的時候，要事先討論在擊球至跑者後方的概念。加強洞悉防守方的戰略，抓緊有空檔的機會。在此練習中，球員只能打點至內野區域。

規則

1. 內野區域，包括界內和界外，只在這個區域內進行操作，外野不在操作範圍內。

2. 從擊球架上擊球時，打者必須打出滾地球（球要在內野區域落地）。

   • 如果擊出的球第一時間落在外野區域或者在落地前被外野的球員先碰到，則打者被判為自動出局。球為死球，且跑者不能推進。

   • 飛球或高飛球自動被視為出局。內野飛球則是不用被接到也算是出局。內野手應該練習接球技能並且嘗試接住高飛球。

   • 平飛球也自動被視為出局。正如高飛球一樣，野手應該練習接球技能並且嘗試接住平飛球。

   • 任何內野手接滾地球的失誤都視為打擊出去的球。如果失誤球進入了外野，那麼此球則是界外。因為野手的失誤讓打者上了一壘，所有其他跑者推進一個壘包。如果失誤球落在內野區域（包括靠近的界外區），比賽繼續。

   • 如果球沒有被野手碰到，而是首先落在內野地上，然後進入外野，那麼其為安打。打者上一壘，其他跑者推進一個壘包。

3. 一隊有六個球員：投手、捕手、一壘手、二壘手、三壘手，和游擊手。

4. 一隊每一局進攻時有六次出局機會。這六次出局組成一個半局。進攻隊和防守隊在半局後交換場地與角色。

5. 使用擊球架。投手則是站在防守投手位置，但是不投球。

6. 擊球順序遵循位置編碼 —— 從 1 到 6，或從投手到捕手的順序。

7. 跑者在球被擊出之前，不得離開壘包。

8. 其他狀況要遵循正式壘球規則，例如「美國壘球協會官方規則」。

得分

只要能夠正確完成進攻或防守戰略，你的球隊便可得 1 分。每一個失誤都將會從球隊總分中扣除 1 分。在比賽最後得分最多的球隊（半局的總數相同）勝出。注意：此練習的目的是在模擬比賽情境下練習比賽概念和技能運用。所以，依照練習中的總體表現得分（不是跑壘得分）來判定哪個球隊表現

最好。

事先瀏覽球員得分表（圖 10.1），其給出此練習中將會應用到的動作，這些動作點是得分的關鍵，沒有完成好也會因此失分。利用球員得分表來記錄下你爲你的球隊貢獻的分數。下面也提供了團隊得分表，這樣每個隊員的分數可以統計到球隊總分中。

當你在場上防守時，你需要記住你所做的操作和是否正確的完成。之後在你的球隊轉爲進攻方時，在得分表上寫下你在防守方的得分。當你的球隊在進攻時，你可以輕鬆寫下你進攻紀錄。

姓名 _____ 守備位置 _____

技能或概念	表現加分	表現減分
擊球架擊球 滾地球 飛球		
跑壘 通過一壘 繞過壘包		
防守技能 接滾地球 上手傳球 （不是拋球） 接住傳球		
防守區域 補位壘包 防守範圍 支援		
比賽概念 強迫進壘 觸殺 跑壘		
總分		

團隊得分表

守備位置	球員	加分	減分	總分
1				
2				
3				
4				
5				
6				
			團隊總分	

圖 10.1 「擊球架，僅限滾地球」得分表

壘球

邁向卓越

半場比賽

接下來的兩種調整式壘球會使用到守備位置的技能和戰略、接滾地球和飛球、自打球或輕拋打程，和跑壘。練習中你需要分析每一個情況，預測對方的動向，在比賽進行中做出應對，並且運用團隊合作技能。這才是眞正樂趣的開始——將技能和戰略融爲一體。

這些調整式壘球主要目的是可以讓球員們參與練習多種的模擬比賽場景，訓練對各個比賽狀況的應對能力。儘管經驗較少的球員在一個位置上反覆練習可以加強單一技能熟練度和準確性，但是球員還是需要通過嘗試不同位置來增加戰略上的知識和知曉各項壘球技能。

試著讓自己在練習中不出局。沒有人是完美無缺的，儘管是最有經驗的球員也是會有失誤的時候，例如讓滾地球從雙腿間溜走。此單元中提供的調整式壘球正好給你機會練習如何不計較失誤而是專心在下一個機會上。這正是你在眞正比賽中需要做到的！除了動作上的失誤，心智上的失誤也會發生，像是忘記支援或是忘記補位。由於賽場上各種因素，動作失誤勢必難免，但是心智失誤是完全可以避免的，不應該發生的。造成心智失誤往往是你的不專心或是不瞭解你在狀況中應該有的職責。作爲一個學習到後期的壘球員，不應該有類似心智失誤的情形出現。 要想辦法努力去克服，而不是草草略過這些失誤。首先要找出失誤的原因，再對症下藥，多

加注意和練習，讓諸如此類的失誤不再發生。然後再準備進入下一個環節。

半場比賽，左邊

一共有兩種半場比賽，一種是使用左半邊的場地（從二壘手守備位置到左外野邊線），另外一種則是使用球場右半邊的場地（從游擊手守備位置到右外野邊線）。每一場比賽都需要九個球員參與，分成三隊，每一隊有三個人。每局中，每一隊都有機會得分（作爲跑壘隊），每一局有三個出局數。整局一共有三個「半局」，九個出局數。兩種比賽會有一些共同規則。

- 飛球被接住爲一次出局。
- 跑者可以是強迫出局或是觸殺出局。
- 只有跑壘隊才能得分。所以當你的隊在跑壘時，記得記錄得分。
- 跑者接近壘包時，補位球員恰好擋住了壘板，不管發生什麼，跑者算安全上壘。
- 如果球被擊出到錯誤的一邊（在左半場比賽中擊球向右半場，在右半場比賽中擊球向左半場）被自動視爲出局。

左半場比賽中，界內區是由左外野的邊線到本壘延伸出去至圍牆的區域，經過二壘手守備位置的右側。一隊中的三個隊員分別爲一個捕手、自打球打者和三壘手，站位爲慢壘或是快壘站位。第二隊的三個隊員分別爲中外野

手、左野手和二壘手。第三隊的隊員都是跑者，他們與一壘成一條直線，一個人在壘包上，另外兩個在界外區（圖10.2）。

比賽開始時，一個跑者在一壘上。自打球打者，儘管他是另一隊的隊員，但是在這裡是跑者的隊友。自打球打者擊出球（飛球或滾地球）到有效場地上的任何一點。要注意的是，此次有效場地為左側的場地。自打球打者應該事先思考要把球擊到哪裡會對帶頭跑者推進有幫助。提示：試著將球擊到讓內野手和外野手難接到球的地方。如果情況允許，讓球遠離帶頭跑者想要推進的壘包。

防守方會嘗試抓跑者。跑者利用滾地球或是飛球回壘後到二壘。跑者必須抉擇是否在飛球的情況下推進。在任何情況下，如果跑者被強迫出局或是被觸殺，那麼跑壘隊出局一次。如果跑者安全上二壘甚至超過，一旦這一球結束，球將傳回本壘處的捕手。接下來第二個

跑者移動到一壘處。比賽繼續，自打球打者再一次擊球，然後野手試著將帶頭或隨後的跑者製造出局。

比賽的主旨是讓跑者在三個出局數前盡可能的安全地通過本壘得分。內野手、外野手和捕手則是一起合作儘快讓跑者出局三次。

三出局後，跑者輪轉到外野和二壘位置，之前的外野手和二壘手則變為打者、捕手和三壘手，之前的打者、捕手和三壘手成為跑者。每一局，在自己的球隊中相互轉變角色，這樣在比賽結束前，你已經嘗試過各種角色。為了確保你可以嘗試各種位置，你需要至少打三局的比賽（總共 27 個出局數）。

半場比賽，右邊

之前左半場比賽講解中，有列出兩種半場比賽共同使用的規則。在右半場比賽中，界內區是由右外野的邊線到本壘延伸出去至圍牆的區域，經過游擊手守備位置的左側（圖10.3）。比賽中

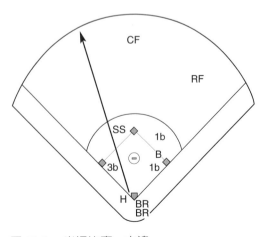

圖 10.2　半場比賽，左邊　　　　　　圖 10.3　半場比賽，右邊

的三隊分別為：

1. 自打球打者、三壘手和一壘手（慢壘或快壘位置）。
2. 游擊手、中外界手和右外野手。
3. 在本壘的跑者。

　　因為三壘手在右半場比賽中的起始位置沒有在界內區中，他的主要角色是補位三壘和讓往三壘的跑者強迫或觸殺出局。任何擊出的球超過界內區將被判出局。

　　比賽開始時，跑者在一壘上，另外兩個人在本壘處。自打球打者擊出球到有效場地上的任何一點。當球被擊出時，在本壘的第一個跑者當擊跑者向一壘跑。如果擊出的飛球被接殺，擊跑者被判出局，然後他要回到本壘，站到跑壘隊的最後。

　　在一壘的跑者在打者擊出滾地球或飛球回壘後跑向二壘。防守隊員會試著讓帶頭跑者出局。一旦造成出局了或者是操作結束（跑者安全上壘），將球滾回到自打球打者手中。然後自打球打者再重新擊出球，比賽繼續。

　　對於跑者來說，比賽主旨是要安全推進到三壘，而不是回本壘得分。然而對於防守方來講，比賽的主旨則是儘快讓跑者們出局三次。角色交換的順序與左半場比賽相似，右半場比賽同樣是有三局。

　　另外一種要練習的進攻戰術是擊球至跑者後方。在只有一個跑者在一壘，且少於兩個出局數，打者試著擊出平飛球或者滾地球到右外野。跑者繞過二壘，試著在球擊向右外野的時候到達三壘。

狀況球

　　調整式壘球的狀況球需要你對何時何地如何使用不同技能和遊戲規則上做出判斷。儘管這個調整式壘球中的比賽操作與前幾個調整式壘球比賽相比可控性較小，但還是比在正式比賽可控性要高；這樣一來，你會有一些時間做好生理上和心理上的準備來應對每一個比賽狀況。

　　在開始比賽之前，所有球員應該瀏覽單元九中如何解讀防守狀況和進攻狀況的清單（圖9.1和9.2）。無論是防守，還是進攻，在每一次投球前，腦海裡要快速回憶這些清單上的重點。賽前瀏覽清單可以讓球員快速復習重要要領。經驗較少的球員要仔細的閱讀清單，可能還需要經驗較多的隊友或教練在比賽中中給予提示。

主要練習的技能

　　在正式的壘球比賽中，要想從特定的情況下得到經驗不是件容易的事，因為這些情況可能不會出現在比賽中！舉個例子，假如你和隊上的外野手覺得你們需要練習觸殺高飛回壘的跑者和飛

球犧牲得分。但是，如果你的對手沒有跑者在三壘且少於兩個出局數（或，如果跑者在三壘，但是打者沒有擊出飛球），那麼你不會有機會練習到特定的傳球方式。但是在狀況練習中，你可以設置任何狀況來滿足自己的練習需求。例如，要想設置之前例子中所要的狀況，就將跑者安排在三壘，沒有出局，且進攻隊必須擊出高飛犧牲打。

練習的基本技能有投球、打擊投手投出的球、接滾地球、接飛球、上手傳球、接球和跑壘。也要熟悉比賽概念，像是守備範圍；補位和支援職責；強迫出局和觸殺出局；雙殺；打安打推進跑者、打點和高飛犧牲；飛球被接後回壘推進（界內和界外）。狀況球練習也會給你足夠時間來回顧比賽規則的知識，包括界內和界外球、投球和打擊規則、打者被判出局的情況、跑者被判出局的情況、可處理和無法處理的情況、內野高飛規則、正式比賽的局數。

在狀況球練習開始之前，要確保你的球具齊全（手套、接球護具、擊球頭盔），且這些器具沒有破損。檢查比賽場地是否安全，是否有障礙物或者安全隱患。

規則

接下來的比賽規則和方法是建立在兩個基礎上的：一是幫助比賽進行；二是保障練習機會，且是模擬正式比賽的特定進攻和防守狀況。在開始練習之前，隊裡的每一個人要聚集在一起來討論要練習哪幾種進攻和防守狀況。狀況的數量會依照預計要進行的局數決定。接下來，要決定狀況的順序。例如：A隊選擇練習單數局的狀況，而B隊則選擇練習雙數局。球隊之間應該相互檢查確保相似狀況沒有重復。下面列出一些練習狀況的例子：

- 跑者在一壘，無人出局，一出局，兩出局
- 跑者在二壘，無人出局，一出局，兩出局
- 跑者在三壘，無人出局，一出局，兩出局
- 跑者在一、二壘，無人出局，一出局，兩出局
- 跑者在一、三壘，無人出局，一出局，兩出局
- 跑者在二、三壘，無人出局，一出局，兩出局
- 滿壘，無人出局，一出局，兩出局

在你熟悉如何讀解進攻和防守狀況之前，你可以將清單寫在小卡片上放在口袋裡，練習中可以隨時回顧。在狀況球練習的過程中，新的狀況會隨著比賽的進行而出現。你可以記錄下這些新狀況，然後改天再練習它們。一個屢次讓你挫敗的狀況也會同時幫助你發展你的預測和反應能力。持續心智練習這些狀況，在你下一次進行狀況球比賽或一般比賽時，你會比其他人更有優勢。

特定規則：

1. 使用正規比賽場地。建立滾地規則及無效區。

棒球

邁向卓越

2. 慢壘 10 個球員，快壘 9 個球員。每個球員需要在正規位置上。

3. 擊球順序要遵從守備順序 1 到 9（慢壘 1 到 10）。從投手（位置 1）為第一個打者開始，進而到右野手（快壘位置 9 或慢壘位置 10）為最後一個打者。在一局中最後一個出局的球員，將成為下一局的跑者。固定球隊中且經驗多的球員可以使用他們平常的打擊順序。

4. 每一局中的半局會從一樣的特定狀況設置開始。例如，在第一局中，選擇單數局設定狀況的球隊來設置狀況。對於在一局中先打擊的球隊，狀況持續到三出局，防守隊進攻，設置同樣的狀況，持續到三出局。在第二局開始時，選擇雙數局設定狀況的球隊設置新的狀況。因為每一個球隊都會有機會練習同一個狀況，所以要持續整個一局。

5. 一旦狀況投定好的半局開始，所有的進行方式都要遵從慢壘或快壘的官方壘球規則。

6. 如果練習中加入裁判、教練或經驗較多的球員來判決好壞球，將會讓比賽更有效率。

7. 教練或經驗較多的球員應該為經驗較少的球員投球。但是，每一個球員都應該嘗試投手的防守角色。

排名比賽

接下來的調整式壘球比賽，將會幫助你練習對事先決定好的模擬狀況的反應能力。此練習是為了模擬比賽中特定進攻和防守狀況而設計的。因為狀況是事先決定好的，所以你會先知道需要用到的戰略和技巧。練習中的規則也是為增加你練習特定技能的機會而設計的。

調整式壘球排名比賽的可控性低，更貼近正式比賽。所以，如果沒有人在一壘上且少於兩人出局，你就沒辦法練習二壘傳一壘雙殺。你現在必須可以識別出現的各種狀況，並且可以有效的對其做出正確對策（心智上和動作上）。

這個最後的調整是只有些微的程度，主要為了促進球員參與其中。修改正規壘球的規則以便於你可以嘗試不同防守位置。使用官方規則來控制比賽進行，這樣你才能更瞭解比賽規則。在參與練習之前和之中，不要忘記回顧單元九中提供的防守和進攻清單，從而加強你對壘球的意識與感覺。

你玩壘球的原因可能有很多種。不管是因為想要享受陽光、享受運動樂趣，還是享受與友人一起比賽的感覺，這都是玩壘球的正當理由。但是，參與一項運動也可以被看作是一次有趣的考驗，讓你有機會知道自己在比賽中用所學的技能能做些什麼。技能包括打擊、跑壘、接滾地球、製造跑者強迫出局等等，都是具有挑戰性的自我考驗。

當你進行調整式壘球比賽時，列出自己的強項技能，同時也列出自己的弱項技能。你要在調整式壘球比賽中著重練習這些弱項，你的弱點會成為你的強項。要想從弱到強，你需要知道哪一個技能、戰略和規則讓你困惑，然後才能有針對性的解決方法。一個厲害的壘球球員不但技藝精通，並且知道各種狀況需要什麼技能。

排名比賽是一個很好的練習選擇，尤其是當你沒有足夠的球員組成兩組球隊的時候。它也可以增強你對整體比賽的認知，因為它需要你嘗試練習所有防守位置。

遊戲規則

1. 使用正規比賽場地。建立滾地規則及無效區。
2. 參與練習的人應該是 13 到 15 個球員（快壘）或 14 到 16 個球員（慢壘）。一個完整的防守隊從場內開始，餘下的球員則是進攻隊。最初的防守起始位置不重要，因為你會在練習中變化位置。
3. 球員在製造出局前要留在原來的隊。如果一個球員擊出球，但是被野手空中接到（飛球、高飛球、平飛球）則馬上和接球的野手換位，然後練習才能繼續。接球的野手加入進攻隊，排在最後一個打者的位置。一個球員（可以是打者或跑者）在任何其他的情況下出局，就到右外野的守備位置，快壘的 9 號位置，慢壘的 10

號位置。所有野手變換為下一個低號位置——10 到 9，9 到 8，依此類推。要注意，游擊手是 6，所以左野手（7）要換到游擊手，不是到三壘（5）。游擊手（6）換到三壘（5），不是照壘包的方向到二壘（4）。投手（1）則是換到進攻隊中最後一個打者。
4. 在到達三次出局上限之後，清空壘上跑者，然後開始新的半局。要記住，在球員製造出局數之前，留在原來的隊裡。

得分

排名比賽沒有一個確實的團隊得分標準。如果一定要記分，則是為個人得分。例如，記錄下每一個人的進攻數值：打擊的次數；安打次數（一壘、二壘、三壘、全壘打）；保送次數；和跑壘得分的次數。在固定的時間段結束後，每項中次數最多的為贏家，或者你可以用下方給出的球員記分系統。使用球員進攻得分表（圖 10.4）來記錄你的分數。如果你希望記錄個人防守成績，則使用球員防守得分表（圖 10.5）。

你可以在排名比賽練習中用這些得分表來統計成績，它們同樣也適用於所有壘球練習。如果你可以在每次練習中分析你的得分，就可以得知你動作上和心智上的水準如何。如果你對於某項得分不是很滿意，那麼在下次練習中要挑戰自己更加努力的加強。

姓名 _____

打擊次數 _____	× 2 分 =	_____	分
保送 _____	× 1 分 =	_____	分
得分 _____	× 3 分 =	_____	分

安打

一壘安打 _____	× 2 分 =	_____	分
二壘安打 _____	× 3 分 =	_____	分
三壘安打 _____	× 4 分 =	_____	分
全壘打 _____	× 5 分 =	_____	分
進攻總分 =		_____	分

圖 10.4　球員進攻得分表

姓名 _____

接球

滾地球次數 _____

＋成功次數 _____	× 2 =	_____	分

飛球次數 _____

＋成功次數 _____	× 1 =	_____	分

傳球 次數

準確傳球 _____	× 1 分 =	_____	分
傳偏的球 _____	× −1 分 = −	_____	分
正確守備位置 _____	× 2 分 =	_____	分
不正確守備位置 _____	× −2 分 = −	_____	分

補位及支援

正確補位 _____	× 2 分 =	_____	分
正確支援 _____	× 2 分 =	_____	分
不正確補位 _____	× −2 分 = −	_____	分
不正確支援 _____	× −2 分 = −	_____	分

投球（包括被擊中的球）

壞球 _____	× 1 分 =	_____	分
好球 _____	× 2 分 =	_____	分
防守總分 =		_____	分

圖 10.5　球員防守得分表

成功總結

此單元中所提供的所有調整式壘球比賽都是為了幫助你不管在可控的練習中還是正式比賽中都能夠熟練的使用技能和戰略。單元中提供的圖表也概述了各種特定狀況下的壘球原則和不同球員的職責。壘球中最難學習的一步可能就是擁有良好的球感了，只能通過在比賽中或調整式壘球比賽中不斷練習來獲得。積極參與每個調整式壘球比賽會大大提高你對比賽狀況的自然洞悉力和反應能力。

學習到現在，你已經熟練了一些技能，並且知道自己的弱項。現在只剩下一個需要的經驗則是融入到球隊中，和隊友們一起進行一次正式比賽。如果你還沒有這樣的經驗，在書中的最後一步 —— 慢壘比賽 —— 你會有機會繼續練習你的個人技能和加強戰略知識。和其他隊員組成一隊，利用進攻和防守得分表來評估對方在調整式壘球比賽或正式比賽中的表現。繼續練習和享受安打、傳球至正確壘包，和滑壘得到再見分數帶來的樂趣和快感。

起先進術快壘的球員也會喜歡加入

到接下來的慢壘比賽中。你會有很多練習防守技能的機會，因為比較容易打到球。儘管慢壘比賽中的打擊並不會幫助你在快壘比賽中的打擊，但是它會帶給你很多樂趣的。

單元十一　慢速壘球比賽

最後一個單元為慢速壘球比賽，特別適用於課程教學。慢速壘球可以有效的使用在教學設定下，因為它允許更多球員一起參與到練習中，學生普遍都可以成功學習到要領，練習包含更多的動作，並且沒有過度專業的快壘投球和接球技能。慢速壘球投球更容易學習，由於慢速壘球著重於打者，所以它的進攻和防守動作特別多，可以保持學員對練習的興趣。慢速壘球也是一種長期運動，可以參與不同競技水準的娛樂聯盟。

壘球不是單人運動，哪怕是練習個人技能也無法輕鬆一個人完成。你可以借用牆壁來練習接球、使用擊球架練習打擊，或者一個人練習跑壘，但都是短時間的訓練。如果你要精進自己的技能和學習戰略，就需要同伴加入一起練習。壘球是講究團隊合作的運動，兩個球隊一起在賽場上挑戰對方的實力才是比賽最大的樂趣。

如果這個單元中的慢速壘球比賽被用作為教學設定，得分標準可以更改為每次安全上壘和在適合的時間使用正確技能時便可得分。分數可以根據課程主旨或團隊目標做調整。例如，如果重點是練習精準投球，那麼防守方在做到精準投球後可得 1 分，儘管跑者安全上壘，防守也能得分。做出正確的選擇也可以得分，例如嘗試讓帶頭跑者出局或是適時支援壘包。在進攻時，如果跑者在一、二壘的情況下擊出右外野的平飛球，或者擊出強勁滾地球，都可以得分。使用諸如此類的記分系統可以輕鬆記錄下所有球員的表現，讓所有球員都參與其中，並且可以促進他們正確使用技能和所學到的壘球知識。

此單元中的每一種比賽 ——混合比賽、一球比賽和好球墊 ——都是正式慢壘比賽的衍生，有著自己特定的官方規則，也可以根據自己的練習需要做調整。最後祝球員們練習愉快！

檢查

- 好壞球的判斷。
- 不要失誤。

- 正確發揮你的技術。
- 展現對規則的瞭解。
- 嘗試適當的攻擊戰略。

- 做出適當的防守判斷。
- 比對手得更多分。

男女混合慢速壘球比賽

大多數的體育課程都是男女共同教育的，讓男士和女士同時一起學習和練習。很多組織和體育聯盟會提供男女混賽。在男女混賽中，會設立特定的規則。但在這裡只提供基本規則。如果你需要完整的男女混賽規則，請參考官方規則的有關書籍。

男女混合壘球賽的設定有點像是反映現實社會。男人和女人一起向同樣的目標奮鬥，正是人們每日在工作上和家庭中所做的事，但是這樣的狀態很少在運動中出現，尤其是團隊合作型運動。壘球則是少有的擁有官方男女混賽的團隊運動。男女混賽壘球提供教程和娛樂性練習機會，讓男士和女士一起練習，學習如何相互尊重，並且相互促進學習。在 1981 年，美國壘球協會增加了慢壘男女混賽的國家級錦標賽的獎項。現今，男女混賽已經成為成長速度最快的壘球賽事。不管你是想打進國家級錦標賽還是和朋友一起在本地聯盟打比賽，總是會有很多機會讓年輕的和上年紀的人都可以參與到慢速壘球男女混賽中來。

參與慢速壘球男女混賽的先決條件包括熟練掌握技能、戰略決策能力和配合比賽規則。你在之前的 10 個單元中所學到的所有技能和知識現在可以在正式比賽中用到了（要注意，慢速壘球沒有短打或盜壘）。沒有特定的規定會保證你可以練習某項技能或使用某種比賽戰略。這個比賽是真實的正式的！它可以是聯賽中的競技賽，也可以是和朋友一起消遣的比賽，或者是專攻比賽某一方面的練習賽。

男女混合賽並不需要準備隊服和新畫好線的場地，只需要球隊分成兩組，5 個女士和 5 個男士。你所學過的慢速壘球規則都可以用在男女混賽中。有些特定的男女混賽規則如下：

1. 使用正規比賽場地。建立滾地規則及無效區。
   - 壘線長度：65 英尺（19.8 公尺）適用於成年人和青少年（男孩和女孩）13 到 18 歲；60 英尺（18.3 公尺）適用於少年 11 到 12 歲；60 英尺（18.2 公尺）適用於 10 歲以下。
   - 投球距離：50 英尺（15.2 公尺）適用於成年人和青少年 13 到 18 歲；46 英尺（14 公尺）適用於少年 11 到 12 歲；40 英尺（2.2 公尺）適用於少年 10 歲以下。
2. 防守位置必須包括 5 男 5 女：

- 外野：2女2男在任何四個位置上。
- 內野：2女2男在任何四個位置上。
- 投手和接球手：1女1男。

3. 遵守擊球規則
- 打擊順序為男女相互交替。
- 當男打者被保送（四壞），可以推進兩個壘包。如果已經有兩次出局，那麼下一個打者（女）可選擇打擊或是在進入打擊區之前選擇被自動保送上一壘。注意：這是官方規定。但是在非官方教學練習中可以進行調整或不使用。官方規則的目的是防止投手刻意保送男性打者只針對女性打者投球。在教學中，這個規則可能會隱射女方沒有男方水準高的錯誤信息。

4. 記錄分數。官方的跑壘得分規則決定贏家。得分最多的球隊則為贏家。

如果是打錦標賽或聯盟賽，最終的目標就是得分贏得比賽。但是如果是教學或練習，重點則是正確使用技能，在比賽中可以良好發揮。

一球慢速壘球比賽

一球慢壘比賽的遊戲規則和正式比賽一樣，只是在一球慢壘比賽中打者在打擊時只允許有一次投球機會。如果投球是壞球，打者保送；如果投球是好球，打者必須揮棒，否則會被判出局。如此的投球規則變更可以加速比賽進程，對教學很有利。對於經驗較少的球員，老師或教練應該擔任投球角色，投球一致，讓練習進行得更順利。如果大部分學員熟練掌握了慢速壘球投球技能（參考單元三），應該鼓勵學生在練習中多參與投球。

一球慢壘比賽提供練習所有壘球技能和比賽原則的機會。你需要回顧下單元十排名比賽中所用過的得分表。如果你在某項技能或是原則上有疏漏或比較生疏，你應該在練習中出現類似狀況的時候著重複練習它們。預先知道每一狀況中可能會用到的動作，可以讓你對狀況的反應更快更準確。

在練習中嘗試不同的位置讓你變得更全能。不要害怕變換角色和位置。事實上，如果你嘗試練習了所有內野和外野的角色後，你的技能運用會變得如魚得水，對壘球瞭解得就更透徹。不要忘記嘗試投手和捕手的角色。就如一句名言，「試試看，你會喜歡上它的！」

接下來是管理比賽方式的規則：

1. 使用正規比賽場地。建立滾地規則及無效區。

2. 團隊的人數和各個球員的位置遵循官方的團隊規定。你可以選擇使用男女混賽的規則，或不使用。

3. 比賽遵循官方規則，除了投手只投給每一位打者一球之外。下列為可能結果：
- 如果投球是壞球且打者沒有揮棒，打者保送（因為是壞球）。

257

- 如果投球是好球，且打者沒有揮棒，打者被判出局。
- 如果打者打出界外球，打者出局。
- 如果打者擊出在界內，比賽繼續。

如果是打錦標賽或聯盟賽，最終的目標就是得分贏得比賽。但是如果是教學或練習，重點則是正確使用技能，在比賽中可以良好發揮。

好球墊慢速壘球比賽

好球墊快速壘球比賽是適合教學的比賽練習，因為它去除了裁判的需要，並且壞球和好球的選擇很簡單明瞭。好球墊是本壘的延伸，可以輕鬆判斷出哪裡是好球區域。任何一個弧度較好的球落在本壘上或是落在好球墊上都是好球。好球墊壘球比賽練習可以遵循一般規則、男女混合賽規則，或者一球慢壘比賽規則。就如同這些比賽一樣，好球墊壘球比賽的主旨是要比對手多得分。

如果是打錦標賽或聯盟賽，最終的目標就是得分贏得比賽。但是如果是教學或練習，重點則是正確使用技能，在比賽中可以良好發揮。

成功總結

一個比賽或練習的成功與否在於你和你的團隊能否正確使用技能、瞭解比賽規則、執行適合的戰術，和可以跑壘得多少分。但有時候儘管你在比賽中表現良好，可是還是輸給了其他球隊。

這時你就要審視和檢查你自己，還有團隊的其他成員，在技能和戰略上有何缺失、如何改進，一步一步解決問題關鍵才能獲得最後的成功。

作者簡介

黛安・波特（Diane L. Potter），教育博士，是在麻州春田（Spring Field）學院榮譽退休的教授。波特教授在體育教學這方面有 40 多年的經驗，並且在春田大學擔任壘球教練長達 21 年。此外，她有美國壘球協會第一級球員長達 15 年的經驗。

波特教授是壘球的國際臨床醫師，在義大利阿魯巴島和荷蘭的診所做指導。她在 1971、1975 和 1982 年帶領春田大學壘球隊到荷蘭與荷蘭國家隊，還有其他體育協會壘球隊比賽。1982 年，她榮獲了荷蘭皇家棒球和壘球協會頒發的銀牌；她也是至今為止唯一一位榮獲此獎的女性。

波特教授是一位在女性體育中傑出的領導者。她是女性校際體育協會道德與資格委員會（AIAW Ethics and Eligibility Committee）中的一員，並於 1986 年被引薦到國家體育學院董事協會名人堂（NACDA）。而後於 1989 年，她又被引薦到春田大學體育名人堂。春田大學的壘球場地就是以她命名的——波特球場。

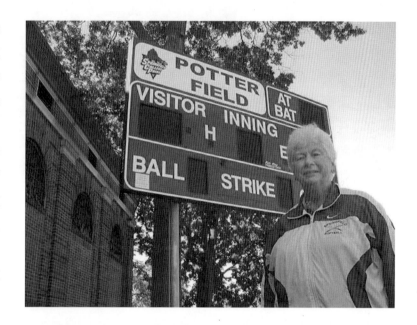

林恩・約翰森（Lynn V. Johnson），教育博士，是普利茅斯州立大學健康與運動表現系的副教授。在過去的 30 年中，她在福蒙特州擔任過幼稚園到高中的體育老師，而後又在三所學院擔任體育老師：春田學院、福蒙特大學和普利茅斯州立大學。約翰森在福蒙特州的普羅科特高中壘球隊擔任教練，在春田學院壘球隊擔任教練助理長達三年，而後在 1985 到 1989 年間又成為春田學院的總教練。此外，她曾在 1991 到 2006 年擔任福蒙特大學壘球隊助理教練。1974 到 1977 年，約翰森是春田學院壘球隊的一員，在 1977 年進入大學世界錦標賽。她持續參加慢速壘球巡迴賽球隊，合計超過 20 年之久。

約翰森教授致力於體育和運動。她積極參與各項職業等級的活動，如擔任福蒙特州健康、體育、娛樂及舞蹈協會的主席，以及東區健康、體育教育、娛樂及舞蹈協會（EDA）的副主席。約翰森還榮獲 EDA 頒發的傑出專業人士獎，在 2002 年中又榮獲 VAHPERD 頒發的年終高等體育教師獎。

國家圖書館出版品預行編目資料

壘球：邁向卓越／Diane L. Potter, Lynn V. Johnson
著；范姜昕辰譯. ——初版. ——臺北市：五
南，2016.11
　　面；　公分
　　譯自：Softball:steps to success
　　ISBN 978-957-11-8899-7 (平裝)
　　1.壘球
528.955　　　　　　　　　105020010

5C16

壘球：邁向卓越

作　　者 ─ Diane L. Potter
　　　　　　Lynn V. Johnson

策　　劃 ─ 國家運動訓練中心

主　　編 ─ 邱炳坤

譯　　者 ─ 范姜昕辰

發 行 人 ─ 楊榮川

總 編 輯 ─ 王翠華

主　　編 ─ 陳念祖

責任編輯 ─ 郭雲周　李敏華

封面設計 ─ 陳翰陞

出 版 者 ─ 五南圖書出版股份有限公司

地　　址：106台北市大安區和平東路二段339號4樓

電　　話：(02)2705-5066　傳　真：(02)2706-6100

網　　址：http://www.wunan.com.tw

電子郵件：wunan@wunan.com.tw

劃撥帳號：01068953

戶　　名：五南圖書出版股份有限公司

法律顧問　林勝安律師事務所　林勝安律師

出版日期　2016年11月初版一刷

定　　價　新臺幣500元